HAUSFRAU, BERUFSTÄTIGE, MUTTER?

DIE GETEILTE NATION
Deutsch-deutsche Geschichte 1945–1990

Herausgegeben von
Stefan Creuzberger, Dominik Geppert und Dierk Hoffmann

Band 4

Christopher Neumaier

HAUSFRAU, BERUFSTÄTIGE, MUTTER?

Frauen im geteilten Deutschland

be.bra verlag

Umschlagabbildung vorn (Werktätige in Frankfurt an der Oder, DDR, 1975)
© akg / ddrbildarchiv.de / Lothar Willmann

Umschlagabbildung hinten (Waschmaschinenwerbung, BRD, 1958):
© akg-images / Interfoto / TV-Yesterday

Bibliografische Information der Deutschen Nationalbibliothek
Die Deutsche Nationalbibliothek verzeichnet diese Publikation
in der Deutschen Nationalbibliografie; detaillierte bibliografische
Daten sind im Internet über http://dnb.d-nb.de abrufbar.

Asternplatz 3, 12203 Berlin
post@bebraverlag.de
Lektorat: Robert Zagolla, Berlin
Umschlag: fernkopie, Berlin
Satz: typegerecht berlin
Schriften: Minion Pro, Helvetica Neue
Druck und Bindung: GGP Media GmbH, Pößneck
ISBN 978-3-89809-202-9

www.bebraverlag.de

INHALT

1 EINLEITUNG

»Unentschieden: Frauen zwischen Beruf und Familie«, so brachte die Soziologin Jutta Allmendinger im Jahr 2011 ein zentrales Rollendilemma auf den Punkt.[1] Während die Erwerbstätigkeit von Männern und Ehemännern im frühen 21. Jahrhundert als unhinterfragte Konstante gesellschaftlich akzeptiert wird, changiert die Rolle der Frau immer noch zwischen Berufsarbeit auf der einen und Familie auf der anderen Seite. Frauen haben demnach in der Regel zwei Optionen. Sie müssen sich entweder für ihren Beruf und ihre Karriere oder für ihre Familie entscheiden.

»Frauen leben in zwei Welten, stehen unentschieden zwischen zwei Heuhaufen wie immer schon Buridans Esel«,[2] hält Allmendinger in ihrer Ausgangsbeobachtung fest, um anschließend auszuführen, dass in den letzten Jahren die »Anziehungskraft« der Berufsarbeit gegenüber der Familie zugenommen habe. Gleichzeitig steht Müttern minderjähriger Kinder noch eine weitere Alternative zur Verfügung: Sie können versuchen, die Verantwortung für Haushaltsführung und Kindererziehung (die ihnen gesellschaftlich weiterhin implizit zugeschrieben wird) mit Berufsarbeit zu kombinieren, wobei dann in der Regel bei Karriere und Bezahlung deutliche Abstriche in Kauf genommen werden müssen.

Im individuellen Lebensverlauf von Frauen existiert folglich ein Spannungsverhältnis zwischen den drei Arenen Kindererziehung, Haushaltsführung und Berufsarbeit. Dabei haben sich in der zweiten Hälfte des 20. Jahrhunderts die gesellschaftlichen Vorstellungen von der Rolle der Frau gewandelt. Diesen Prozess beschrieb die Soziologin Elisabeth Beck-Gernsheim 1983 prägnant als eine Entwicklung »vom ›Dasein für andere‹ zum Anspruch auf ein Stück ›eigenes

Leben‹«.[3] Demnach habe im individuellen Leben vieler Frauen das Dasein für die Familie gegenüber der durch Berufsarbeit ermöglichten Eigenständigkeit und finanziellen Unabhängigkeit an Bedeutung verloren.

Ausgehend von solchen sozialwissenschaftlichen Befunden geht es in dem vorliegenden Buch um die Frage, wie sich die Rollenerwartungen und -anforderungen gegenüber Müttern, Hausfrauen und Berufstätigen, aber auch die politischen und rechtlichen Rahmenbedingungen im geteilten Deutschland verändert haben. Zudem soll der Alltag von berufstätigen Frauen und Müttern sowie von Hausfrauen in den Jahren 1949 bis 1989 untersucht werden. Dabei wird sich zeigen, dass zentrale Entwicklungslinien auf beiden Seiten der Mauer parallel verlaufen sind, dass es aber auch Brüche und abweichende Pfade gab. Vor dem Hintergrund der deutsch-deutschen Geschichte lassen sich zudem zeitgenössische sozialwissenschaftliche Befunde historisch einordnen.

Der Schwerpunkt dieses Buches liegt auf den Themen Familie, Erwerbsarbeit und Emanzipation; andere Aspekte des weiblichen Lebenszusammenhangs (wie etwa Sexualität, Abtreibung oder Gewalt gegen Frauen) bleiben dagegen ausgespart.[4] Die essayistische Zusammenschau aktueller Forschungspositionen und Argumente nimmt somit die Rolle(n) der Frau und ihre gesellschaftliche Stellung einerseits als Hausfrau und Mutter, andererseits als Berufstätige in den Blick. Die analytische Dreigliederung wird in den einzelnen Kapiteln immer wieder durchbrochen, da die Themenbereiche stets aufeinander bezogen sind.

Im ersten Kapitel geht es um die Bedeutung von Familie und Mutterschaft sowie der Haushaltsführung, erst danach gerät das Thema Berufsarbeit in den Blick. Denn auch wenn in der unmittelbaren Nachkriegszeit die im öffentlichen Raum agierenden »Trümmerfrauen« im Fokus der Aufmerksamkeit standen, gab es sie in größerer Zahl nur in der Sowjetischen Besatzungszone und der frühen DDR.[5] Die Mehrzahl der ledigen Frauen, der Alleinerziehenden, der Ehefrauen und Mütter sowie der Witwen agierte hingegen im Privaten.

Zunächst stehen daher folgende Fragen im Vordergrund: Welche

Frauen- und Familienbilder diskutierten Politiker, Juristen, Kirchenvertreter und Sozialwissenschaftler in Ost- und Westdeutschland und wie veränderten sich ihre Positionen im Lauf der Zeit? Und zu welchen frauen- und familienpolitischen Entscheidungen führten diese Debatten? Zudem soll die Beziehung zwischen politischen und sozialgeschichtlichen Zäsuren in den Blick genommen werden. Dies wird exemplarisch diskutiert an der Bedeutung der »Familie« im Leben von Frauen, der Entwicklung der Geburtenrate und der Ausgestaltung der Kindererziehung. Im Hinblick auf den Familienalltag von Müttern stellt sich insbesondere die Frage, wie sich ihre Aufgaben veränderten und inwiefern Väter diese Entwicklungen beeinflussten, als ab den späten 1960er Jahren verstärkt eine partnerschaftliche Aufgabenverteilung als neues Ideal galt. Anschließend wird die Verteilung der Hausarbeiten im Zeitraum von den 1950er bis in die 1980er Jahre analysiert: Wie regelten Ehepartner die Aufgabenverteilung? Vollzog sich hier im Zuge der Debatten um Partnerschaft ab Ende der 1960er Jahre ein Wandel, der sich in einem stärkeren Engagement der Männer niederschlug? Welchen Einfluss hatten politische, wissenschaftliche und öffentliche Debatten über Emanzipation auf die Haltung der Ehefrauen gegenüber den Hausarbeiten?

Im zweiten Abschnitt des Buches geht es dann um die Rolle der Frau als (westdeutsche) Berufstätige beziehungsweise als (ostdeutsche) »Werktätige« – so der politisch geprägte Terminus der DDR. Nach einem allgemeinen Überblick über die Bedeutung von Arbeit im individuellen Lebensverlauf von Frauen wird die Entwicklung der Erwerbsquote von ledigen Frauen, Ehefrauen und Müttern analysiert. Zu klären ist im Anschluss, wie sich Politiker, Kirchenvertreter, wissenschaftliche Beobachter und Medienvertreter zur Berufsarbeit von Frauen und Müttern positionierten. Wie veränderten sich ihre Sichtweisen und welche Unterschiede zwischen der DDR und der Bundesrepublik lassen sich beobachten? Welche Rolle schrieben ost- und westdeutsche Frauen der Arbeit aus ihrer subjektiven Perspektive zu? Und wie versuchten sie, die konkurrierenden Anforderungen von Familie und Beruf in Einklang zu bringen? Detailliert wird das am Beispiel der Teilzeitarbeit und der Kinderbetreuung in Krippen, Kindergärten und Horten dargestellt. Abschließend geht es um die Geschlechterdifferenz beim Lohn und um die Frage, ob die 1970er Jahre zu Recht als nur »schwache Zäsur« für berufstätige Frauen gelten.

Zentral für die Entwicklung der Rollen der Frau in Familie, Haushalt und Beruf war die Austauschbeziehung zwischen individueller Handlungsmacht und gesellschaftlichen Rahmenbedingungen – den Sozialstrukturen und rechtlichen Bestimmungen, aber auch den politischen und gesellschaftlichen Leitbildern. In der unmittelbaren Nachkriegszeit und in den 1950er Jahren waren diese Bedingungen vor allem geprägt von den Folgen des Zweiten Weltkriegs. So waren Millionen von Ehefrauen und Müttern allein für ihre Familien verantwortlich, da ihre Ehemänner entweder gefallen waren oder sich noch in Kriegsgefangenschaft befanden. Dadurch ergab sich ein Männermangel beziehungsweise ein Frauenüberschuss. Im Oktober 1946 lebten in Deutschland wesentlich mehr Frauen als Männer. Die Zahl der Frauen überstieg die der Männer um gut 7,4 Millionen, anders gesagt: Auf 1.000 Männer kamen statistisch 1.259 Frauen. Dadurch verschlechterten sich auf der einen Seite die Heiratschancen von Frauen erheblich, auf der anderen Seite bedingte der Männermangel, dass zahlreiche Frauen in der Nachkriegszeit einer Arbeit nachgingen. Dieses Verhalten stand in Westdeutschland quer zu den politischen Zielen, die eine »Normalität« wiederherstellen wollten, in der die Frau in der Familie verortet war.[6] Für ostdeutsche Frauen hingegen galt Berufsarbeit aufgrund der politischen Vorgaben als integraler Bestandteil ihres Lebensverlaufs.

Ausgehend von den jeweiligen Vorstellungen entwickelten sich bereits in der unmittelbaren Nachkriegszeit und in den frühen 1950er Jahren in beiden deutschen Staaten unterschiedliche Schwerpunktsetzungen bei der Frauen- und Familienpolitik, die mit politischen Zielen genauso wie mit juristischen Positionen, religiösen Glaubensgrundsätzen und sozialwissenschaftlichen Expertisen begründet und gerechtfertigt wurden.[7] Die politischen Entscheidungen beeinflussten die weiblichen Lebenswege in Beruf und Familie massiv, denn sie ermöglichten oder erschwerten bestimmte Verhaltensweisen. Bisweilen schrieben sie Frauen sogar explizit vor, wie das vermeintlich richtige

»Männermangel« nach dem Krieg: Freiwilliger Arbeitseinsatz von Frauen beim Bau des Flughafens Tegel in West-Berlin, Sommer 1948.

Verhalten auszusehen habe. Bis in die frühen 1960er Jahre zeigte sich das besonders deutlich, denn in dieser Zeit steckte die Politik in Ost- und Westdeutschland einen engen Handlungsspielraum ab.

Neben politischen Entscheidungsträgern beteiligten sich auch Vertreter der katholischen und evangelischen Kirche an den Debatten um die Frauen- und Familienpolitik. Ihre Positionen verloren jedoch in der DDR schon in den frühen 1950er Jahren deutlich an Einfluss; in der Bundesrepublik vollzog sich dieser Prozess zeitlich verzögert und wesentlich langsamer, sodass Kirchenvertreter zum Beispiel bei den Debatten um die Reform des Familienrechts in den 1960er und 1970er Jahren noch angehört wurden. Einen weitreichenden Einfluss auf die politischen Entscheidungen hatten sie gleichwohl zu diesem Zeitpunkt nicht mehr.[8]

Während der Einfluss der Kirchen auf die politischen Entscheidungen nach 1950 zurückging, entwickelte sich Bildung zu einem entscheidenden Faktor. Mit der in den 1960er Jahren einsetzenden

Bildungsexpansion veränderten sich die Ausgangsbedingungen für Frauen grundlegend: Die Bildungsbenachteiligung von Mädchen verschwand sukzessive, sodass zumindest beim Zugang zu Schulen die Chancen fast egalitär verteilt waren. Besuchte 1960 lediglich ein Viertel der 14-jährigen westdeutschen Mädchen ein Gymnasium, stieg ihr Anteil bis 1980 auf fast 50 Prozent an. Mit dem verbesserten Zugang zu höherer Schulbildung nahm auch die Zahl der Studentinnen langsam zu. 1969 erreichte ihr Anteil bei den Studienanfängern 25 Prozent und stieg bis 1980 auf fast 43 Prozent.[9] Trotz dieser Veränderungen blieben im Berufsleben – gerade im Hinblick auf die Karrierechancen und den Verdienst – die sozialen Ungleichheiten zwischen den Geschlechtern bestehen.[10]

Den politischen, rechtlichen und gesellschaftlichen Rahmenbedingungen kam somit eine entscheidende Bedeutung zu: Sie bestimmten zu einem guten Teil die Geschlechterrollen und das Verhältnis der Frauen zu Familie und Arbeit. Gleichzeitig besaßen Frauen aber stets die Handlungsmacht, den vorhandenen Spielraum individuell zu nutzen – oder sich konform zu den gesellschaftlichen Erwartungen zu verhalten. Selbst als das Ideal der Emanzipation politisch längst festgeschrieben war, hielten zum Beispiel nicht nur männliche Politiker und Ehemänner, sondern auch ein Teil der Frauen selbst an traditionellen Geschlechterrollen fest, nach denen Kindererziehung und Haushaltsführung die Aufgaben von Ehefrauen und Müttern bleiben sollten.[11]

Die Soziologie unterscheidet zwischen individuellen Lebensläufen und einem institutionalisierten Lebensverlauf, der an soziale Gruppen rückgebunden werden kann. Dieser Lebensverlauf übernimmt eine doppelte Funktion: In ihm materialisiert sich einerseits der »sequentielle Ablauf des Lebens«,[12] andererseits strukturiert er die »lebensweltlichen Horizonte bzw. Wissensbestände«[13] und gibt damit Handlungsweisen vor. Aus soziologischer Perspektive entwickelte sich von Mitte der 1950er Jahre bis zur Energiekrise 1973 der standardisierte männliche »Normallebenslauf« eines Industriearbeiters zum normativen Bezugspunkt: Diesen Lebensverlauf prägte erstens der Wechsel von der Schule oder der Ausbildung ins Berufsle-

Idealbild der bürgerlichen Familie: Eine Frau mit zwei Kindern begrüßt ihren von der Arbeit heimkehrenden Ehemann, Bayern, 1960er Jahre.

ben; zweitens markierten Eheschließung und Familiengründung entscheidende Wegmarken; drittens blieben die Männer durchgehend berufstätig, wechselten aber unter Umständen ihren Arbeitsplatz oder Beruf; viertens vollzog sich der Abschied aus dem Erwerbsleben mit dem Eintritt ins Rentenalter. Ab den 1970er Jahren kam es dann zu einer De-Standardisierung des Lebensverlaufs, als im Zuge der ansteigenden Arbeitslosenzahlen und unsicheren Beschäftigungsverhältnisse das männliche »Normalarbeitsverhältnis« zusehends brüchiger wurde.[14]

Während das zentrale Element des männlichen Lebensverlaufs somit der Beruf war, orientierte sich die »Normalbiographie der Frau« an drei anderen Markern: an der Eheschließung, an der Geburt des ersten Kindes bzw. der Kinder und an der (temporären oder permanenten) Aufgabe des Berufs.[15] Diese Phasen lassen sich im Hinblick auf Ehe und Familie noch weiter ausdifferenzieren: eine junge Ehe ohne Kinder; eine Ehe mit Kindern im Vorschulalter, mit Jugendlichen und volljährigen Kindern (Familienphase); eine Ehe mit aus dem Haushalt ausgeschiedenen Kindern (die nachelterliche Phase bis zum Tod eines Ehepartners). Die Gewichtung der jeweiligen Phasen im Leben verschob sich mit dem Rückgang der Kinderzahl und dem Anstieg des Lebensalters.

Generell zeigt sich, dass der Lebensverlauf der Frauen bis in die 1970er Jahre primär auf die christlich-bürgerliche Kernfamilie mit einem verheirateten Ehepaar bezogen war.[16] Aber der starke Bezug auf diese Familienform löste sich ab den 1970er Jahren zumindest teilweise auf. Allerdings kann dies nicht einfach aus dem Rückgang der Eheschließungen und der Geburten sowie dem parallelen Anstieg der Scheidungen geschlussfolgert werden. Vielmehr müssen die dahinterstehenden Motive und die alternativ praktizierten Familienformen – wie Alleinerziehende und unverheiratete Paare mit Kind(ern) – mitberücksichtigt werden. Auch die wachsende Akzeptanz anderer Lebensweisen, wie das unverheiratete Zusammenleben ohne Kinder oder in Wohngemeinschaften oder das Alleinleben als Single, belegen die Veränderungen.[17]

Darüber hinaus orientierte sich der weibliche Lebensverlauf in beiden Teilen Deutschlands von den 1950er bis in die 1990er Jahre nicht nur am Leitbild der Familie, sondern auch an der Berufsarbeit. Allerdings wandelte sich der individuelle Handlungsspielraum der Frauen in der zeitlichen Abfolge der Lebensphasen Kindheit, Adoleszenz, Erwachsenenalter und Alter.[18] Gerade hier lassen sich zentrale Kontinuitäten und Brüche im deutsch-deutschen Vergleich bestimmen, die zwischen Beruf auf der einen und Familie (mit den Elementen Haushaltsführung und Kindererziehung) auf der anderen Seite zu verorten sind.

In der Bundesrepublik war in den 1950er und 1960er Jahren zunächst das »Ernährer-Hausfrau/Zuverdienerin-Modell« verbreitet, bevor es ab 1970 zumindest etwas von seiner Dominanz verlor. In der DDR dagegen entwickelte sich die »Zwei-Ernährer-Hausfrau-Familie« zum Ideal.[19] In Ost- und Westdeutschland existierten jedoch stets auch von diesen Modellen abweichende Möglichkeiten, das Leben zu gestalten. Den Anreiz für die abweichenden Verhaltensmuster setzte auf beiden Seiten der Mauer der stetige und ungelöste Konflikt zwischen Familie und Beruf.[20]

Anhand von drei Perspektiven auf die Rolle der Frau – Berufstätige, Hausfrau und Mutter – lässt sich im Ost-West-Vergleich in den Blick nehmen, wie diskutierte Rollenideale und praktizierte Rollenmodelle aufeinander bezogen waren und in welchen Bereichen Veränderungsprozesse einsetzten. Aber welche Rolle hatte Vorrang? In der Bundesrepublik dominierte in der politischen und öffentlichen Debatte der 1950er Jahre zunächst die Rolle der Frau als Mutter und suggerierte damit eine Vorrangstellung der Familie gegenüber der Berufsarbeit. In dieser Zeit stand, so die Interpretation der historischen Forschung, die »Restauration der traditionellen Kernfamilie«[21] im Fokus. In der Praxis verschwimmt diese Eindeutigkeit aber, da es in Westdeutschland während der 1950er Jahre zum Beispiel neben Hausfrauen und Müttern auch berufstätige Frauen und Mütter gab. Einige gaben ihren Beruf nach der Geburt des ersten Kindes permanent oder zeitweilig auf, andere Mütter schieden hingegen nicht aus dem Erwerbsleben aus. In den 1960er Jahren veränderten sich die öffentlichen Debatten über die Rolle der Frau, wobei es zu einer sprachlichen Abwertung der »Nur-Hausfrau« und einer parallelen Aufwertung der Arbeitnehmerin kam. Ein Verzicht auf Berufsarbeit wurde damit begründungspflichtig und Berufsarbeit – zumindest das Modell der Teilzeitarbeit – entwickelte sich für westdeutsche Mütter zum »Normalfall«.

In der DDR hatte sich dieser Wandel bereits in den frühen 1950er Jahren ereignet: Berufsarbeit galt hier nicht nur als Lebensziel für Mütter, sondern auch als Mittel zur Emanzipation. Ab den 1960er Jahren machte sich allerdings Ernüchterung breit, insbesondere unter den betroffenen Frauen. Es zeigte sich nämlich, dass Berufsarbeit und Emanzipation keineswegs monokausal zusammenhingen. Zudem vollzogen ostdeutsche Frauen das von der politischen Führung eingeforderte Leben für den Beruf in der sozialen Praxis nur bedingt nach, was wiederum die Entscheidungsträger zur Durchführung neuer politischer Maßnahmen veranlasste. Zugleich blendeten die SED-Funktionäre in ihren Äußerungen die realen Probleme der vollzeitarbeitenden Mütter aus, die sich ergaben, wenn diese Beruf und Familie miteinander vereinbaren mussten.[22] Auch das führte dazu, dass die Diskrepanz zwischen politischem Leitbild und sozialer Praxis bestehen blieb.

Zwar zeigen sich beim Vergleich zwischen Bundesrepublik und DDR deutliche Unterschiede in der Art, wie über Familie gesprochen wurde. Im Familienalltag hingegen existierte hier wie dort eine starke Kontinuität der sozialen Praktiken, die sich erst wesentlich später und viel differenzierter veränderten, als dass sie einfach auf die Formel »Emanzipation durch Berufsarbeit« heruntergebrochen werden könnten. Auf beiden Seiten der Mauer vollzog sich damit eine Entwicklung, die auch zu Beginn des 21. Jahrhunderts keineswegs abgeschlossen ist und weiterhin gesellschaftlich verhandelt wird. So sind Fragen der Vereinbarkeit von Arbeit und Familie oder einer geschlechtergerechten Bezahlung im Beruf bis heute ungelöste Problemfelder.

2 FAMILIE – MUTTERSCHAFT – HAUSHALTSFÜHRUNG: RAHMENBEDINGUNGEN UND ALLTAG

Der Kalte Krieg und die Teilung Deutschlands steckten den politischen und rechtlichen Rahmen ab, in dem die Schwerpunkte in der Frauen- und Familienpolitik der 1950er Jahre gesetzt wurden. Diese orientierten sich nicht primär an den Wünschen der Frauen oder den Bedürfnissen der Familien. Vielmehr spiegelten sie vor allem gesellschaftliche Ideale sowie die religiösen Glaubensgrundsätze und politischen Ziele der jeweiligen Entscheidungsträger wider.

Nicht nur im demokratischen Westen, sondern auch im sozialistischen Osten galt die Familie als eine zentrale gesellschaftliche Institution.[1] Beide politische Systeme knüpften hier an Artikel 119 der Weimarer Reichsverfassung von 1919 an (»Die Ehe steht als Grundlage des Familienlebens und der Erhaltung und Vermehrung der Nation unter dem besonderen Schutz der Verfassung. Sie beruht auf der Gleichberechtigung der beiden Geschlechter.«).[2] In Artikel 30 der DDR-Verfassung vom 7. Oktober 1949 wurde festgeschrieben: »Ehe und Familie bilden die Grundlage des Gemeinschaftslebens.« In Artikel 6 des westdeutschen Grundgesetzes hieß es wiederum: »Ehe und Familie stehen unter dem besonderen Schutze der staatlichen Ordnung«. Zudem erklärten das Grundgesetz wie auch die Verfassung der DDR, dass Mann und Frau gleichberechtigt seien. Die DDR-Verfassung enthielt dazu noch eine weiterreichende Bestimmung, die alle Gesetze für ungültig erklärte, »die der Gleichberechtigung der Frau entgegenstehen«.[3] Allerdings zielte die Gleichberechtigung der Frau in der DDR ausschließlich auf eine Partizipation im Berufsleben ab: Ledige und verheiratete Frauen sowie Mütter sollten arbeiten gehen und dabei auch traditionelle Männerberufe ausüben.[4]

Dennoch stellte diese Regelung einen wichtigen rechtlichen Unterschied zur Bundesrepublik dar, wo zwar das Grundgesetz ebenfalls die Gleichberechtigung festschrieb, das Bürgerliche Gesetzbuch (BGB) hingegen dem Ehemann Vorrechte gegenüber der Ehefrau einräumte. Hierzu zählte zum Beispiel der »Stichentscheid« des Vaters – also das Letztentscheidungsrecht bei der Kindererziehung – oder die »Hausfrauenehe«, wonach die Ehefrau für die Haushaltsführung zuständig war und nur arbeiten gehen durfte, wenn dies mit ihren Aufgaben und Pflichten als Hausfrau und Mutter vereinbar war. Damit waren dem Handlungsspielraum der westdeutschen Ehefrauen und Mütter deutliche Grenzen gesetzt.[5]

Insofern trafen in der Bundesrepublik »moderne«, das heißt von einer Gleichberechtigung der Geschlechter ausgehende Ideale auf traditionelle christliche und »bürgerliche« Werte. In den Debatten um die Ausgestaltung des Grundgesetzes sprachen sich insbesondere SPD-Politikerinnen, etwa Elisabeth Selbert und Friederike Nadig, sowie Frauenverbände für eine Gleichberechtigung aus. Demgegenüber votierten konservative Politiker und Kirchenvertreter unter Verweis auf christliche Moralvorstellungen vehement gegen eine »mechanistische Gleichmacherei«. Zudem verwiesen sie auf die »natürlichen« Geschlechterunterschiede, die auch durch die gesetzlichen Bestimmungen aufrechterhalten werden sollten.[6]

Trotz dieser unterschiedlichen Positionen existierte über die politischen Lager hinweg in einem wichtigen Punkt Konsens: Auch Selbert und ihre Mitstreiterinnen erkannten an, dass es durchaus Geschlechterunterschiede gab. Im Unterschied zur konservativen Position stuften sie diese jedoch nicht als naturrechtliche Unterschiede ein. Die »Andersartigkeit in der Gleichheit«[7] sollte stattdessen – trotz einer prinzipiellen Gleichberechtigung – gesellschaftlich ausgehandelt werden.[8]

Die unterschiedlichen Vorstellungen von Ehe und Familie sowie von der Gleichberechtigung der Geschlechter zeigte sich in den 1950er Jahren nicht nur in den familienrechtlichen Bestimmungen, sondern auch in den konkreten politischen Entscheidungen. Während sich die westdeutsche Familienpolitik in den 1950er und 1960er

Jahren am Leitbild der christlich-bürgerlichen Kernfamilie mit ihrem hierarchischen Modell der Geschlechterrollen orientierte, zielte die ostdeutsche Frauenpolitik darauf, die Emanzipation der Frau durch Berufsarbeit zu verwirklichen.[9]

In der Bundesrepublik prägten Anfang der 1950er Jahre zunächst vor allem politische Interessenverbände (zum Beispiel der Deutsche Familienverband, der Familienbund der Deutschen Katholiken, die Evangelische Aktionsgemeinschaft für Familienfragen und der Bund der Kinderreichen) die Familienpolitik. Als 1953 ein Bundesfamilienministerium eingerichtet wurde, stand dieses mit Franz-Josef Wuermeling (CDU) bis 1962 unter der Leitung eines gläubigen Katholiken und Vaters von fünf Kindern. Die politische Einflussnahme durch konfessionell geprägte Interessenvertretungen und die Ernennung eines praktizierenden Christen zum Familienminister verdeutlicht, wie stark sich die westdeutsche Familienpolitik bis in 1960er Jahre an religiösen Idealen orientierte.

Nach Ansicht der maßgeblichen Familienpolitiker und Kirchenvertreter galt lediglich die christlich-bürgerliche Kernfamilie als »Normalfamilie«, deren Zukunft durch Familienpolitik und Familienförderung sichergestellt werden sollte. Eine Kernfamilie setzte sich nach dieser Lesart aus einem heterosexuellen verheirateten Elternpaar und gemeinsam gezeugten minderjährigen Kindern zusammen, die in einer Haushaltsgemeinschaft lebten.[10] Dieses Leitbild beinhaltete zudem mehrere aus der katholischen Soziallehre abgeleitete Merkmale: Der Ehemann und Vater hatte als »Haupt« und »Ernährer« in Familienangelegenheiten das Sagen und musste für das finanzielle Auskommen sorgen. Die Mutter wiederum garantierte als das »segenspendende Herz der Familie« den Zusammenhalt. Zudem war sie für die Kindererziehung zuständig. Darüber hinaus basierte dieses Familienbild auf der Vorstellung der Unauflöslichkeit der Ehe.[11]

Die konkreten familienpolitischen Leistungen übernahmen in der Bundesrepublik sowohl Wohlfahrtsverbände als auch der Staat. Die Verbände stellten Dienstleistungsangebote wie Kinderbetreuung, Mutterschulen und Familienberatungsstellen zur Verfügung. Der Staat wiederum führte 1954 ein Kindergeld ab dem dritten Kind ein, garantierte steuerliche Freibeträge für Familien und etablierte den familiengerechten Wohnungsbau. Diese Unterstützungsleistungen griffen nicht in das Innenleben der Familien ein. Das entsprach der Auffassung der katholischen Soziallehre, wonach für Seelsorge und Fürsorge – also den inneren Bereich der Familie – Kirchen und Familienverbände zuständig waren. Lediglich der äußere Bereich sei Teil der staatlichen Familienpolitik. Zudem basierte diese Art der Familienpolitik auf dem Subsidiaritätsprinzip der Soziallehre, wonach der Staat nur aktiv eingreifen dürfe, wenn die Familien ihre Probleme nicht selbst einhegen konnten.[12]

Die westdeutsche Steuerpolitik bildete ebenfalls das Leitbild der Kernfamilie und das bürgerliche Modell der Geschlechterrollen ab, indem sie die »Hausfrauenehe« mit einem männlichen Ernährer gegenüber der »Doppelverdienerehe« bevorzugte. Denn das 1958 eingeführte Ehegattensplitting garantierte bei einer größeren Einkommensdifferenz zwischen den Ehepartnern höhere steuerliche Vergünstigungen. Der westdeutsche Sozialstaat stärkte so das »Ernährer-Hausfrau/Zuverdienerin-Modell« und trug damit zur sozialen Ungleichheit der Geschlechter bei. Denn schieden die Frauen temporär oder permanent aus dem Berufsleben aus, um sich als Hausfrau und Mutter um die Familie zu kümmern, dann zahlten sie weder in die Arbeitslosen- noch in die Kranken- und Rentenversicherung ein. Insbesondere der fehlende Rentenanspruch wirkte prekär, da er das Risiko einer Altersarmut erheblich erhöhte, gerade wenn sich Ehefrauen von ihren Männern scheiden ließen. Da der durchschnittliche Verdienst der Frauen deutlich unter dem der Männer lag, verstärkte das die finanzielle Ungleichheit zusätzlich.[13]

Auch in der DDR bildete – aufgrund historisch gewachsener Traditionen – die christlich-bürgerliche Kernfamilie implizit den Bezugspunkt der Politik. In den politischen Debatten blieb das gleichwohl ausgespart, da sich weder die bürgerliche noch die religiöse Herkunft des Modells der Kernfamilie mit dem sozialistischen Emanzipationsideal vereinbaren ließen. Zudem existierte in der DDR während der 1950er Jahre zunächst keine sozialistische Familienpolitik. Die Rahmenbedingungen für die Familie steckten stattdessen

Sozialistisches Ideal der Emanzipation durch Berufsarbeit: Eine Facharbeiterin in einem Ost-Berliner Industriebetrieb, 1957.

drei andere politische Bereiche indirekt ab: die Bildungspolitik, die Sozialpolitik und die Frauenpolitik, die vor allem als Frauenarbeitspolitik konzipiert war.[14]

Während also die westdeutsche Familienpolitik bis in die 1960er Jahre den Frauen die Rollen Mutter und Hausfrau zuwies, versuchte die SED, das sozialistische Ziel von der Emanzipation der Frau durch Berufsarbeit politisch umzusetzen. Die Bindung der ostdeutschen Frauen an den Bereich der Familie löste das allerdings nicht auf, da sie im Regelfall weiterhin allein für Kinderziehung und Haushaltsführung zuständig blieben. Der ostdeutschen werktätigen Hausfrau und Mutter stand somit das westdeutsche Ideal der Hausfrau und Mutter gegenüber. Überdies bestand in der DDR eine Differenz zwischen der verfassungsrechtlich garantierten Gleichberechtigung und der sozialen Realität fort. So übernahmen Frauen kaum Spitzenpositionen in Partei- und Regierungsämtern oder an Universitäten und in der DDR-Wirtschaft.[15]

Obwohl es de facto weiterhin deutliche Grenzen im Hinblick auf die Gleichberechtigung gab, wurde de jure immer wieder die gleichberechtigte Rolle der Frau im Erwerbsleben betont. Das »Gesetz über den Mutter- und Kinderschutz und die Rechte der Frau« vom 27. September 1950 ist hierfür ein wichtiger Indikator, da es die Aufgaben der »Frau in der Produktion« festschrieb. Zudem sollte das Gesetz den Müttern durch einen Ausbau der Plätze in Kinderkrippen und Horten die Möglichkeit eröffnen, eine Berufsarbeit aufzunehmen. Es zielte zudem darauf, alleinstehende Mütter bei den staatlichen Unterstützungsleistungen zu bevorzugen, zum Beispiel bei der Vergabe von Krippenplätzen. Darüber hinaus war es auch vom Ziel der Geburtensteigerung geprägt. So erhielten »kinderreiche Mütter« bei der Geburt des dritten Kindes eine einmalige Unterstützung von 100 DDR-Mark. Im Mutterschutzgesetz spiegeln sich somit zwei Grundintentionen wider, die die Frauenpolitik der DDR in Modifikationen bis in die 1980er Jahre prägten: die Steigerung der Geburten und die Erhöhung der Erwerbsquote von Frauen. So sollte insbesondere der Mangel an Arbeitskräften kompensiert werden.[16]

In der Bundesrepublik erließ der Gesetzgeber 1952 ebenfalls ein Mutterschutzgesetz, allerdings mit einer deutlich anderen Schwerpunktsetzung. Das Gesetz legte Lohnersatzleistungen in der Mutterschutzfrist fest, etablierte einen Kündigungsschutz für Schwangere und setzte zugleich Arbeitsschutzvorschriften. So wurde die Arbeitszeit für Schwangere auf 8,5 Stunden am Tag und 45 Stunden in der Woche begrenzt. Nachtarbeit war während der Schwangerschaft verboten. In der Praxis unterliefen aber neben Kleinbetrieben auch viele Schwangere selbst diese Bestimmungen. Denn indem sie ihre Arbeitszeit erhöhten und mehr Lohn bezogen, standen ihnen während der Mutterschutzfrist höhere Ersatzleistungen zu. Kam es zum Rechtsstreit bei der Kündigung einer schwangeren Arbeitnehmerin, dann prüfte die Gewerbeaufsicht, ob »unsittliches« Verhalten vonseiten der Frau – wie eine außereheliche Schwangerschaft – vorlag und damit »ausnahmsweise« die Kündigung als zulässig galt. Diese Praxis passte sich in das westdeutsche »Ernährer-Hausfrau/Zuverdienerin-Modell« ein.[17]

Demgegenüber setzte die ostdeutsche Frauenpolitik auf das Modell der »Zwei Ernährer-Hausfrau-Familie«. Auf dem »Internationalen Frauenseminar« im Januar 1958 sprach sich Justizministerin Hilde Benjamin (SED) – eine der wenigen Frauen in politischen Führungspositionen – vehement dafür aus, dass die »sozialistische Frau« Mutter und Werktätige sein müsse. Um 1960 wurde häufig argumentiert, dass sich die Frauen aus einem »inneren Bedürfnis heraus«[18] für eine Berufsarbeit entschieden hätten. Überdies würde eine berufstätige Mutter ihre Kinder besser erziehen können als eine »Nur-Hausfrau«. Damit wurde nicht nur das in Westdeutschland dominierende Ideal offiziell abgelehnt, sondern »reine« Hausfrauen gerieten auch politisch und gesellschaftlich unter Druck. Sie mussten sich für ihr Verhalten rechtfertigen und sahen sich einer wachsenden Diskriminierung ausgesetzt, da ihnen Unterstützungen, etwa bei der Kinderbetreuung oder der Warenzuteilung, vorenthalten werden sollten. Dieses Vorgehen diente auch dazu, mehr Hausfrauen und Mütter zu einer im Lebensverlauf kontinuierlichen Berufsarbeit anzuhalten. Das schien vonseiten des Staates angezeigt, da laut Aussage Benjamins 1958 erst 18,3 Prozent aller Ehefrauen berufstätig waren.[19]

Dass sich viele Mütter für die Haus- und gegen die Berufsarbeit entschieden, erklärten ostdeutsche Zeitungen und Frauenzeitschriften um 1960 mit einem Verweis darauf, dass diese »um einige Jahrzehnte in der gesellschaftlichen Entwicklung hinterher (hinken)«[20] würden. Gleichzeitig versuchte die staatlich gelenkte mediale Berichterstattung, Mütter durch eine rhetorische Abwertung der Hausfrauenrolle als »Kochtopfperspektive«[21] dazu zu bewegen, im Sinne der staatlichen Ideologie eine Vollzeitarbeit aufzunehmen. Parallel tolerierte die SED Anfang der 1960er Jahre zumindest für eine Übergangsphase noch weibliche Teilzeitarbeit, um auf diese Weise Hausfrauen sukzessive ins Erwerbsleben zu integrieren.[22] Unterliefen Mütter die politischen Vorgaben, indem sie sich gegen eine Berufsarbeit entschieden, dann sahen sie sich als »Heimchen am Herd« und »Schmarotzerinnen«[23] einer enormen Ächtung ausgesetzt.

Während westdeutsche Politiker, Kirchenvertreter und konservative Sozialwissenschaftler die Hausfrau und Mutter als »modern«

Familienalltag im Schatten der Politik: Eine Mutter in Ost-Berlin vor Fotowänden mit SED-Propaganda, 1964.

einstuften, mussten »moderne« ostdeutsche Frauen die drei Aufgabenbereiche Mutterschaft, Haushaltsführung und Berufsarbeit gleichzeitig bewältigen. Auch in der DDR wurden folglich Frau und Familie in der Regel zusammen gedacht. Die Vereinbarkeit der drei Felder stufte die SED als ein »spezifisches Frauenproblem« ein, und die politischen Debatten führten über das Familiengesetzbuch der 1960er Jahre bis zur SED-Familienpolitik der 1970er Jahre.[24]

In der Bundesrepublik gab es in den 1950er Jahren neben der sozialen und finanziellen Benachteiligung der Frauen auch eine rechtliche Ungleichheit, die sich in den Debatten um den »Stichentscheid« materialisierte. Das Letztentscheidungsrecht des Ehemannes und Vaters bei familiären Angelegenheiten und in der Kindererziehung wurde aus christlichen Glaubensgrundsätzen abgeleitet, wonach der Mann zuerst von Gott geschaffen worden sei und deswegen Vorrechte gegenüber der Frau genieße. Nach christlichem Verständnis war die Frau in der ehelichen Gemeinschaft keine gleichberechtigte

Partnerin, sondern nahm die Rolle einer »Gehilfin« des Ehemannes ein.[25]

Dieses von der Mehrheit der CDU sowie der katholischen Kirche vertretene patriarchalische Verständnis der Geschlechterrollen stieß in der ersten Hälfte der 1950er Jahre bei Sozialdemokraten und bei vielen Politikerinnen aus CDU und FDP, wie bei der bekannten Frauenrechtlerin Marie-Elisabeth Lüders (FDP), auf Unverständnis. Überdies sprach sich die renommierte Juristin und Richterin am Bundesverfassungsgericht Erna Scheffler auf dem Deutschen Juristentag 1950 vehement für eine rechtliche Gleichstellung von Männern und Frauen aus: »Die reale, körperliche, seelische und gesellschaftliche Verschiedenheit zwischen Mann und Frau führt rechtslogisch ebenso wenig zu einer Rechtsungleichheit wie die Ungleichheit nach Glauben, Herkunft, Rasse und Berufsstand.«[26] In der politischen und juristischen Debatte um den Stichentscheid setzte sich diese Position jedoch bis in die zweite Hälfte der 1950er Jahre nicht durch.[27]

Die Bundesregierung unter Konrad Adenauer (CDU) zementierte mit dem Gleichberechtigungsgesetz vom 18. Juni 1957 die Vorrechte des Ehemannes und Vaters in der Familiengemeinschaft. In den vorgelagerten juristischen und politischen Debatten hatten sich auf der Seite der katholischen Kirche unter anderem der Theologieprofessor Gustav Ermecke, der Domkapitular von Köln und Leiter des Katholischen Büros in Bonn, Wilhelm Böhler, und der Rechtswissenschaftler Friedrich Wilhelm Bosch für die rechtliche Bevorzugung des Ehemannes ausgesprochen und ihre Sichtweise im April 1952 in einem Gespräch mit dem Bundesjustizminister, Thomas Dehler (FDP), erläutert. Als Begründung führten sowohl die Bundesregierung wie auch die Vertreter der katholischen Kirche den »Schutz der Familie« – ausschließlich verstanden als Kernfamilie – an, den sie wichtiger einstuften als die Gleichberechtigung. Gleichzeitig beabsichtigte die katholische Kirche mit ihrer Intervention, die Berufsarbeit verheirateter Mütter einzuschränken. Der Entwurf des Gesetzes vom September 1952 enthielt letztlich nicht nur die Entscheidungsgewalt des Ehemannes und Vaters, sondern regelte auch, dass Ehefrauen nur dann einer Arbeit nachgehen dürften, wenn »dies mit ihren Pflichten in Ehe und Familie vereinbar sei«.[28] Damit war der Rahmen der Debatte abgesteckt.[29]

Die Kritik an den Regierungsplänen war vielfach und vehement. So äußerten Frauenverbände, die Frauenabteilungen der Gewerkschaften und die SPD Kritik am Entwurf. Auch die CDU-Politikerin und evangelische Oberkirchenrätin Elisabeth Schwarzhaupt lehnte den Stichentscheid ab, da es hierfür keine »theologischen Gründe« gebe. »Wir wünschen keine Generalvollmacht für den Mann«,[30] protestierte die FDP-Politikerin Lüders. Diese kritische Perspektive setzte sich bis Mitte der 1950er Jahre jedoch nicht durch und der Stichentscheid wurde nicht aufgehoben, nachdem auf Seiten der Bundesregierung unter anderem Familienminister Wuermeling erneut die Position der katholischen Kirche in die Debatte eingebracht hatte.[31]

Immerhin wurde nach den Beratungen des Rechtsausschusses des Deutschen Bundestags 1956 das Letztentscheidungsrecht des Ehemannes in Familienangelegenheiten aus dem Gesetz gestrichen; der Stichentscheid des Vaters blieb bei der Kindererziehung jedoch bestehen. Das Gleichberechtigungsgesetz sprach infolgedessen dem Vater in Erziehungsfragen das letzte Wort und den rechtlichen Alleinvertretungsanspruch des minderjährigen Kindes zu. Dieses Gesetz markierte einen vorläufigen Endpunkt in der mehrjährigen juristischen und politischen Auseinandersetzung um die Frage der »Gleichberechtigung und Verschiedenheit«[32] der Geschlechter. Befriedet hat das Gesetz den Konflikt jedoch nicht, denn während die Verfechterinnen der Gleichberechtigung die traditionelle Aufgabenteilung zwischen Männern und Frauen zwar weitgehend teilten, lehnten sie die im Gesetz enthaltene ungleiche Behandlung ab.[33]

Erst 1959 kippte das Bundesverfassungsgericht den väterlichen Stichentscheid, da er nicht vereinbar mit der vom Grundgesetz geforderten Gleichberechtigung sei. Infolgedessen stand nun beiden Elternteilen die »elterliche Gewalt« zu. Trotz dieser Veränderungen blieb das Modell der »Hausfrauenehe« weiterhin das gesellschaftlich dominierende Leitbild.[34] Gleichwohl war die Entscheidung des Bundesverfassungsgerichts eine Zäsur, da nun in den Familien eine

Schon in der Weimarer Republik eine Vorkämpferin für die Rechte der Frauen: Die Bundestagsabgeordnete Marie-Elisabeth Lüders (FDP), 1958.

gleichberechtigte Kindererziehung erfolgen konnte, die sich laut Umfragen aus den 1950er Jahren ohnehin im Alltag immer mehr abzeichnete.[35]

Dass sich in der westdeutschen Gesellschaft traditionelle Rollenbilder hielten, resultierte zu einem beträchtlichen Teil aus den rechtlichen Rahmenbedingungen und aus dem Verhalten der Ehemänner. Aber auch Ehefrauen und Mütter trugen diese Rollenverteilung durchaus mit, wie der Soziologe Gerhard Baumert in seiner Studie *Deutsche Familien nach dem Kriege* darlegte, für die er von 1949 bis 1951 beinahe 1.000 Familien aus der Region Darmstadt befragte. »Mich interessiert dieses ganze Gerede von der Selbständigkeit der Frau nicht. Mir ist wichtiger, daß mein Mann für mich und die Kinder sorgt und mir soviel abnimmt, wie er kann«,[36] äußerte darin eine Ehefrau.

Diese Perspektive spiegelte sich auch im Wahlverhalten westdeutscher Frauen. Obwohl die christlich-konservativen Parteien ein hierarchisch-autoritäres Verständnis von Ehe und Familie vertraten und sich öffentlich für eine Bevorzugung des Ehemannes aussprachen, wählten Frauen bis zur Bundestagswahl 1972 mehrheitlich CDU/CSU. Dieses Wahlverhalten lässt sich mit einer starken Kirchenorientierung erklären.[37] Zudem waren Frauen – im Unterschied zu ihren Männern – wesentlich seltener gewerkschaftlich organisiert und standen damit politisch der SPD im Regelfall nicht nahe. Darüber hinaus resultierte die verbreitete Bevorzugung der Unionsparteien aus »deren Wertschätzung einer Geschlechterordnung«,[38] die der lebensweltlichen Erfahrungen vieler Frauen entsprach. Bis in die 1970er Jahre hinein spielte die Debatte um die Frage der Gleichberechtigung keine entscheidende Rolle bei den Bundestagswahlen. Das änderte sich erst, als immer mehr Studentinnen, Akademikerinnen und im Dienstleistungssektor beschäftigte Frauen in die SPD eintraten und die Geschlechterrollen zu einem zentralen politischen Thema machten. Gleichberechtigung und Partnerschaft wurden zu gesellschaftlich verhandelten Leitmotiven, die die SPD bediente und damit nun eine Mehrheit der Wählerinnen ansprach. Zur Veränderung des Wahlverhaltens der Frauen trugen auch der Anstieg des weiblichen Bildungsniveaus, eine gestiegene Erwerbsquote sowie der allgemeine Bedeutungsverlust christlicher Glaubensgrundsätze bei.[39]

Zeit der Reformen: Die 1960er und 1970er Jahre

In der DDR blieben im Familienrecht zunächst die Bestimmungen des Bürgerlichen Gesetzbuches (BGB) von 1900 bestehen. Nachdem 1954 der erste Versuch einer umfassenden Rechtsänderung gescheitert war, wurde ein Jahr später die Eheverordnung erlassen, wodurch zum Beispiel Scheidungsverfahren nicht mehr nach dem im BGB festgeschriebenen Schuldprinzip geregelt waren. Erst als die SED-Führung im Dezember 1965 das Familiengesetzbuch (FGB) erließ und das Gesetz im April 1966 in Kraft trat, kam es zu einem Bruch mit der Rechtstradition und einer Abgrenzung vom Westen, da nun das Ideal der sozialistischen Familie rechtlich kodifiziert wurde. Als »kleinste Zelle der Gesellschaft«[40] basierte die Familie demnach einerseits auf einer auf Lebenszeit geschlossenen Beziehung und der Gleichberechtigung beider Ehepartner. Andererseits betonte das FGB, dass die Interessen der Familien und der Gesellschaft kongruent seien. Die Familie war demnach eine Abbildung des staatlichen Kollektivs im Kleinen, das sich stets den politischen Zielen unterordnen müsse.

Das FGB war jedoch in der Geschichte der DDR nicht nur eine juristische Zäsur. Es markierte auch einen bedeutenden politischen Einschnitt. Das Gesetz verdeutlichte, wie stark die SED-Führung darauf setzte, die ostdeutschen Bürgerinnen und Bürger zu einer »sozialistischen Lebensweise« zu erziehen.[41] Im Unterschied zur Familienpolitik der Bundesrepublik griff die SED-Führung mit den familienrechtlichen Bestimmungen deutlich in das familiäre Zusammenleben ein. Über das Setzen der politischen Ideale der »sozialistischen Familie« und der berufstätigen Mutter sollte eine »gesellschaftspolitische Transformation« erfolgen.[42] Das Familiengesetzbuch stand überdies für ein »Primat der staatlichen Interessen vor den Individualinteressen der Familienmitglieder«.[43]

Dadurch ergab sich für die Zeit ab den späten 1960er Jahren ein markanter Unterschied zum westdeutschen Familienrecht. Zu diesem Zeitpunkt setzte in der Bundesrepublik eine umfassende und mehrjährige Debatte über die Neuausrichtung der familien- und scheidungsrechtlichen Bestimmungen des BGB ein. Politiker, Kirchenvertreter und Juristen, aber auch Vertreterinnen der Neuen Frauenbewegung rangen um die Frage, ob das Familienrecht zukünftig die Familie als soziale Institution oder die Individualrechte der Familienmitglieder – vor allem der Ehefrauen und Kinder – stärken solle. Als schließlich 1976 ein reformiertes Familien- und Scheidungsrecht erlassen wurde, hatte sich letztere Perspektive durchgesetzt.[44] Während in der DDR die Familie als Kollektiv mit gesellschaftlichem Auftrag begriffen wurde, standen im Westen also fortan die Einzelinteressen ihrer Mitglieder im Vordergrund.

Neben der Familienrechtsreform war in der Bundesrepublik das Sorgerecht ein zweiter, öffentlich verhandelter Konfliktfall, der 1980 zum Abschluss kam: Im Gesetzestext wurde die ursprüngliche Formulierung von der »elterlichen Gewalt« durch den Begriff »elterliche Sorge« abgelöst, der ein neues Eltern-Kind-Verhältnis symbolisierte.

Es stand nicht mehr das elterliche – meist väterliche – Herrschaftsverhältnis im Vordergrund, sondern die »Pflichten« der Eltern. Sie sollten die Persönlichkeitsentwicklung ihrer Kinder fördern und unterstützen, um so deren Recht auf Erziehung sicherzustellen. Mit der Abkehr vom Gewalt-Begriff im Sorgerecht sollte das »Kindeswohl« gestärkt werden.[45]

In der DDR war der Terminus »elterliche Gewalt« bereits mit der Einführung des FGB 1965 abgeschafft worden. Nachdem man dort zunächst diskutiert hatte, an dessen Stelle den Begriff »elterliche Sorge« treten zu lassen, präferierte das Justizministerium in Ost-Berlin schließlich den Begriff »elterliche Erziehung«, da so die Erziehungsaufgaben betont würden. Ein zentraler Unterschied zum westdeutschen Sorgerecht war dabei, dass diese Aufgaben nicht allein durch die Eltern, sondern insbesondere durch staatliche Institutionen wie die Schulen oder die Jugendorganisation Freie Deutsche Jugend (FDJ) wahrgenommen wurden.[46] In der Bundesrepublik wirkten staatliche Einrichtungen wie Kindergärten oder Schulen dagegen lediglich ergänzend, während die zentralen Erziehungsaufgaben weiterhin bei den Eltern blieben.

Vergleicht man die frauenpolitischen und familienrechtlichen Entwicklungen, die in den 1960er und 1970er Jahren auf beiden Seiten der Mauer stattgefunden haben, dann sticht ein entscheidender Unterschied hervor: In der DDR fand aus Sicht der soziologischen Forschung aus der Zeit nach der Wende eine »paternalistisch-autoritäre ›Emanzipation von oben‹« statt, die von den Entscheidungsträgern aufgrund ihrer politischen Ideologie und ihrer wirtschaftlichen Interessen an die Frauen herangetragen und damit »erzwungen« wurde. Den Gegenpol bildete jetzt das westdeutsche Modell einer »demokratisch-öffentlichen ›Emanzipation von unten‹«[47], die in Aushandlungsprozessen von Frauen und ihren Interessenvertretungen, wie Frauengruppen, den Frauenbewegungen und Frauenorganisationen, initiiert wurde. Die in der »Fürsorgediktatur«[48] der DDR den Frauen oktroyierte Emanzipation kann so als »Staatsgeschenk« bewertet werden, das sich insbesondere in der ostdeutschen »Mutter-« oder »Muttipolitik« widerspiegelte.[49]

In der sozialen Praxis zeigten sich in beiden Teilen Deutschlands aber weiterhin Gemeinsamkeiten. Zwar definierten die gesetzlichen Bestimmungen die Kindererziehung als elterliche Aufgabe, doch im Familienalltag fiel sie in der Regel den Müttern zu – auch in der DDR. So schrieb das Familiengesetzbuch die Erziehung – und implizit auch die Haushaltsführung – als Aufgabe der Frau fest: »Die Beziehungen der Ehegatten zueinander sind so zu gestalten, daß die Frau ihre berufliche und gesellschaftliche Tätigkeit mit der Mutterschaft vereinbaren kann.«[50] Die Begründung des Gesetzesentwurfs durch den Ministerrat der DDR vom September 1964 wies in dieselbe Richtung und verdeutlicht, wie einerseits traditionelle Geschlechterrollen im Denken verhaftet waren und andererseits Berufsarbeit als Teil des weiblichen Lebensentwurfs erwartet wurde: »Die Berufserfahrung, die Kenntnis des gesellschaftlichen Lebens und die Einsicht in die gesellschaftlichen Zusammenhänge befähigen die Frauen[,] ihren Aufgaben bei der Erziehung der Kinder zu sozialistischen Persönlichkeiten immer besser gerecht zu werden.«[51] Demnach konnte, ganz im Sinne der sozialistischen Ideologie, lediglich die berufstätige Mutter ihre Erziehungsfunktion erfüllen.

Gleichwohl schrieben die politischen Vorgaben aber auch bürgerliche Rollenmuster in der sozialistischen Gesellschaft fort.[52] Dies zeigen die Debatten, die in den 1960er Jahren um die Rolle der Frau in Familie und Gesellschaft geführt wurden. 1962 sprach sich der Dresdner Sozialhygieniker Rudolf Neubert dafür aus, dass sich Mütter in den ersten drei Jahren nach der Geburt um die Erziehung kümmern sollten. Die SED lehnte seinen Vorschlag als »spießbürgerlich« ab, da er nicht nur der Entwicklung zu einer sozialistischen Gesellschaft, sondern auch dem Kindeswohl entgegenstehe: »Eine Frau, deren Tätigkeit sich auf den engen Kreis der Familie beschränkt, wird auch als Mutter stets in Gefahr sein, schon durch ihr Beispiel bei den Kindern ähnliche Idealbilder zu wecken, von den Gefahren der ›Affenliebe‹ und der zu starken Konzentration auf die Interessen der Kinder, weil man von eigenen nicht ausgefüllt ist, ganz zu schweigen. Jeder kennt die engstirnigen ›Klein-aber-mein-Spießbürger‹, die das Ergebnis sind und zugleich eine Bremse jeder sozialistischen Entwicklung. Eine gute Mutter aber ist heute eine arbeitende Mutter, die gleichberechtigt und gleich qualifiziert neben dem Vater steht.«[53]

Allerdings setzte sich das Primat der berufstätigen Mutter in der ersten Hälfte der 1960er Jahre nicht unhinterfragt durch. Der erste Kommentar des Justizministeriums zum Familiengesetzbuch betonte 1966, dass Mütter nach der Geburt eines Kindes temporär aus dem Berufsleben ausscheiden könnten. Die öffentliche Meinung stufte es ferner als »moralisches Recht«[54] der Mütter ein, selbst zu entscheiden, ob sie entweder zeitlich befristet oder dauerhaft ihren Beruf aufgaben. Diese Sichtweise lag jedoch quer zu den politischen Intentionen der SED, die vermutlich darauf einwirkte, dass der zweite Kommentar zum FGB 1967 unmissverständlich klarstellte: Wenn Frauen ihren Beruf nach einer Geburt aufgaben, dann zeuge dies von einem »Bewußtseinsrückstand«[55], der nicht vereinbar mit der sozialistischen Gesellschaft sei. Während die SED im Hinblick auf die weibliche Berufsarbeit permanent in den Bereich der Familie eingriff, blieben die innerfamiliären Rollen weitgehend unberührt. Mütter setzte diese politische Position erheblich unter Druck. Schließlich wurde von ihnen erwartet, dass sie sich neben einer Vollzeitberufstätigkeit weiterhin um Haushalt und die Kinderziehung kümmerten.[56]

Auch gegen Ende der 1970er Jahre kam es im Hinblick auf die Rolle der Frau in der Gesellschaft zu keinem Umdenken: Kindererziehung und Haushaltsführung galten in der DDR weiterhin als Aufgabe der berufstätigen Mutter und eben nicht des Vaters. So argumentierte die Juristin Anita Grandke, »daß die Familie bei der Verwirklichung der gleichen Rechte und Pflichten von Mann und Frau speziell die Aufgabe hat, ihr als Mutter Bedingungen zu schaffen, alle ihre Aufgaben miteinander zu vereinbaren«.[57] Diese Vorgaben verlangten letztlich von Müttern, dass sie Wege fanden, wie sie neben der Berufsarbeit die anfallenden Hausarbeiten erledigen und die Kindererziehung übernehmen konnten. Egal, wie die Frauen ihren Alltag aufzuteilen versuchten, stets führte die dreifache Aufgabe zu einer erheblichen Arbeitsbelastung, wenn sie in Vollzeit arbeiteten.[58]

Das Modell der Teilzeitarbeit wiederum lag quer zu den politischen Zielen, weshalb in der politischen und wissenschaftlichen De-

Kindererziehung als Aufgabe der Frau: Drei Mütter unterwegs in einem Ost-Berliner Wohngebiet, 1979.

batte nach anderen Alternativen gesucht wurde. Das Memorandum *Einschätzung der Umfrage über Probleme der Frau in unserer Gesellschaft* vom Institut für Meinungsforschung beim ZK der SED Anfang der 1970er Jahre präsentierte zwei Lösungsvorschläge, die zuvor bereits im Zuge der Debatten um das Familiengesetzbuch innerhalb der Evangelischen Kirche diskutiert worden waren: Entweder könnten Dienstleister einen Teil der Hausarbeiten übernehmen oder der Ehemann müsse sich bei Haushaltsführung und Kindererziehung einbringen. Letzteres lasse sich durch staatliche Erziehungsmaßnahmen realisieren, schlussfolgerte das Memorandum. Es griff damit einen Punkt auf, der bereits während der Ausarbeitung des Familiengesetzbuches Mitte der 1960er Jahre diskutiert worden war. Durch die »Umerziehung des Mannes zur vollverantwortlichen Mitarbeit im Haushalt«[59] ließe sich die Arbeitsbelastung der Ehefrauen und Mütter erheblich reduzieren, hatten Rechtswissenschaftler betont. Neben Politikern und Juristen beteiligten sich an der Debatte auch Wissenschaftler wie die Mitarbeiter des Instituts für Arbeitsökonomik und Arbeitsschutzforschung in Dresden. Sie sprachen sich dafür aus, die »bürgerliche« Rollenverteilung in der Familie zu beenden und die Ehemänner zu einem stärkeren Engagement anzuhalten. Allerdings handelte es sich hier allenfalls um »Appelle« und nicht um eine politische Kampagne.[60] Folglich verhallte die Forderung nach einem stärkeren familiären Engagement der Ehemänner und Väter. Stattdessen wollten die SED-Funktionäre die gesellschaftlichen Rahmenbedingungen verändern, damit sich mehr Mütter entschieden, in Vollzeit zu arbeiten.

Die verhandelte Veränderung der familiären Aufgabenverteilung lief noch aus einem anderen Grund ins Leere: In den 1960er und 1970er Jahren sperrten sich nämlich neben den Ehemännern auch zahlreiche Frauen gegen eine egalitäre Aufgabenverteilung in der Familie. Der später geprägte Begriff von einer »Phase der ›Geschlechterunordnung‹«[61] führt daher in die Irre, denn Kindererziehung und Haushaltsführung fielen weiterhin den Müttern zu. Das war eine der zentralen Kontinuitätslinien in Ost- und Westdeutschland.

Die Bestimmungen des Familiengesetzbuches verdeutlichen, dass Ehe und Familie in der DDR »keine reine Privatangelegenheit«[62] waren. Ihr zentraler Zweck lag in der Zeugung von Kindern und deren »sozialistischer Erziehung« durch die Eltern.[63] In der DDR erfolgte 1971/72 ein weiterer politischer Einschnitt, als die Familienpolitik unter Erich Honecker, dem neuen Mann an der Spitze der SED, eine Neuausrichtung erfuhr. Von nun an stand nicht mehr die Sozialisationsfunktion der Familie im Mittelpunkt, sondern die politischen Initiativen konzentrierten sich auf geburtenfördernde Maßnahmen.[64] So sollte das politische Ideal von zwei bis drei Kindern pro Familie mit einer voll erwerbstätigen Mutter und einem verheirateten Elternpaar in der sozialen Praxis zur Norm erhoben werden.[65] Dabei ging es vor allem darum, sowohl den Bedarf an Arbeitskräften zu sichern als auch ein stabiles Geburtenniveau zu etablieren.[66]

Die im Anschluss an den VIII. Parteitag der SED im Juni 1971 eingeleiteten, »von oben« initiierten »emanzipatorischen« familien- und frauenpolitischen Maßnahmen sollten diese Entwicklung vorantreiben. Ein wichtiges Ziel war es, die Zahl der Eheschließungen zu erhöhen und die seit den 1960er Jahren stark gestiegene Zahl der Scheidungen zu reduzieren, etwa durch die Einrichtung von Eheschulen. Allerdings scheiterten die entsprechenden Maßnahmen: Nicht nur die Scheidungsquote nahm in den 1970er Jahren weiter zu, sondern auch die Zahl der alleinerziehenden Mütter und der nichtehelichen Lebensgemeinschaften.

Darüber hinaus zielte die Familienpolitik der SED unter Honecker auf eine Steigerung der Geburtenrate. Werktätige »Muttis« waren die Zielgruppe der »Muttipolitik« – so der zeitgenössische Jargon, den die soziologische und historische Forschung aufgegriffen hat. Frauen sollten durch die familienpolitische Unterstützung dazu bewegt werden, sowohl Kinder zu bekommen als auch eine Vollzeiterwerbstätigkeit aufzunehmen.[67] Mit dem monatlichen Hausarbeitstag sowie dem Ausbau von Kinderkrippen und -gärten bzw. Horten hatte die DDR-Führung bereits in den 1950er Jahren versucht, Rahmenbedingungen zu schaffen, damit Ehefrauen und Mütter Familie und Berufsarbeit miteinander vereinbaren konnten. Unter Honecker folgten nun weitere wirtschaftliche und soziale Anreize.

Die ab 1972 gewährten finanziellen Zuwendungen der »Muttipolitik« waren durchaus erheblich: Der bezahlte Schwangerschafts- und Wochenurlaub wurde zum Beispiel von 14 auf 18 Wochen verlängert, die Geburtenbeihilfe von 500 auf 1.000 DDR-Mark pro Kind angehoben. Ferner erhöhte sich der Urlaubsanspruch von Müttern nach einer Geburt von vier auf sechs Wochen pro Jahr. Überdies erhielten »werktätige Muttis« weitere Vergünstigungen, wie die 40-Stunden-Woche für vollbeschäftigte Mütter mit drei und mehr Kindern unter 16 Jahren oder einen auf 21 Tage verlängerten Mindesturlaub. Stillende Mütter bekamen überdies für jeden Stillmonat zehn DDR-Mark ausgezahlt und ihnen standen nach der Rückkehr an den Arbeitsplatz täglich zwei 45-minütige Stillpausen zu. Über diese allgemeinen Leistungen hinaus gab es besondere Zuwendungen für alleinerziehende erwerbstätige Mütter: Sie konnten ab dem Juli 1972, je nach Kinderzahl, bei einer Erkrankung eines Kindes maximal 13 Wochen pro Jahr freigestellt werden und erhielten zur Kompensation des Lohnausfalls Krankengeld.[68]

»Glück der Familie«: Offizieller Aufruf zur Stimmabgabe bei der Wahl zur Volkskammer der DDR am 14. Juni 1981.

Die Vergünstigungen trugen zwar dazu bei, dass gegen Mitte der 1970er Jahre die Geburtenzahlen in der DDR leicht anstiegen und Familien meist ein Kind oder zwei Kinder bekamen. Allerdings blieb damit die soziale Praxis hinter dem politisch anvisierten Ideal von zwei bis drei Kindern zurück, weshalb die SED-Führung ab 1976/77 weitere frauenpolitische Vergünstigungen einführte. Der Schwangerschaftsurlaub verlängerte sich auf 26 Wochen und die 40-Stunden-Woche galt für vollbeschäftigte Mütter bereits ab dem zweiten Kind. Erneut erhielten alleinerziehende Mütter besondere finanzielle Anreize. Ihnen stand bereits ab dem ersten Kind ein bezahltes Babyjahr zu; erst 1986 erhielten es auch verheiratete Mütter ab dem ersten Kind. Insbesondere diese familienpolitische Maßnahme trug gegen Ende der 1970er Jahre zu einem Anstieg der (unehelichen) Geburten bei, allerdings reichte das weiterhin nicht aus, um das politische Ziel von zwei bis drei Kindern pro Familie zu realisieren.[69]

Die ostdeutsche »Muttipolitik« hatte dennoch weitreichende Folgen für die soziale Praxis. So waren ostdeutsche Mütter bei der Geburt ihres ersten Kindes jünger als westdeutsche Frauen. Zudem übertraf der Anteil der nichtehelichen Geburten in der DDR wesentlich die westdeutsche Quote. Gleichzeitig festigten sowohl die Regelungen des FGB als auch die frauen- und familienpolitischen Leistungen der SED maßgeblich die traditionellen Geschlechterrollen, da sie die Verantwortung für die Familie weiterhin allein den Müttern zuschoben. Die familiäre Aufgabenverteilung lag somit quer zum Dogma der Gleichberechtigung, die zudem primär wirtschaftlich gedacht war.[70]

In der Bundesrepublik waren bis in die späten 1960er Jahre die familienpolitischen Entscheidungen der Unionsparteien vom Leitbild der christlich-bürgerlichen Kernfamilie mit einem männlichen Ernährer geprägt. Die Bevorzugung dieses Familienmodells endete, als sich »Chancengleichheit«, »Gleichberechtigung«, »Emanzipation« und schließlich »Partnerschaft« zu den neuen familienpolitischen Leitbegriffen der seit 1969 regierenden sozialliberalen Koalition entwickelten.[71] Die veränderte familienpolitische Schwerpunktsetzung hatte sich allerdings bereits unter der 1968 ernannten Familienministerin Aenne Brauksiepe (CDU) angedeutet, die die soziale Stellung von Frauen stärken und die Aufstiegschancen von Kindern verbessern wollte. Unter der sozialliberalen Regierung Willy Brandts (SPD) übernahm dann erstmals eine SPD-Politikerin das Amt. Die Familienministerin Käte Strobel (1969–1972) und ihre Nachfolgerin Katharina Focke (1972–1976) entwickelten die westdeutsche Familienpolitik weiter. Nach Ansicht Strobels musste eine »rationale Familienpolitik«[72] alle Kinder gleich behandeln, daher sollten die staatlichen Unterstützungsleistungen nicht nur »kinderreichen« Familien mit mehr als drei Kindern zuteilwerden.

Eine zentrale Zäsur war hier die Neufassung des Bundeskindergeldgesetzes vom 1. Januar 1975, mit der die seit 1946 geltenden Steuerfreibeträge abgeschafft und das Kindergeld erhöht bzw. erstmalig auch Geld bereits für das erste Kind ausbezahlt wurde. So erhielten Eltern 50 DM für das erste Kind. Die Beträge für das zweite und dritte Kind erhöhten sich von 25 auf 70 DM und von 60 auf 120 DM. Damit erhielten die Eltern nicht nur wesentlich höhere finanzielle Zuwendungen, es profitierten auch deutlich mehr Familien von der staatlichen Unterstützung. Hatte um das Jahr 1970 nur ein Viertel der

Allein unter Männern: Die spätere Familienministerin Käte Strobel neben Helmut Schmidt, Herbert Wehner und Willy Brandt (v.r.n.l.) auf dem Bundesparteitag der SPD im März 1968.

Familien mit minderjährigen Kindern Kindergeld erhalten, waren es 1975 bereits 84 Prozent.[73]

Daneben zielten die familienpolitischen Maßnahmen der SPD darauf, die innerfamiliären Machtbeziehungen zu reformieren. So sollten die Individualrechte der Familienmitglieder, insbesondere das Kindeswohl, gestärkt werden. Zudem ging es darum, die soziale und rechtliche Stellung der Frau gegenüber dem »männlichen Ernährer« zu verbessern. Infolgedessen wollten die Sozialdemokraten Rahmenbedingungen schaffen, die »das Recht des Kindes auf Erziehung«, aber auch die generelle »freie Entfaltung der Persönlichkeit« sowie »das Erziehungsrecht der Eltern« und den »Schutz und Wertschätzung von Ehe und Familie«[74] garantierten. Es sollte zum Beispiel ein umfassendes Beratungsprogramm für Geburtenplanung sowie für Erziehungsfragen und zur Haushaltsorganisation etabliert werden. Diese familienpolitischen Neuerungen zielten darauf, die dominierenden hierarchisch-autoritären Familienstrukturen durch partnerschaftliche Familienbeziehungen zwischen Ehemann und Ehefrau sowie zwischen Eltern und ihren Kindern abzulösen.[75]

Neben Vertretern der katholischen Kirche und des Zentralkomitees der deutschen Katholiken (ZdK) lehnten auch Unionspolitiker diese Reformpläne ab. Der ZdK-Vorsitzende Bernhard Vogel (CDU) wertete die Pläne der SPD als einen Angriff auf die Familie, die »in ihrer radikalsten Form die Zerschlagung der als bürgerliche Kleinfamilie abgewerteten Institution«[76] beabsichtige. Unionspolitiker und Kirchenvertreter, aber auch christlich-konservative Juristen wie der Moraltheologe Franz Böckle favorisierten in den 1970er Jahren weiterhin das hierarchische Geschlechterrollenmodell, das die Ehefrau und Mutter auf den Binnenraum der Familie verwies.[77]

Auch eine Öffnung des Familienbegriffs, der alleinerziehende Mütter und ihre Kinder einschloss, blieb innerhalb der Union aus, obgleich das parteiintern während der 1970er Jahre zumindest verhandelt worden war.[78] Das 1978 verabschiedete Grundsatzprogramm der CDU schrieb demgegenüber die traditionelle Sichtweise auf Ehe und Familie fest, die bis in die 1990er Jahre die familienpolitische Position der Partei prägte: Ehe und Familie seien das »Fundament unserer Gesellschaft und unseres Staates«.[79]

Diese Position diente nicht zuletzt der Abgrenzung vom Standpunkt der sozialliberalen Koalition, die jede »auf Dauer angelegte Lebensgemeinschaften eines oder mehrerer Erwachsener mit einem oder mehreren Kindern«[80] als Familie definierte. Auch inhaltlich grenzten sich die oppositionellen Unionsparteien in den 1970er Jahren von den Regierungsparteien SPD und FDP ab. Mit dem von der Union vorgeschlagenen Erziehungsgeld sollten Anreize gesetzt werden, damit berufstätige Frauen aus dem Erwerbsleben ausschieden, um mehr Kinder zu gebären und zu erziehen. Dieser Vorschlang stand einem egalitären Geschlechterrollenmodell entgegen, das sich in den 1970er Jahren allmählich zum Leitbild in der westdeutschen Gesellschaft entwickelte und auch die Debatten um die Reform des Nichtehelichen- und Familienrechts prägte.[81]

Neben der Familienpolitik zielten diese Reformen darauf, die Individualrechte zu stärken – insbesondere der ledigen und verheirateten Frauen, aber auch der Kinder. Hier firmierten ebenfalls »Chancengleichheit«, »Gleichberechtigung«, »Emanzipation« und »Partnerschaft« als Leitbegriffe und prägten den allgemeinen Rahmen der Reformgesetze.

Einen ersten zentralen Einschnitt in der westdeutschen Rechtsgeschichte markierte die Reform des Nichtehelichenrechts 1969/70. Als das Gesetz ausgearbeitet wurde, sprachen sich insbesondere die SPD und die FDP dafür aus, die soziale und rechtliche Benachteiligung des unehelich geborenen Kindes aufzuheben. Zugleich wollten ihre Verfechter die Lage der alleinerziehenden Mütter verbessern, die in der Regel einer sozialen Ächtung und rechtlichen Benachteiligung gegenüber den verheirateten Müttern ausgesetzt waren.[82]

Indirekt diskutierten Politiker, Juristen und Kirchenvertreter anhand des Nichtehelichenrechts, welche Familienformen gesellschaftlich akzeptiert sein sollten. Gerade die Politiker aus den Unionsparteien und die Repräsentanten der katholischen Kirche wollten alleinerziehenden Müttern den Status einer Familie verwehren. In der politischen Debatte setzte sich letztlich aber die Position der Sozialdemokraten und Liberalen durch, die beabsichtigten, die Engführung des Familienbegriffs auf die Kernfamilie aufzubrechen und die gesellschaftlich akzeptierte Familiendefinition auszuweiten. Nicht mehr die Ehe wurde zum konstitutiven Merkmal einer Familie, sondern die Eltern-Kind-Beziehung.[83]

Dieses neue Verständnis von Familie führte mittelfristig zu einer Veränderung des Sagbaren. Während bis in die 1960er und 1970er Jahre normative Wertungen über die Begriffe »unvollständige Familie«, »Halbfamilie« oder »Mutterfamilie« transportiert worden waren, verwiesen Soziologinnen und Soziologen, aber auch Politikerinnen und Politiker zunehmend auf die dahinterstehenden Annahmen von »normalem« und »deviantem« sozialen Verhalten und stellten diese Unterscheidung in Frage. Um zukünftig die damit verbundene Diskriminierung alleinerziehender Mütter zu vermeiden, wurde vorgeschlagen, den neutralen Begriff der »Ein-Eltern-Familie« zu verwenden. In der politischen, wissenschaftlichen und medialen Debatte setzte sich diese Forderung allerdings nicht uneingeschränkt durch.[84]

Das neue Ehe- und Familienrecht: Bundesjustizminister Hans-Jochen Vogel (SPD) informiert bei einer Telefonaktion im Juni 1977.

Während sprachliche Diskriminierungen sichtbar blieben, verschwand zumindest die rechtliche Benachteiligung alleinerziehender Mütter und ihrer Kinder, als der Bundestag am 19. August 1969 das »Gesetz über die rechtliche Stellung der nichtehelichen Kinder« verabschiedete. Es trat zum 1. Juli 1970 in Kraft. Das reformierte Gesetz regelte, dass unverheiratete Mütter das Sorgerecht für ihre Kinder erhielten und nicht länger ein staatlicher Vormund hierfür zuständig war. Zudem bestimmte das Gesetz, dass die Vaterschaft von einem Gericht festgestellt werden konnte. Außerdem wurde die väterliche Unterhaltspflicht festgeschrieben und zugleich nichtehelich gezeugte Kinder als erbberechtigt anerkannt. Von diesen Änderungen profitierten 1972 gut sechs Prozent aller Kinder unter 15 Jahren.[85]

Als »Kernreform der 1970er Jahre«[86] gilt das überarbeitete Ehe- und Familienrecht von 1976/77, das erstens die Scheidungsbestimmungen grundlegend modifizierte, in dem etwa das Schuldprinzip durch das Zerrüttungsprinzip ersetzt wurde. Zweitens verbesserten sich mit der Reform die Unterhaltsleistungen für die geschiedenen Ehefrauen. Das reformierte Recht schützte die traditionell schwächeren Familienmitglieder – Ehefrau und Kinder – erheblich besser vor harten Scheidungsfolgen. Zu den engagierten Befürworterinnen und Befürwortern der Liberalisierung des Scheidungsrechts gehörten neben der SPD-Bundestagsabgeordneten Renate Lepsius auch Vertreterinnen der Frauenbewegungen. Die Änderungen beim Unterhaltsrecht sind ein Indikator dafür, dass – ähnlich wie bei der Familienpolitik – die Individualrechte der Ehefrau und Kinder gestärkt wurden.[87]

Zudem beendete die Reform die im BGB fixierte »Hausfrauenehe«. Anstelle des traditionellen Geschlechterrollenmodells, das die Zuständigkeit für Haushalt und Kindererziehung bei der Ehefrau und Mutter verortete, trat ein egalitär-gleichberechtigtes Modell, das Sozialdemokraten damals mit dem Begriff »Partnerschaftsprinzip«[88] beschrieben. Sie grenzten sich damit begrifflich von der in den 1950er Jahren idealisierten und weit verbreiteten Aufgabenverteilung ab, bei der sich beide Ehepartner »kameradschaftlich« ergänzen sollten. In der sozialen Praxis hatte dieses Rollenarrangement nichts Anderes bedeutet, als dass jeder Partner in der ihm zugewiesenen Sphäre agierte – die Hausfrau und Mutter in der Familie und der Ehemann und Vater als »Ernährer« im Beruf. Mit ihrer Reform des Familienrechts beabsichtigte die sozialliberale Koalition, dieses bürgerliche Geschlechterrollenmodell zu beenden und ein »modernes« egalitäres Rollenideal zu etablieren.[89]

Der Begriff »Partnerschaft« brachte das veränderte Ehe- und Familienverständnis der SPD zum Ausdruck. Ehe und Familie waren nach sozialdemokratischem Verständnis sowohl soziale Institutionen als auch individuell ausgestaltbare soziale Beziehungsgefüge zweier gleichberechtigter Partner. Deshalb war das BGB grundlegend modifiziert worden, da bisher der Ehemann die Berufstätigkeit seiner Frau verbieten konnte, sofern sie mit Haushaltsführung und Kindererziehung nicht vereinbar war. Nach der Reform bedurfte es eines innerfamilialen Aushandlungsprozesses, in dem zwei gleichberechtigte Ehepartner festlegten, wie »die Haushaltsführung im gegenseitigen Einvernehmen« zu regeln sei – so der neue Passus § 1356 BGB. Diese Bestimmung sollte Ehefrauen die Möglichkeit eröffnen, selbst zu wählen, wie sie ihr Leben gestalteten. In der sozialen Praxis führte dieses Aushandeln allerdings dazu, dass sich tradierte Geschlechterrollenmodelle vielfach hielten.[90]

Die Pluralität weiblicher Lebenskonstellationen

Die politischen, juristischen und gesellschaftlichen Debatten über die Rollen der Frauen verweisen in Ost- und Westdeutschland auf den permanenten Konflikt zwischen Beruf und Familie. Offen bleibt dabei, welche Rollen sich die Frauen selbst zuschrieben: Sahen sie sich primär als Berufstätige oder als Ehefrauen, die sich in der Familie verorteten und sich daher um die Haushaltsführung und Kindererziehung kümmerten?

Im Hinblick auf diese Selbstverortung belegen Umfragen, dass für Frauen in der DDR bis in die 1980er Jahre hinein Beruf und Familie mit Kindern jeweils die gleiche Bedeutung hatten. Das gaben bei einer Familienbefragung 1982 mehr als 60 Prozent der 20- bis 40-Jährigen an. Eine eindeutige Priorisierung eines Lebensbereichs gab es somit bei der Mehrheit der befragten Frauen nicht, aber eine große Minderheit von immerhin 38 Prozent – meist waren es Arbeiterinnen – stuften die Familie wichtiger als ihren Beruf ein.[91]

In Westdeutschland stieg die Erwerbsquote von Frauen und Müttern in der zweiten Hälfte des 20. Jahrhunderts zwar an und die »Hinzuverdienerinnen-Ehe« löste die »Hausfrauenehe« als das dominierende Familienmodell ab. Doch zu einem »Randphänomen« entwickelte sich das »Hausfrauendasein« nicht, gerade nachdem Kinder geboren worden waren. 1990 lag der Anteil der »Hausfrauenehen« mit einem männlichen »Ernährer« immerhin noch bei 34 Prozent. Bis 2007 sank er auf 20 Prozent. Die Diskrepanz zu den ostdeutschen Bundesländern war nach der Wiedervereinigung in diesem Punkt erheblich: Dort lebten lediglich 13 Prozent der Ehepaare nach dem Ernährer-Hausfrau-Modell und ihr Anteil fiel bis 2007 sogar auf sechs Prozent ab.[92]

Trotz dieser deutlichen Unterschiede blieb aber die Ehe für die

Mehrzahl der Frauen in Ost und West ein zentrales Element ihres individuellen Lebensverlaufs. Immer wieder gaben sie in Umfragen Kinder als wichtigsten Grund für eine Eheschließung an. Frauen wollten also meist heiraten, wenn sie sich entschieden, Kinder zu bekommen oder wenn sie bereits schwanger waren. Das deckte sich mit den gesellschaftlichen Konventionen, zumal Anfang der 1960er Jahre gut 92 Prozent der Frauen und 86 Prozent der Männer die Ehe als »unverzichtbar« einstuften.[93]

Anfang der 1970er Jahre unterschieden sich DDR und Bundesrepublik im Hinblick auf die gesellschaftlichen Leitbilder allerdings etwas, wie sich am Anteil der sogenannten »shotgun marriages« oder »Mussehen« infolge einer Schwangerschaft zeigt. Beinahe drei Viertel der ostdeutschen Frauen aus den Geburtskohorten 1971 bis 1973 waren am Anfang ihrer Schwangerschaft unverheiratet. Bis zur Geburt fiel ihr Anteil auf 61 Prozent ab. In lediglich zwölf Prozent der Fälle entschieden sich die Frauen also dafür, die Geburt mit einer Heirat zu »legitimieren«. In Westdeutschland war hingegen nur gut die Hälfte der Mütter zu Beginn ihrer Schwangerschaft unverheiratet; bei der Geburt lag ihr Anteil noch bei gut 31 Prozent. Insofern existierte in Westdeutschland ein wesentlich größerer gesellschaftlicher Druck, dass Kinder in einer ehelichen Gemeinschaft geboren werden sollten. Dies ist markant, da schließlich das ostdeutsche Familienrecht die Ehe als die präferierte Familienform benannte.[94]

Der gesellschaftliche Heiratsdruck ging in der Bundesrepublik im Lauf der 1970er Jahre zurück, zumal hier gegen Ende des Jahrzehnts nur noch gut 60 Prozent der Frauen und Männer eine Ehe für »unverzichtbar« hielten. Zudem verbreitete sich – zumindest in Städten – mit den nichtehelichen Lebensgemeinschaften eine Lebensform, in der das unverheiratete Zusammenleben »ausprobiert« werden konnte. Viele unverheiratete Paare gingen gleichwohl eine Ehe miteinander ein, wenn sie sich entschieden, Kinder zu bekommen.[95] Liebe und Kinderwunsch – die zwei wichtigsten Heiratsgründe in Westdeutschland für die Zeit seit den 1970er Jahren – stehen auch dafür, dass eine Eheschließung mit einer starken emotionalen Komponente versehen war. Zudem zeigt sich darin ein verändertes Eheverständnis: Die Ehe wurde immer weniger als Institution gesehen, in der sich zwei Partner zu einem »Zweck und Solidaritätsverband« zusammenschlossen. Sie wurde vorrangig zu einer individuellen Lebensgemeinschaft, in der zwei in Liebe verbundene Partner lebten.[96]

Gleichzeitig muss aber auch gefragt werden, wie sich eine Heirat auf die Aufgabenverteilung innerhalb einer Beziehung auswirkte. Soziologische Studien kommen einhellig zu dem Schluss, dass eine Eheschließung – neben der Geburt von Kindern – zu einer »Traditionalisierung der Aufgabenverteilung«[97] führte, wodurch Frauen – selbst wenn Paare sich zuvor an einem stärker partnerschaftlichen Rollenmodell orientiert hatten – auf ihre Rolle als Mutter und Hausfrau verwiesen wurden.[98]

Im Unterschied zur Bundesrepublik blieben in Ostdeutschland funktionale Heiratsgründe wichtiger, schließlich bekamen Paare nach der Hochzeit bevorzugt eine der generell knappen Wohnungen zugewiesen. Außerdem wurde die Eheschließung in der DDR ab 1972 mit einem zinslosen Kredit über 5.000 DDR-Mark finanziell gefördert, sofern beide Partner das 25. Lebensjahr noch nicht erreicht hatten und weniger als 1.400 DDR-Mark verdienten.[99] Neben dieser Sichtweise, in der die Ehe als soziale Institution mit einer Absicherung der Lebensumstände assoziiert wurde, war gegenseitige emotionale Zuneigung zweier Partner aber im Osten genauso wie im Westen ein zentraler Heiratsgrund. In einer Umfrage von 1982 benannten Frauen Liebe als wichtigstes Motiv einer Eheschließung, es folgten »Tradition« und der »Erhalt einer eigenen Wohnung«.[100]

Auch in der DDR blieb die Ehe der zentrale Bezugspunkt im Lebensverlauf von Frauen. So gaben in einer Umfrage um das Jahr 1987 81 Prozent der ostdeutschen Frauen an, dass eine Eheschließung aufgrund sozialpolitischer Vergünstigungen nach der Geburt des ersten Kindes aufgeschoben werden könne. Bei der zweiten Schwangerschaft müsse dann aber geheiratet werden.[101] Dieser Einstellungswandel, der ähnlich auch in Westdeutschland zu beobachten war, verweist auf eine zunehmende »Entkoppelung von Familiengründung und Eheschließung«[102], die sich ab den 1970er Jahren zunehmend verbreitete.

Die Ehe als zentraler Bezugspunkt im Leben vieler Frauen: Eine Hochzeit in Kreischau bei Torgau, Sachsen, 1979.

Der Anstieg der Ehescheidungen ist eine weitere Entwicklung, die sich in Ost- und Westdeutschland ab den 1960er Jahren gleichermaßen zeigte. Paradoxerweise erhöhte sich die Scheidungswahrscheinlichkeit genau in dem Augenblick, als sich Liebe zu einem zentralen Motiv einer Eheschließung entwickelte. Dieser Widerspruch löst sich bei genauerem Hinsehen jedoch auf. »Grundsätzlich ist in der Idee der Liebesehe das Scheitern der Ehe bereits angelegt, denn Liebe ist vergänglich«[103], betonen Familiensoziologinnen und -soziologen. Diese Erkenntnis widerspricht der zeitgenössischen Deutung der 1970er und 1980er Jahre, wonach der beobachtete Anstieg der Scheidungsquote ein Zeichen für eine »Krise« von Ehe und Familie gewesen sei. Soziologische Studien argumentieren dagegen seit den 1990er Jahren, dass scheidungswillige Paare zwar ihre eigene eheliche Beziehung, nicht aber die Ehe grundsätzlich infrage stellten. Damit verbunden war auch die Hoffnung, dass sich die Liebe in der nächsten Ehe einstellte.[104]

Die Scheidungswahrscheinlichkeit wird generell jedoch nicht nur von der individuellen Perspektive auf die Ehe beeinflusst. Darüber hinaus sind zahlreiche Faktoren zu benennen: das Heiratsalter, die Altersdifferenz der Partner, die Konfessionszugehörigkeit, die Größe des Wohnorts, die Nationalität, die Frauenerwerbstätigkeit, das Einkommen, das Bildungsniveau, die innerfamiliäre Rollenverteilung, die Zahl und das Alter der Kinder sowie der Besitz beziehungsweise das Eigentum. Zum Beispiel erhöht die Berufstätigkeit der Ehefrau die Scheidungswahrscheinlichkeit. Sie ist jedoch keinesfalls der einzige Faktor, wie das in den Debatten der 1970er Jahre vielfach angenommen wurde.[105]

Generell kann man davon ausgehen, dass die materielle Versorgung geschiedener Frauen mit dem Anstieg der Scheidungsrate immer wichtiger für die betroffenen Frauen wurde. Während im Westen nach der Reform 1976/77 der geänderte Versorgungsausgleich die finanzielle Unterstützung geschiedener Frauen und Kinder verbesserte, war im Osten stets die eigene Berufsarbeit der Frau die zentrale, auch von den institutionellen Rahmenbedingungen vorgesehene Möglichkeit, das individuelle Auskommen zu sichern. Auch in der Bundesrepublik waren aber geschiedene Frauen vielfach berufstätig. Dieser Trend verstärkte sich an der Wende zum 21. Jahrhundert weiter.[106]

Die veränderte gesellschaftliche Sicht auf die Ehe eröffnete ab den 1970er Jahren eine prinzipielle Wahlmöglichkeit bei der individuellen Lebensplanung. Frauen stand es frei, als Single, in einer nichtehelichen Lebensgemeinschaft, in einer Wohngemeinschaft – oder in jüngster Zeit auch als gleichgeschlechtliches Paar – zu leben. Die Soziologie spricht in diesem Zusammenhang seit Anfang der 1980er Jahre von »Lebensform«, wobei zwischen familial und nicht-familial – das heißt mit und ohne Kinder – unterschieden wird. Studien legen nahe, dass die aufkommenden Wahlmöglichkeiten nicht zu einer radikalen Verbreitung neuer Lebensformen geführt haben. Vielmehr zeigte sich ab den 1970er Jahren eine »Pluralisierung in Grenzen«[107] oder eine »schwache Pluralisierung«[108], insbesondere in der Altersgruppe der 20- bis 35-Jährigen. In den Lebensphasen davor und danach lebten Männer und Frauen weiterhin meist in einer »traditionellen« Familie.[109]

Dieser Befund wird auch durch einen Blick auf die Zusammensetzung der Bevölkerung unterstützt: 1972 stellten in der Bundesrepublik verheiratete Eltern mit minderjährigen Kindern mit 43,3 Prozent die größte soziale Gruppe. Bei gut einem Viertel der verheirateten Paare waren entweder noch keine Kinder geboren worden oder die Kinder waren bereits aus der Haushaltsgemeinschaft ausgezogen. Der Anteil der Alleinerziehenden – meist waren dies Mütter – und der nichtehelichen Lebensgemeinschaften lag bei 3,3 Prozent bzw. 0,6 Prozent. Der Anteil der verheiratet zusammenlebenden Personen mit Kindern ging (bezogen auf die alte Bundesrepublik) von 1972 bis 2004 erheblich zurück (für die DDR liegen in dieser Zeit keine vergleichbaren Zahlen vor); allerdings lässt die statistische Erhebung (mit Stichtagsregelung) offen, inwiefern Kinder zu einem späteren Zeitpunkt noch geboren wurden bzw. ob Kinder bereits ausgezogen waren. Soziologische Studien gehen sogar davon aus, dass – wird der Lebensverlauf bei der Berechnung berücksichtigt – 2005 immer noch 53 Prozent der Westdeutschen einmal in ihrem Leben in einer Kernfamilie mit Kindern lebten.[110] Auch wenn die Institution Ehe für die Familie in der zweiten Hälfte des 20. Jahrhunderts sukzessive an Bedeutung verlor, blieb sie dennoch für viele Frauen ein wichtiger Bezugspunkt für die individuelle Lebensplanung.

Gleichzeitig darf aber die anhaltende Fokussierung der Mehrzahl der Bevölkerung auf die Kernfamilie nicht verdecken, dass es neben verheirateten Müttern – die entweder nicht arbeiten gingen oder einen Beruf in Teil- bzw. Vollzeit ausübten – noch weitere Gruppen von Müttern gab: ledige, geschiedene und verwitwete Mütter. In der Nachkriegszeit und den 1950er Jahren bildeten die Witwen mit 1,7 Millionen Personen die größte soziale Gruppe. Nachdem ihre Zahl in den 1960er und 1970er Jahren kontinuierlich zurückgegangen war, entwickelten sich geschiedene und getrenntlebende Frauen zur dominanten Gruppe. In der Bundesrepublik lebten Mitte der 1980er Jahre 581.000 geschiedene bzw. getrenntlebende Mütter, gefolgt von 184.000 Witwen und 176.000 ledigen Müttern. Insgesamt

	Westdeutschland		Ostdeutschland
	1972	2004	2004
ledige Kinder bei Eltern(teil)	9,9 %	8,8 %	9,9 %
alleinlebend, ledig	4,4 %	9,5 %	8,6 %
alleinlebend, nicht ledig	9,2 %	11,4 %	11,9 %
verheiratet zusammenlebend, ohne Kind	25,5 %	29,5 %	30,4 %
verheiratet zusammenlebend, mit Kind(ern)	43,3 %	28,5 %	23,6 %
unverheiratet zusammenlebend, ohne Kind	0,5 %	4,9 %	4,7 %
unverheiratet zusammenlebend, mit Kind(ern)	0,1 %	1,8 %	4,5 %
alleinerziehend	3,3 %	3,6 %	4,5 %
sonstige Personen	3,9 %	2,3 %	1,9 %

Private Lebensformen von Menschen im Alter von 18 und mehr Jahren[111]

nahm der Anteil der Ein-Eltern-Familien von 8,7 Prozent im Jahr 1976 auf 12,8 Prozent (1985) beziehungsweise 13,8 Prozent (1991) zu. Diese drei Gruppen von Müttern sahen sich mit besonderen Erwartungshaltungen konfrontiert, da ihre individuelle Lebensplanung quer zu den sozialen Normen lag.[112]

Überdies standen sie bei der Vereinbarkeit von Familie und Beruf vor jeweils eigenen sozialen und wirtschaftlichen Herausforderungen, wie die Enquete-Kommission des Deutschen Bundestags *Frau und Gesellschaft* 1980 in ihrem Bericht festhielt: Alleinerziehende Mütter mussten die Aufgaben Kindererziehung und Haushaltsführung ohne einen Partner meistern und parallel für das finanzielle Auskommen sorgen. 1978 waren immerhin fast 60 Prozent der alleinstehenden Mütter erwerbstätig. Die Dreifachbelastung machte Stress und Zeitnot zu einem alltäglichen Problem, das – hielt es konstant an – zu gesundheitlichen Problemen führen konnte. Das wiederum zwang einige Alleinerziehende, aus dem Erwerbsleben auszuscheiden.

Andere alleinerziehende Mütter mussten ihren Arbeitsplatz zumindest temporär aufgeben, da nicht genügend Plätze in Kinderkrippen und -gärten existierten, die ohnehin meist auf eine Halbtagsbetreuung ausgelegt waren. Das betraf gegen Mitte der 1980er Jahre immerhin 14 Prozent der alleinerziehenden Mütter in Westdeutschland. In Ostdeutschland waren die Kindergartenplätze (Alterstufe drei bis unter sechs Jahre) demgegenüber auf eine ganztätige Betreuung ausgelegt. Darüber hinaus existierten aufgrund eines wesentlich größeren Angebots an Kindertagesstätten auch Betreuungsmöglichkeiten für Kinder der Altersstufe unter drei Jahren. Westdeutsche Alleinerziehende lebten demgegenüber aufgrund eines Mangels an Krippen und Kindergärten (mit Ganztagesplätzen) immer wieder fast zwangsläufig nach dem Modell der »Nur-Hausfrau«, standen dadurch aber vor erheblichen finanziellen Schwierigkeiten, schließlich waren sie zugleich die »Ernährerinnen« der Familie. Allerdings war die wirtschaftliche Situation alleinerziehender Mütter selbst mit einer Berufsarbeit prekär: So lag ihr Nettoverdienst 1978 unter der Marke von 1.000 DM; zudem bezogen 32 Prozent der alleinerziehenden Mütter Sozialhilfe. Insofern gehörte ein Leben an oder unter der Armutsgrenze zum Alltag vieler Ein-Eltern-Familien.[113]

Es gehört zu den markanten Kontinuitätslinien in der Geschichte der Bundesrepublik, dass alleinerziehende Mütter bis weit in die 1970er und 1980er Jahre hinein immer wieder sozial diskriminiert wurden. Allerdings war ihre gesellschaftliche Situation in den 1950er und 1960er Jahren noch prekärer gewesen. Das zeigt sich nicht zuletzt darin, dass in dieser Zeit viele ledige Mütter versuchten, nach der Geburt den Kindsvater oder einen anderen Mann zu heiraten, um die Geburt zu »legitimieren«.[114] Alleinerziehende sahen sich deutlichen Vorbehalten ausgesetzt, nicht zuletzt, weil die bürgerliche Kernfamilie zum Leitbild für das gesellschaftliche Leben überhöht wurde,[115] und sie waren daher bis in die 1970er Jahre eine sozial diskriminierte »Randgruppe«.[116]

In den 1950er Jahren waren auch verwitwete Frauen mit Kindern, die unverheiratet in einer Lebensgemeinschaft mit ihrem neuen Partner lebten, von einer starken Diskriminierung betroffen. Witwen wählten dieses zeitgenössisch abfällig als »Rentenkonkubinat« und »Onkelehe« benannte Lebensmodell, da sie bei einer erneuten Heirat ihre Renten-, Pensions- und Unterstützungsansprüche verloren hätten und so ihre finanzielle Unabhängigkeit sichern konnten. Vielfach war eine solche Lösung auch notwendig, um das finanzielle Über-

Prägte die Familienpolitik der 1950er Jahre: Bundesfamilienminister Franz-Josef Wuermeling (CDU), hier im Deutschen Bundestag, 1960.

leben der Familie zu sichern, wenn der neue Partner aufgrund einer Kriegsversehrung nicht die Rolle des »Ernährers« übernehmen konnte. Nach den Schätzungen des Familienministeriums existierten um 1955 in Westdeutschland 100.000 bis 150.000 dieser »Onkelehen«. Auf die Bevölkerung insgesamt gesehen bildeten sie also eine kleine Gruppe. Dennoch gerieten sie in den Fokus einer öffentlichen Kontroverse, die 1954/55 ihren Höhepunkt erreichte und erst um 1959 abebbte. Die Diskussion schlug hohe Wellen, da die »Onkelehen« dem staatlich favorisierten Modell der christlich-bürgerlichen Kernfamilie widersprachen. Der CDU-Politiker Franz-Josef Wuermeling und die liberale Politikerin Marie-Elisabeth Lüders (FDP) zweifelten etwa die moralische Integrität dieser Lebensform an. Laut einer Allensbach-Umfrage von 1955 lehnten 46 Prozent der Befragten die »Onkelehe« als Lebensmodell ab. Immer wieder stand der Vorwurf im Raum, die Beteiligten würden sich die in erster Ehe erworbenen Sozialleistungen »erschleichen«.

Als 1960 das Bundesversorgungsgesetz geändert wurde, gewährte man den Witwen die Versorgungsleistungen aus ihrer ersten Ehe, sollte der zweite Ehepartner versterben oder sie schuldlos geschieden werden. Ab 1974 erhielten schließlich alle geschiedenen Witwen die Rentenansprüche der ersten Ehe zurück. Diese geänderten Rahmenbedingungen ermöglichten es vielen verwitweten Frauen, das Lebensmodell der »Onkelehe« aufzugeben und ihren neuen Partner zu heiraten, so dass das Thema an gesellschaftlicher Brisanz verlor.[117]

Im Hinblick auf die Zahl der nichtehelichen Geburten und der alleinerziehenden Mütter unterschieden sich die Bundesrepublik und die DDR deutlich. So fiel in Westdeutschland der Anteil der nichtehelichen Erstgeburten von gut zehn Prozent im Jahr 1950 auf sieben Prozent im Jahr 1970. In der DDR nahm dagegen die Zahl der Alleinerziehenden ab den 1970er Jahren – auch aufgrund der staatlichen Unterstützungsleistungen der »Muttipolitik« – deutlich zu. Der Anteil der Ein-Eltern-Familien an allen ostdeutschen Familien lag 1970 bei 13 Prozent, stieg bis 1981 auf 18 Prozent und schließlich bis 1990 auf 35 Prozent. Gleichwohl stand diese Familienform weiterhin dem staatlich propagierten Familienideal des verheirateten Elternpaares entgegen, weshalb wissenschaftliche Studien über ihren Alltag genauso wie die mediale Berichterstattung über diese Lebensform untersagt blieben. Ihre Verbreitung hielt dies gleichwohl nicht auf. 1989 lebten in der DDR schätzungsweise 340.000 unverheiratete Mütter mit minderjährigen Kindern.

Gleichzeitig machten ledige Mütter auch in Ostdeutschland nur einen Teil der Alleinerziehenden aus. Nach der Volkszählung 1981 waren 49 Prozent der alleinerziehenden Mütter geschieden, 30 Prozent ledig und die restlichen gut 20 Prozent entweder verwitwet oder verheiratet und getrennt lebend. Werden diese Gruppen nach Alter differenziert, dann waren die jüngeren Mütter unter 25 Jahren meist ledig, die über 30-Jährigen hingegen meist geschieden. Das bedeutet, dass lediglich ein Teil der alleinerziehenden Mütter – nämlich die ledigen jüngeren Frauen – vom sozialpolitischen Mitnahmeeffekt der »Muttipolitik« profitieren konnten und vermutlich eine dauerhafte Beziehung mit einem Partner hatten. Damit blieb auch für Alleinerziehende ein partnerschaftliches Familienleben als Ideal zentral, selbst wenn die eigene Ehe zuvor gescheitert war oder sich im Leben bisher noch kein Partner gefunden hatte.[118]

Außerdem muss berücksichtigt werden, dass der Anteil der nichtehelichen Erstgeburten nach der Wiedervereinigung weiter anstieg, dabei aber spezifische Ost-West-Unterschiede bestehen blieben. So waren 2010 in den ostdeutschen Bundesländern 61 Prozent der Erstgeburten nichtehelich. Demgegenüber stieg der Anteil der nichtehelichen Geburten in den alten Bundesländern, wo er im Jahr 2000 bei 23 Prozent gelegen hatte, auf vergleichsweise geringe 27 Prozent im Jahr 2010. Das ergibt einen Anteil von 33 Prozent bei den nichtehelichen Geburten in Deutschland insgesamt.[119]

Nichteheliche Lebensgemeinschaften waren ein weiteres Lebensmodell, das ost- und westdeutsche Frauen ab den 1970er Jahren verstärkt wählten. In der DDR lebten 1981 ungefähr 154.000 unverheiratete Paare. Sie erreichten damit einen etwas höheren Verbreitungsgrad als in Westdeutschland, wo ihre Zahl in den 1970er und 1980er Jahren allerdings massiv zunahm. Hatten 1972 in Westdeutschland noch 137.000 Frauen mit einem Partner unverheiratet zusammengelebt, waren es 1982 bereits 516.000 und 1990 963.000. Auf die Gesellschaft insgesamt gesehen, blieb damit ihr Anteil gering, aber insbesondere jüngere, besser gebildete berufstätige Frauen – meist aus dem Umfeld der Frauenbewegung sowie dem linksalternativen Studentenmilieu – entschieden sich im Westen während der 1980er Jahre für diese Form des Zusammenlebens.

Ungefähr 80 bis 90 Prozent der westdeutschen nichtehelichen Lebensgemeinschaften waren (noch) kinderlos. In Ost und West lebten meist Paare mittleren Alters von 20 bis 35 Jahren unverheiratet zusammen. Diese Form des Zusammenlebens war somit prägend für eine bestimmte Altersgruppe, in der sich diese Lebensform ab den 1970er Jahren rasant verbreitete. In Westdeutschland hatte nach eigenem Bekunden ein Viertel der Frauen Erfahrungen mit dem unverheirateten Zusammenleben gemacht. In einer ostdeutschen Befragung von 1987 gaben 29 Prozent der 18- bis 40-jährigen ledigen Frauen an, sie würden sich in einer nichtehelichen Lebensgemeinschaft befinden. Ost- und westdeutsche Frauen dieser Altersgruppe probierten in den Lebensgemeinschaften das Zusammenleben mit einem Partner aus. Ostdeutsche Frauen wählten die nichteheliche Lebensgemeinschaft überdies häufig im Anschluss an die Geburt des ersten Kindes, da sie von den sozialpolitischen Leistungen profitieren wollten, die Alleinerziehenden zustanden. Als solche wurden sie nämlich von der amtlichen Statistik geführt, da sie in der Regel mit ihrem Partner nicht in derselben Wohnung registriert waren. Bei der Geburt des zweiten Kindes heirateten diese Paare dann in der Regel und zogen in eine gemeinsame Wohnung, sobald ihnen eine zugewiesen wurde. Aufgrund dieses Unterschiedes waren Kinder in ostdeutschen nichtehelichen Lebensgemeinschaften etwas häufiger anzutreffen als in westdeutschen. Daneben entschieden sich in beiden Teilen Deutschlands auch viele geschiedene Frauen für das unverheiratete Zusammenleben mit einem neuen Partner; dabei war eine spätere Heirat nicht prinzipiell ausgeschlossen. Eine dritte Gruppe von Frauen wählte die nichteheliche Lebensgemeinschaft bewusst als eine Alternative zur traditionellen Ehe. Laut zeitgenössischen Umfragen war dies in Westdeutschland bei ungefähr 28 Prozent der unverheirateten Paare der Fall; davon lehnte allerdings nur ein Viertel die Ehe grundsätzlich ab. Diese Befunde zeigen, dass die Ehe, selbst wenn Frauen unverheiratet mit einem Partner zusammenlebten, meist weiterhin ein Fixpunkt in der individuellen Lebensplanung blieb.[120]

Zwar belegen zahlreiche Umfragen aus den 1970er und 1980er Jahren die geschilderten Entwicklungen, doch wurden sie seinerzeit durchaus unterschiedlich bewertet. So wähnten konservative Beobachter wie Renate Köcher vom Institut für Demoskopie Allensbach die Ehe in der Krise: »Nicht die Familie, wohl aber die Institution Ehe gilt heute als weniger wertvoll und weniger schutzbedürftig als noch in den fünfziger und sechziger Jahren«.[121] Ihre Interpretation verdeutlicht, dass für sie weiterhin die christlich-bürgerliche Kernfamilie den normativen Bezugspunkt bildete.

Für wachsende Bevölkerungsteile traf dies in Westdeutschland hingegen nicht mehr zu. So galten insbesondere alleinerziehende Mütter und ihre Kinder im Unterschied zu den 1950er und 1960er

Jahren inzwischen auch als »Familie«. Familien in ihren verschiedensten Ausprägungen waren damit im Lebensverlauf von Frauen sowohl als gesellschaftliche Institution wie auch als individuell ausgestaltbares Beziehungsgefüge von Bedeutung.[122]

Vom Babyboom zum Geburtenrückgang

In Westdeutschland stieg in den 1950er Jahren die Zahl der Geburten aus mehreren Gründen an. So holten Paare in der Nachkriegszeit die während des Zweiten Weltkriegs aufgeschobenen Eheschließungen nach und bekamen anschließend Kinder. Zudem entschieden sich jüngere Paare für eine frühere Heirat, wodurch die Erstgeburt in diesen Familien zu einem früheren Zeitpunkt im Lebensverlauf erfolgte. Drittens kamen die geburtenstarken Jahrgänge 1934 bis 1939 ins Heiratsalter. Viertens bewog die stabile wirtschaftliche und gesellschaftliche Entwicklung in Westdeutschland mehr Paare dazu, Kinder zu bekommen. Die absolute Geburtenzahl erhöhte sich von 820.000 im Jahr 1955 auf 1,1 Millionen im Jahr 1964.

1961 lebten in der Bundesrepublik 10,7 Millionen Mütter mit 19,4 Millionen Kindern zusammen. Die Mehrzahl der Kinder (16,7 Millionen) wohnte im Haushalt eines verheirateten Elternpaars und damit nach zeitgenössischem Verständnis in einer »vollständigen Familie«. 2,74 Millionen Kinder lebten bei 1,8 Millionen alleinstehenden Müttern. Die Gesamtzahl der Kinder verteilte sich zu 28 Prozent auf Ein-Kind-Familien, zu 34 Prozent auf Zwei-Kind-Familien und zu 38 Prozent auf Familien mit mindestens drei Kindern.[123]

Der Geburtentrend kehrte sich gegen Mitte der 1960er Jahre um, als sich die Frauen der Geburtsjahrgänge um 1939 und um 1946 entschieden, kein zweites bzw. drittes Kind mehr zu bekommen. Darüber hinaus kamen die geburtenschwachen Kriegsjahrgänge 1940 bis 1946 ins Heiratsalter. Infolgedessen ging die absolute Zahl der Geburten bis 1975 um gut die Hälfte auf 600.000 zurück. Auch in der DDR kam es nach einem Geburtenanstieg auf 263.000 Lebendgeborene 1960 zu einem Rückgang auf 182.000 im Jahr 1975.

Da dieser Geburtenrückgang, der sich auch in anderen westeuropäischen Ländern ereignete, zeitlich mit der Einführung der »Antibabypille« zusammenfiel, wurde er zeitgenössisch als »Pillenknick« bezeichnet. Soziologische und historische Forschungen haben jedoch gezeigt, dass es keinen einfachen kausalen Zusammenhang zwischen dem Geburtenrückgang und der Einführung des neuen Verhütungsmittels gab, genauso wenig wie zwischen dem Anstieg der Berufsarbeit von Frauen und der Geburtenentwicklung.[124] Vielmehr lag die Ursache in einem komplexen Geflecht zahlreicher miteinander verwobener Faktoren, das sich nicht zweifelsfrei entwirren lässt. Neben den Erwartungen an den potenziellen materiellen, psychologischen und sozialen Nutzen von Kindern beeinflussen die soziale Herkunft und das Alter der Partner, die Art der Paarbeziehung, die individuellen Erfahrungen mit Kindern und die Berufsorientierung der Frau sowohl den Kinderwunsch als auch die reale Kinderzahl.[125]

Generell lässt sich beobachten, dass sich Frauen und Männer ab Mitte der 1970er Jahre häufiger zwei Kinder wünschten. In der sozialen Praxis blieben die realen Kinderzahlen sowohl in Ost- wie auch in Westdeutschland etwas hinter diesem Wunschbild zurück. Diese Entwicklung hing mit dem »Erst-Kind-Schock« bzw. dem Ende des bis zu sechs Monate nach der Geburt dauernden »baby honeymoon« zusammen. Mit diesen Begrifflichkeiten beschreiben Sozialwissenschaftler den nach der Geburt des Kindes einsetzenden Stress, der zu einer veränderten Einstellung gegenüber Kindern führte. Überdies beeinflusste die ökonomische Situation der Familien und alleinerziehenden Mütter die Entscheidung über die Anzahl der Kinder. In der DDR gaben Frauen als Grund für den Verzicht auf weitere Kinder häufig den Mangel an Krippenplätzen – eine notwendige Voraussetzung, um Beruf und Familie miteinander vereinbaren zu können – und den knappen Wohnraum an; schließlich hatten Wohnungen in der DDR im Durchschnitt lediglich eine Größe von 58 Quadratmetern. In Westdeutschland hingegen stieg die Wohnungsgröße von durchschnittlich 50 Quadratmeter Anfang der 1950er Jahre innerhalb von gut zehn Jahren auf 70 Quadratmeter beziehungsweise auf 86 Quadratmeter um 1970 an.[126]

Voll im Trend: Eine Zwei-Kind-Familie in Bayern, 1965.

Mit dem Rückgang der Kinderzahl ging eine stärkere »Kinderzentrierung der Eltern«[127] einher, die immer mehr Zeit – vor allem die Mütter – und finanzielle Ressourcen für die Kindererziehung aufwendeten. Der Soziologe Franz-Xaver Kaufmann bezeichnete das als »verantwortete Elternschaft«[128], womit er zum Ausdruck brachte, dass die westdeutschen Eltern den Erziehungsaufgaben eine zentrale Rolle zuschrieben und diesen bei jedem einzelnen Kind gerecht werden wollten. Für die DDR liegen keine vergleichbaren Erhebungen vor. Es kann aber vermutet werden, dass auch in Ostdeutschland die gesellschaftlichen Erwartungen an die von Müttern zu leistende Kindererziehung angestiegen sind, wenngleich hier deutliche inhaltliche Unterschiede vorlagen, da Kinder im »sozialistischen Sinne« erzogen werden sollten.

Bezogen auf den individuellen Lebenslauf hatte der Rückgang der Geburten besonders weitreichende Folgen für die Mütter. Dank eines (zunächst) niedrigen Alters bei der Erstgeburt, das in beiden Teilen Deutschlands um 1970 bei gut 24 Jahren lag, sowie einer reduzierten

Kinderzahl begann die Familienphase früher und verkürzte sich in vielen Fällen auf einen Zeitraum von circa zehn Jahren. Das verlängerte den nachelterlichen Lebensabschnitt ohne im Haushalt lebende Kinder – die sogenannte empty-nest-Phase[129] –, wodurch viele Mütter im Alter von 30 bis 40 Jahren wieder voll ins Berufsleben hätten einsteigen können.[130]

Während in der DDR das durchschnittliche Alter der Frauen bei der Erstgeburt von 1960 bis 1985 zwischen 23 und 24 Jahren pendelte, stieg es bei westdeutschen Frauen sukzessive an: von 24,2 (1970) auf 25,5 (1980) und später auf 27,0 Jahre (1990); 2010 lag es schließlich bei gut 30 Jahren. Um diese Zeit glich sich das Alter der Frauen bei der Erstgeburt in den östlichen und westlichen Bundesländern schließlich an. Damit verlängerte sich die Phase, in der kinderlose Frauen das unverheiratete und verheiratete Zusammenleben mit einem Partner, das Single-Leben oder das Leben in Wohngemeinschaften ausprobieren konnten. Gleichzeitig verschob sich dadurch die nachelterliche Phase im Lebensverlauf nach hinten; eine Verkürzung setzte jedoch wegen der gestiegenen Lebenserwartung nicht ein. Stattdessen verengte sich das Zeitfenster, in dem Frauen Familiengründung und Geburt der Kinder mit der beruflichen Karriere verknüpfen mussten, auf den Abschnitt zwischen ungefähr dem 27. und dem 35. Lebensjahr. Die sozialwissenschaftliche Forschung beschreibt diese Entwicklung, die sich im frühen 21. Jahrhundert weiter verschärfte, als »Rush-Hour des Lebens«.[131]

Kindererziehung als Mutteraufgabe

Die Kindererziehung blieb bis über die 1970er Jahre hinaus die zentrale Aufgabe der Mutter. Das änderte sich selbst dann nicht, als sie neben ihrer Mutterrolle auch noch Hausarbeit und Berufsarbeit zu leisten hatte.

In der Bundesrepublik der 1950er Jahre sahen neben der CDU-geführten Bundesregierung unter Konrad Adenauer vor allem Kirchenvertreter und konservative Frauenverbände die Mutterrolle als zentrale Funktion der Frauen an. Die Hausfrauenrolle war die nachgeordnete zweite Aufgabe, die Ehefrauen und Mütter zu erfüllen hatten. Diese Kombination von Haushaltsführung und Kindererziehung war auch rechtlich im Ideal der »Hausfrauenehe« des Bürgerlichen Gesetzbuchs kodifiziert.[132] Familienminister Wuermeling überhöhte den »Mutterberuf« sogar zum »Hauptberuf«[133] der Frau. Dabei verwehrte er Frauen auch das Recht auf Berufsarbeit, wie dies zunächst im Rahmen des »Gleichberechtigungsgesetzes« diskutiert worden war.

Aus der Perspektive der Adenauer-Regierung und der katholischen Kirche ließen sich die Ideale der Mutter- sowie der sogenannten Hausfrauenrolle instrumentalisieren, um sich gegen die Berufsarbeit von Müttern auszusprechen. Schließlich – so der Haupteinwand – würde die Berufstätigkeit erstens zu Lasten der Kindererziehung gehen, weshalb sie grundsätzlich abzulehnen sei. Zweitens schütze die »Hausfrauenehe« die Mütter vor der Mehrfachbelastung, die entstehe, wenn sie Berufsarbeit mit Haushaltsführung und Kindererziehung kombinieren müssten. Während Frauen im Alltag für die Kindererziehung zuständig waren, blieb die Erziehungsgewalt hingegen zumindest bis 1959 beim Vater.[134]

Selbst in der SPD herrschte in den 1950er und 1960er Jahren ein ähnliches Bild von der gesellschaftlichen Rolle der Frau vor. Obwohl die Sozialdemokraten in ihrem Godesberger Programm von 1959 die Gleichberechtigung der Frau betonten und Berufsarbeit als Teil des weiblichen Lebensverlaufs einstuften, blieben sie tradierten Vorstellungen verhaftet: Weil die »psychologischen und biologischen Eigenarten der Frau«[135] weiterhin Bestand hätten, würden den Ehefrauen und Müttern die Hausarbeit und die Kindererziehung zufallen. Ein Wandel des Frauen- und Familienbilds zeichnete sich somit um 1960 in keiner der beiden Volksparteien ab.[136]

Erst im Laufe der 1960er Jahre verbreitete sich in der Bundesrepublik sukzessive die Sichtweise, dass Kindergärten die elterliche Erziehung »nicht ersetzen, wohl aber ergänzen« sollten.[137] Diese Entwicklung fiel mit einem vorsichtigen Wandel des Frauenleitbildes zusammen. Der *Bericht über die Situationen der Frauen in Beruf, Familie und Gesellschaft* – die Frauenenquete der Bundesregierung – aus dem Jahr 1966 hielt fest, dass die traditionelle soziale Rolle der Frau als »Familien- und Hausmutter«[138] dominierte. Im Lauf der 1960er Jahre büßte die Rolle der Hausfrau erheblich an sozialem Ansehen ein und galt zunehmend als »unemanzipiert« und »rückständig«.[139]

Die Mutterrolle hingegen erfuhr weiterhin gesellschaftliche Wertschätzung und wurde insbesondere von den Unionsparteien und Vertretern der katholischen Kirche ideologisch überhöht. Da allerdings ein Verweis auf das Naturrecht nicht mehr ausreichte, um traditionelle Geschlechterrollen zu rechtfertigen, suchte man nun nach wissenschaftlichen Begründungen. Nur die Mutter-Kind-Beziehung – nicht aber eine Sozialisation im Kindergarten – lasse das »Urvertrauen«[140] entstehen, argumentierte etwa die katholische CDU-Politikerin Elisabeth Pitz-Savelsberg 1966. Sie rekurrierte damit auf einen Begriff, den der britische Kinderarzt John Bowlby maßgeblich geprägt hatte. Zudem identifizierte Bowlby die »Mutterentbehrung« (mütterliche Deprivation) als Ursache für psychische Erkrankungen bei Kindern, da hier das »Urvertrauen« fehlen würde. Gegner der Berufsarbeit von Müttern, wie der Deutsche Familienverband, zogen solche wissenschaftlichen Ergebnisse heran, um ihrer Position Nachdruck zu verleihen. Gleichzeitig erkannten konservative und religiös geprägte Politikerinnen wie Pitz-Savelsberg das Recht der Frauen auf Berufsarbeit durchaus an, sofern es nicht im Widerspruch zur »Mutterpflicht«[141] stand. Insofern deutete sich gerade unter konservativen Politikerinnen, vereinzelt auch Politikern, ein Einstellungswandel an.

Innerhalb der Union blieb aber die Berufstätigkeit von Müttern ein konfliktbehaftetes Thema. Als Gabriele Strecker 1964 auf dem Kongress *Frau und Arbeitswelt – morgen* arbeitende Mütter als Teil der westdeutschen Gesellschaft bezeichnete, lehnten dies der Hauptgeschäftsführer der Sozialausschüsse der Christlich-Demokratischen Arbeitnehmerschaft (CDA), Hermann-Josef Russe, und der geschäftsführende CDU-Vorsitzende, Josef-Hermann Dufhues, ab. Aus ihrer Perspektive sollte der »Ernährer« für das finanzielle Auskommen der Familie sorgen und sich die Ehefrau um Haushalt und Kinder kümmern. Bei der Mehrzahl der Tagungsteilnehmerinnen stieß diese Haltung auf Unverständnis.[142]

Staatliche Unterstützung bei der Erziehung: Mutter und Kind vor einer Kinderkrippe in Ost-Berlin, 1986.

Auch in der DDR übernahmen Mütter die Kindererziehung, selbst, wenn das mit dem staatlich verordneten Ideal der Vollerwerbstätigkeit von Frauen im Konflikt stand. Allerdings beurteilten die politischen Entscheidungsträger in der SED die Erziehungsfunktion der Familien bereits in den 1950er Jahren durchaus ambivalent. Schließlich waren die Kinder dem staatlichen Zugriff entzogen, wenn die Erziehung primär in der Familie erfolgte. Infolgedessen beabsichtigte die SED-Führung, die Erziehung der Kinder im Sinne der sozialistischen Ideologie durch zwei Maßnahmen zu beeinflussen. Erstens wirkten staatliche Vorgaben auf die elterliche Erziehung ein. Zweitens wurden zahlreiche Jugendorganisationen etabliert, die neben den Kinderkrippen und Schulen einen Teil der Kindererziehung übernahmen. Diese staatlichen Institutionen bildeten nicht nur ein Gegengewicht zur Familie, sondern eröffneten weitreichende Interventionsräume in deren Binnenraum.[143]

Die Familie behielt allerdings in der DDR genauso wie in der Bundesrepublik die Erziehungsaufgabe und wurde dabei durch Kinderkrippen und Kindergärten »unterstützt«. Während in den 1970er

Jahren den ostdeutschen Vätern häufiger bescheinigt wurde, dass sie sich bei der Kindererziehung einbrachten, blieb die Hauptlast bei der Mutter. Zudem gab es eine deutliche Diskrepanz zwischen der Selbsteinschätzung der Väter und der Mütter. Zum Beispiel gaben 63 Prozent der Väter an, sie würden sich die Kindererziehung mit ihrer Partnerin gleichberechtigt teilen; lediglich 57 Prozent der Mütter bestätigten aber diese Einschätzung. Gerade wenn Kinder erkrankten, fiel die zeitintensive Pflege meist den Müttern zu – wie übrigens auch in Westdeutschland.[144]

In der Auffassung, dass Kindererziehung die Domäne der Mutter sei, zeigte sich im Vergleich zu den 1950er Jahren also keine Veränderung. In einer Studie des Soziologen Gerhard Baumert von 1954 gaben 247 befragte Familien aus dem Raum Darmstadt an, dass in 59 Prozent der Familien die Mutter, in 22 Prozent beide Elternteile und in 14 Prozent der Vater den größten Einfluss auf die Kindererziehung hätten. Diese Dominanz der Mutter zeigte sich in allen sozialen Schichten. Obwohl der Vater in der Bundesrepublik damals noch die rechtliche »Erziehungsgewalt« innehatte, lag die Erziehungskompetenz bei der Mutter. Sie war die Erzieherin der Kinder. Damit einhergehend veränderte sich auch die Eltern-Kind-Beziehung. Sie basierte weniger auf institutionell-formalisierten Regeln. Vielmehr begann sie sich stärker an den Kindern zu orientieren. Die Erziehungsziele hingegen veränderten sich kaum. Besondere Bedeutung genossen in den 1950er Jahren weiterhin Fleiß, Sparsamkeit, Tüchtigkeit, gute Berufs- und Schulausbildung, Klugheit, Sauberkeit, Ordentlichkeit und Selbstständigkeit. Im Mittelpunkt standen somit Leistungsziele. Daneben sollten die Kinder aber Anständigkeit, Bescheidenheit und Hilfsbereitschaft erlernen.[145]

Auch die Erziehungsmethoden wandelten sich noch nicht grundlegend. Körperliches Bestrafen galt weiterhin als »wirksames Erziehungsmittel«[146], wenngleich einige Eltern »Hiebe« und »Schläge« nicht mehr als selbstverständlich ansahen. Somit deutete sich eine Veränderung zumindest an. Allerdings stuften weiterhin 55 Prozent der befragten Eltern aus Baumerts Studie körperliches Strafen generell oder zumindest in Ausnahmesituationen als angemessen ein.

Vermutlich könne davon ausgegangen werden, schob Baumert an dieser Stelle ein, dass die Eltern in der sozialen Praxis sogar noch wesentlich öfter auf Prügelstrafen und dergleichen zurückgriffen. Insofern lag in den 1950er Jahren eine deutliche Diskrepanz zwischen den Bekundungen der Eltern und ihrem Verhalten vor. Vereinzelt zählten harte Prügelstrafen sogar zum »normalen« Erziehungsrepertoire – meist jedoch des Vaters und weniger der Mutter.[147]

Die Erziehungsmethoden orientierten sich bis in die 1960er Jahre weiterhin an autoritären Idealen. Laut westdeutschen EMNID-Umfragen dominierten im Zeitraum von 1951 bis 1965 bei der Kinderziehung die Leitbilder »Ordnungsliebe und Fleiß«. Ihre Bedeutung nahm sogar zu. Erst an zweiter Stelle folgten die Ziele »Selbständigkeit« und »freier Wille«. Dass autoritäre Erziehungsziele dennoch an Relevanz verloren, belegt der deutliche Bedeutungsrückgang der Kategorie »Gehorsam und Unterordnung« zwischen 1957 und 1965.[148] In der zweiten Hälfte der 1960er Jahre erfolgte schließlich ein weiterer Einschnitt. So fiel die Relevanz von »Ordnungsliebe und Fleiß« bis 1969 merklich ab und parallel stieg die Bedeutung von »Selbständigkeit« und »Freier Wille« an. Insofern vollzog sich in der zweiten Hälfte der 1960er Jahre offenbar eine Abkehr von einer autoritären hin zu einer partnerschaftlichen Eltern-Kind-Beziehung. Allerdings blieben weiterhin deutliche schichtspezifische Unterschiede bestehen. Während Eltern aus der Unterschicht, wie ungelernte Arbeiter, vor allem »Gehorsam und Unterordnung« präferierten, maßen Eltern aus der unteren Mittelschicht, wie Facharbeiter und untere Angestellte, »Ordnungsliebe und Fleiß« große Bedeutung bei. Eltern aus der Mittel- und Oberschicht hingegen favorisierten »Selbständigkeit und freien Willen« als zentrales Erziehungsziel. Zwischen den 1960er und 1990er Jahren verloren die Ziele Gehorsam, gute Manieren, Sauberkeit und Ordnung gegenüber den Normen Selbstbestimmung, Selbstständigkeit und Verantwortungsbewusstsein weiter an Bedeutung. Die Erziehungsziele »Ordnungsliebe und Fleiß« erfuhren hingegen eine anhaltend hohe Wertschätzung.[149]

Neben den Zielen wandelten sich ab den 1960er Jahren aber auch die Methoden der Erziehung: Körperliches Strafen galt zusehends nicht mehr als legitim. Die Kombination von beiden Veränderungen führte zu einer stärker emotional geprägten Eltern-Kind-Beziehung. Darüber hinaus änderte sich die Rolle der Kinder, die Soziologinnen und Soziologen rückblickend als »Emanzipation des Kindes«[150] beschrieben.[151]

Während sich in der Bundesrepublik zwischen den 1960er und 1990er Jahren sowohl Erziehungsziele als auch -methoden grundlegend wandelten, gehen sozialwissenschaftliche Erhebungen für die DDR von vergleichsweise konstanten Erziehungszielen aus. Ostdeutsche Eltern – und mehr noch der Staat – forderten erstens die traditionellen Primärtugenden ein. Zweitens erhoben sie nicht das Individuum, sondern das Kollektiv zum übergeordneten Bezugspunkt. Letzteres Ziel spiegelte sich zum Beispiel im Ideal der »sozialistischen Persönlichkeit«, das durch staatliche Intervention bei der Erziehung erreicht werden sollte. Zudem war nach Darstellung sozialwissenschaftlicher Erhebungen die Eltern-Kind-Beziehung in Ostdeutschland im Unterschied zum Westen weniger emotional und stärker sachlich-rational geprägt.

Zeitgenössischen Erhebungen zufolge hielten sich die deutlichen Unterschiede bei den Erziehungszielen zwischen Ost und West noch bis in die 1990er Jahre. Ostdeutsche Eltern orientierten sich vor allem am Ideal der Konformität mit den Anforderungen der Gesellschaft und sahen Kinder oft als eine »›kindliche Miniatur‹ des Erwachsenen«.[152] Das »Wunschkind« in der DDR sollte höflich, ordentlich, verantwortungsbewusst und gehorsam sein. Selbstständigkeit, Aufgeschlossenheit und Fähigkeit zur Kritik waren von nachrangiger Bedeutung. Demgegenüber favorisierten westdeutsche Eltern stärker die Erziehungsziele selbstbestimmte Entwicklung, Individualisierung und Eigenwert der Kindheit.[153]

In der Bundesrepublik wurde ab den 1970er Jahren die Bedeutung staatlicher und öffentlicher Einrichtungen wie Kindergärten bei der Erziehung verstärkt diskutiert. Dabei ging es im Unterschied zur DDR nicht um die politische Erziehung der Jugend. Vielmehr sollten pädagogische Einrichtungen die Familienerziehung ergänzen und so die Ausgangsbedingungen gerade sozial benachteiligter Kinder ver-

	1951	1957	1965	1969
Gehorsam und Unterordnung	25 %	25 %	19 %	19 %
Ordnungsliebe und Fleiß	41 %	48 %	53 %	45 %
Selbstständigkeit und freier Wille	28 %	32 %	31 %	45 %

Dominierende Leitbilder der Kindererziehung in der Bundesrepublik[154]

bessern, um das Ideal der Chancengleichheit zu realisieren. Ferner sollte es den Müttern ermöglicht werden, ihr Leben zwischen den drei Arenen Kindererziehung, Haushaltsführung und Berufsarbeit flexibel gestalten zu können. Schließlich zeigten sozialwissenschaftliche Studien immer wieder auf, dass sich Väter kaum an den anfallenden Erziehungsaufgaben beteiligten und diese fast ausschließlich von den Müttern wahrgenommen wurden.[155] In der Praxis hielten sich somit tradierte Geschlechterrollen, selbst als politisch die Prinzipien von »Gleichberechtigung« und »Partnerschaft« im reformierten Familienrecht 1976/77 verankert wurden.

Im Prinzip galt es, die starren tradierten Geschlechterideale zugunsten einer selbstbestimmten Lebensgestaltung aufzubrechen, die auch Ehefrauen und Müttern eine Selbstverwirklichung ermöglichen sollte. Diese Forderungen finden sich gerade in den Äußerungen von Politikerinnen wie der FDP-Bundestagsabgeordneten Liselotte Funcke: »Wir brauchen die Unbefangenheit, uns von überholten Rollenvorstellungen zu lösen, ohne falsches Prestigedenken, ohne Sentimentalität, ohne Furcht vor der Verantwortung«,[156] argumentierte sie und sprach sich damit für das Recht auf Selbstbestimmung und Selbstverwirklichung der Frauen aus, das auch innerhalb der SPD diskutiert wurde und seinen Niederschlag unter anderem im reformierten Familienrecht fand.[157]

Diese ambivalente Perspektive auf die Rolle der Mutter und die Frage der Kindererziehung bildete der *Zweite Familienbericht* der Bundesregierung Mitte der 1970er Jahre ab. Einerseits verwies der Bericht auf die besondere Bedeutung der Mütter für die Familie, schließlich stärke deren »Frustrationstoleranz« den Zusammenhalt. Diese als »Familiensinn«[158] eingestufte Einstellung sollte zum Ausdruck bringen, dass die Mütter ihre zentrale Aufgabe in der Kindererziehung sahen und dabei die eigenen Lebensziele hintanstellten. Andererseits sprach der Bericht die Sozialisationsdefizite in Familien an und diskutierte die Bedeutung sowie den Ausbau von Elternbildung und -beratung, aber auch von Kindergärten. Zudem verhandelte er die Rechte der Kinder unter den Schlagworten »Gleichberechtigung« und »Partnerschaft«.[159] Der Bericht reagierte damit auf die in den Sozialwissenschaften diskutierten »Sozialisationsmängel der Kleinfamilie«[160] – so der Titel einer Studie der Soziologen Gerhard Wurzbacher und Gudrun Cyprian von 1973. Die Soziologin Helge Pross befasste sich 1976 in einer Studie ebenfalls mit Sozialisationsdefiziten, die sie vor allem in sozial schwächer gestellten Familien beobachtete. So hielt Pross fest, dass jede zweite Arbeiterfamilie mindestens drei Kinder hatte und dass daraus für einkommensschwache Haushalte nicht nur eine erhebliche finanzielle Belastung erwuchs. Sie beobachtete ebenfalls zahlreiche Fälle von »Erschöpfung und Depression«[161] bei berufstätigen Müttern mit drei und mehr Kindern, aber auch bei Hausfrauen, sofern sie mindestens vier Kinder zu versorgen hatten. Die Kinder litten ebenfalls unter dieser Situation, da nicht nur die finanzielle Versorgung prekär und der Wohnraum beengt war, sondern zudem soziale Spannungen zum Familienalltag gehörten.[162] Damit äußerten sozialwissenschaftliche Beobachter Zweifel daran, dass solche Familien ihrer Erziehungsfunktion gerecht werden konnten, und Politiker der sozialliberalen Koalition rezipierten diese Debatte.

Im Hinblick auf die Etablierung eines egalitär-gleichberechtigten Rollenmodells gerieten Familien noch aus einer weiteren Perspektive in die Kritik. So wiesen Sozialwissenschaftler darauf hin, dass tradierte Rollenbilder von den Eltern an ihre Kinder weitergereicht würden. Demnach verfestige die Kindererziehung in der Familie die Vorstellung, dass Frauen Mütter und Hausfrauen, nicht aber Berufstätige seien. Indem ein Teil der Kindererziehung in Kindergärten mit geschulten Pädagogen erfolgte, wäre es dagegen möglich, so die Annahme, zumindest mittel- bis langfristig ein neues Geschlechterrollenideal in der Gesellschaft zu etablieren.[163]

Neue Rollenbilder: Väter beim Abholen ihrer Kinder vom Kindergarten, Ost-Berlin 1970.

Familien konnten aber ebenfalls, so die zeitgenössische Lesart, dazu beitragen, das tradierte Rollenverständnis zugunsten einer egalitären Aufgabenverteilung aufzubrechen, sofern dies in den Familien von den Eltern vorgelebt wurde. Dem »neuen Vater«, der ab den 1980er Jahren als Ideal galt und der sich in einer kleinen Gruppe von berufstätigen Eltern mittleren Alters mit einem höheren Bildungsabschluss aus einem städtischen Umfeld auch in der sozialen Praxis zeigte, kam hier eine besondere Bedeutung zu. Allerdings weichte die Geschlechterdifferenz selbst in Familien mit »neuen Vätern« nur teilweise auf, nämlich im Bereich der Kindererziehung; die Hausarbeit blieb weiterhin die Aufgabe der Ehefrau.[164]

Dass ein stärkeres väterliches Engagement bei der Kindererziehung überhaupt eingefordert werden konnte, lag auch an einer Neubewertung der kindlichen Sozialisation: Neuere Studien belegten insbesondere seit Mitte der 1970er Jahre, dass Kinder eine Bezugsperson benötigten, die nicht notwendigerweise die Mutter sein musste. Damit verlor gleichsam die Mutter-Kind-Beziehung an Exklusivität. Zudem betonten wissenschaftliche Arbeiten immer wieder, dass die Entwicklung der Kinder von einer engen emotionalen Beziehung mit beiden Elternteilen profitiere. Ein väterliches Engagement galt damit im Sinne des Kindeswohls als unabdingbar. Überließen hingegen die Väter den Müttern die Kindererziehung, dann wurde dieses Verhalten im Unterschied zu den frühen 1970er Jahren begründungspflichtig.[165]

Selbst wenn die Integration der Väter in die familiären Erziehungsaufgaben ein partnerschaftliches Rollenmodell vermittelte, ging es dabei nicht um eine egalitäre Aufgabenverteilung. Dies belegt unter anderem die Selbsteinschätzung der Väter: Sie sahen sich selbst als »Teilzeit-Väter«[166], die sich primär am Wochenende um die Kindererziehung kümmerten – meist verstanden sie darunter das Spielen und weniger das Füttern, Wickeln und Baden oder die Pflege kranker Kinder. Mutterschaft blieb so eine Vollzeitaufgabe und Vaterschaft ein »Sonntagsberuf«,[167] der aber infolge der verkürzten Wochenarbeitszeit von 44 Stunden und der Einführung der Fünf-Tage-Woche ab den 1960er Jahren zusehends auch am Samstag wahrgenommen werden konnte. Auch in der DDR zeigten Umfragen aus den 1980er Jahren ein stärkeres Engagement der Väter bei Erziehungsaufgaben. Sie spielten mit ihren Kindern, lernten zusammen mit ihnen und brachten sie in den Kindergarten und in die Schule. Die Pflege kranker Kinder fiel hingegen weiterhin klar in den Aufgabenbereich der Mutter. Beim Baden und Füttern der Kinder übertraf das zeitliche Engagement der Mütter ebenfalls das der Väter.[168]

Westdeutsche Psychologen und Erziehungswissenschaftler diskutierten die Differenzierung zwischen den Erziehungsaufgaben von Müttern und Vätern noch unter einem anderen Gesichtspunkt. Sie argumentierten, dass sich die Eltern bei der Kindererziehung partnerschaftlich ergänzen sollten, sodass die Mütter sich um die »Schutz- und Pflegefunktionen« und die Väter sich um das »Bindungsverhalten durch emotionale Zuwendung«[169] kümmerten. Das väterliche Engagement resultierte überdies nicht primär aus einem vorangegangenen Wandel in der eigenen Einstellung, wie ein Forschungsbericht 1985 aufzeigte: »Den vielleicht stärksten Einfluss auf die Entscheidung dieser späten Väter (und insbesondere der Berufsnahen), nur noch Teilzeit zu arbeiten oder (vorübergehend) Hausmann zu werden, übten ihre Partnerinnen aus.«[170] Die Mütter erhofften sich, dadurch im Anschluss an die Geburt ihrer Kinder weiterhin berufstätig sein zu können. Das Verhalten der Frauen war somit ein entscheidender Faktor, der zur Verbreitung des »neuen Vaters« in einer kleinen Gruppe von Familien und zur Aufweichung tradierter Geschlechterrollen beitrug. Gleichzeitig ließ sich dieser Wandel lediglich dann in der Praxis umsetzen, wenn die Väter kooperierten. Insofern war auch in diesem Fall ein partnerschaftlicher Aushandlungsprozess von entscheidender Bedeutung und dabei half die im Regelfall von beiden Partnern geteilte Vorstellung, dass sie sich bei der Kindererziehung ergänzten, die Aufgaben aber nicht egalitär verteilt werden sollten. Die Hausarbeiten übernahmen infolgedessen weiterhin meist die Mütter.[171]

Haushaltsführung: Rhetorische Abwertung und Mythos »Partnerschaft«

Bei der Bewertung der Haushaltsführung als Arbeitsfeld der Frauen gab es in der zweiten Hälfte des 20. Jahrhunderts markante Veränderungen. Während die Hausfrauenrolle im »bürgerlichen« 19. und im frühen 20. Jahrhundert eine hohe Wertschätzung erfahren hatte, setzte in Ostdeutschland bereits Ende der 1940er Jahre in den politischen Debatten eine deutliche rhetorische Abwertung ein, die Ehefrauen und Mütter dazu bewegen sollte, Hausarbeit zugunsten von Berufsarbeit aufzugeben.[172] In Westdeutschland hielt sich dagegen die enorme Wertschätzung für die Hausarbeit über die 1950er Jahre hinaus, zumal dies auch mit dem Familienleitbild der »Ernährer-Hausfrau/Zuverdienerin«-Ehe korrespondierte. In den 1960er Jahren kippte die Bewertung jedoch ins Negative und nicht-berufstätige Ehefrauen und Mütter sahen sich einer deutlichen sozialen Diskreditierung ausgesetzt, die unter anderem die Frauenenquete der Bundesregierung von 1966 thematisierte: »Wenn in leicht abfälligem Ton von der ›Nur-Hausfrau‹ gesprochen wird, so macht dies nur allzu deutlich, wie wenig der Funktionskreis der Hausfrau und Mutter und die Bedeutung ihrer Tätigkeit für das gesamte soziale Leben erkannt werden.«[173]

Gleichzeitig belegt dieser Befund, wie stark die Frauenenquete einem traditionellen Geschlechterrollenbild verhaftet blieb, das Frauen im Binnenraum der Familie verortete. »Das soziale Ansehen« der Hausfrau sei – so der Bericht der Enquete – »weniger von ihrer hausfraulichen Qualifikation als vielmehr entscheidend von anderen Umständen, nicht zuletzt von der sozialen Position des Ehemannes, abhängig«.[174] Damit bestimmte der Verdienst des Ehemannes das soziale Prestige der Frauen. Ehefrauen wurde folglich während der 1960er Jahre in der Öffentlichkeit das »Stück ›eigenes Leben‹«[175] gesellschaftlich (noch) nicht zuerkannt. Gleichwohl war bereits in der zweiten Hälfte der 1950er Jahre die Grundlage für die Veränderungen gelegt worden, die sich später vor allem in den 1970er Jahren vollzogen, als die Erwerbsquote von Ehefrauen und Müttern zu steigen begann.

Um 1950 wählte die Mehrzahl der Frauen ein Leben, das »im Einklang mit gesellschaftlichen Konventionen und Leitbildern«[176] stand und kümmerte sich daher um Haushaltsführung und Kindererziehung. Gleichwohl kamen die Soziologen Helmut Schelsky und Gerhard Wurzbacher in den 1950er Jahren zu dem Schluss, dass sich in den deutschen Familien ein »partnerschaftliches« Rollenarrangement (also eine »Gleichrangigkeit beider Partner«) etabliert habe und die »patriarchalisch-autoritäre Beziehung der Ehegatten oder der Eltern zu den Kindern«[177] weitgehend verschwunden sei. Diese Aussage wurde bereits damals, aber auch später in der historischen Rückschau immer wieder in Frage gestellt – sowohl im Hinblick auf den empirischen Befund wie auch auf die zu Grunde gelegten Kategorien. Ehefrauen und Mütter konnten nach 1950 zwar verstärkt über die Verwendung des Einkommens, die Anschaffung von Konsumgütern und über die Art der Kindererziehung entscheiden. Dennoch gab es keine prinzipielle »Gleichrangigkeit« der Partner, wie Gerhard Baumert schon 1954 aufzeigte.

Die Soziologinnen Sibylle Meyer und Eva Schulze untermauerten Ende der 1980er Jahre diese Einschätzung und wiesen darauf hin, dass Wurzbacher und Schelsky ein traditionelles Geschlechterrollenverständnis vertraten und bereits dann von »Gleichrangigkeit« sprachen, wenn die Ehefrau die Haushaltsführung als »Heimbewahrerin und Heimgestalterin« eigenständig erledigen konnte bzw. durfte. Mit einer egalitär-gleichberechtigten Rollenverteilung, die insbesondere ab den 1970er Jahren verstärkt diskutiert wurde, sollte Schelskys und Wurzbachers Verständnis von »partnerschaftlich« folglich nicht verwechselt werden.[178]

Generell lässt sich feststellen, dass in deutschen Familien eine egalitär-partnerschaftliche Aufgabenverteilung bei den Hausarbeiten auch nach den 1970er Jahren ein Mythos blieb und in der sozialen Praxis nur selten zu beobachten war. In den 1950er Jahren hatte ein solches Rollenarrangement noch gar nicht zur Diskussion gestanden. Vielmehr waren in diesem Jahrzehnt die Pfade vorgezeichnet: Jeder Ehepartner sollte in seiner »natürlichen« Sphäre agieren (so etwa Wurzbacher) und Hausarbeit blieb eine »Frauenaufgabe«.

In Gerhard Baumerts Studie gab fast die Hälfte der »vollständigen Familien« an, dass der Ehemann sich nicht an den Hausarbeiten beteilige. Gleichzeitig engagierte sich aber immerhin fast ein Drittel der Ehemänner in diesem Bereich. Meist war dies in Familien mit einem niedrigen monatlichen Einkommen unter 200 DM der Fall; am geringsten war die Mithilfe des »männlichen Ernährers« in Familien mit höherem Einkommen über 400 DM. Dieses Verhalten bildete das gesellschaftlich akzeptierte Rollenmodell weitgehend ab, da sich die Hälfte der Befragten generell gegen eine Mithilfe des Ehemannes im Haushalt aussprach. Ehefrauen äußerten diese Ansicht mit 68 Prozent sogar überproportional häufig. Sie begründeten ihre Haltung insbesondere mit drei Argumenten: Erstens gehöre sich das nicht für einen Mann; zweitens könne man Frauenarbeit einem Mann nicht zumuten; drittens habe der Mann Wichtigeres zu tun. Baumert erklärte die »konservative« Grundeinstellung der Frauen damit, dass sie ihren lebensweltlichen Erfahrungen entsprochen habe: Demzufolge sahen Frauen ihre Rolle primär in der Familie.[179] Die familiäre Rollenverteilung hatte sich in deutschen Familien im Vergleich zur ersten Hälfte des 20. Jahrhunderts hinsichtlich der Haushaltsführung nicht verändert.

Der zeitliche Umfang der anfallenden Aufgaben glich dabei einem Vollarbeitstag, wie eine Studie zum *Arbeitsaufwand im städtischen Haushalt* von 1954 aufzeigte. In 38 untersuchten 4-Personen-Haushalten wandten Hausfrauen für die Hausarbeit (ohne Kindererziehung) im Schnitt 284 Stunden pro Monat auf.

Bei berufstätigen Ehefrauen lag die Belastung zwischen 168 und 243 Stunden pro Monat. Selbst wenn letztere Gruppe bei den anfallenden Tätigkeiten durch andere Familienmitglieder zwischen vier und 69 Stunden entlastet wurde und dies das Engagement der Ehemänner und Kinder in den Familien der Hausfrauen (29 Stunden) übertraf, blieb Hausarbeit somit für alle Frauen eine zeitintensive Tätigkeit.

Das lag auch daran, dass die regelmäßig anfallenden, arbeitsaufwendigen Tätigkeiten wie Putzen, Kochen und Wäsche waschen von den Ehefrauen und Müttern alleine erledigt wurden. Unterstützung von ihren Kindern und Ehemännern erhielten sie dagegen in drei anderen Bereichen: Erstens gingen diese ihnen beim Einkauf zur Hand. Zweitens übernahmen Ehemänner das Kohleholen aus dem Keller, was eine körperlich anstrengende Arbeit darstellte, die aber mit der sukzessiven Verbreitung moderner Zentralheizungen verschwand. Drittens engagierten sich alle Familienmitglieder beim Abwasch, wobei allerdings die Mütter in der Regel das Geschirrspülen übernahmen und sich die Kinder und Ehemänner um das Abtrocken kümmerten.[180]

Damit zeigte sich nicht nur eine deutliche Differenzierung zwischen »männlich« und »weiblich« kodierten Hausarbeiten, die sich bis in die 1980er Jahre hielt. Vielmehr waren gerade die von den Ehefrauen und Müttern übernommenen Hausarbeiten, wie Putzen, Kochen und Waschen, sowie die geteilte Aufgabe Einkaufen in der Mitte des 20. Jahrhunderts besonders zeit- und arbeitsintensiv. So mussten Ehefrauen täglich frische und verderbliche Lebensmittel einkaufen, da 1955 in lediglich elf Prozent der westdeutschen Haushalte ein Kühlschrank existierte.

Auch in der DDR mussten Frauen einen großen Zeitaufwand für das Einkaufen einkalkulieren, den die historische Forschung auf eine Stunde pro Tag beziffert. Neben den langen Wegezeiten, die vor allem in ländlichen Regionen mit bis zu 30 Minuten zu Buche schlugen,

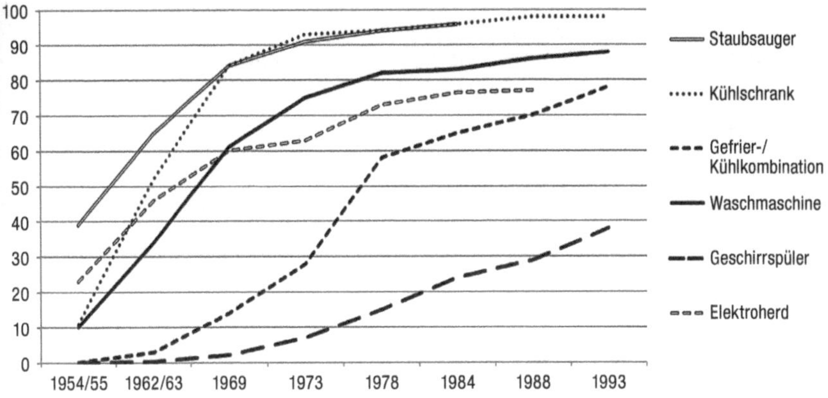

Verbreitung langlebiger Gebrauchsgüter in westdeutschen Haushalten, 1955–1993[181]

beklagten berufstätige Frauen das lange Anstehen und das mangelhafte Warenangebot am Abend, da die gewünschten Produkte in den Läden der sozialistischen »Mangelwirtschaft« dann meist bereits ausverkauft waren. Während erst um 1970 mehr als die Hälfte der ostdeutschen Haushalte einen Kühlschrank besaß, hatte ihre Zahl in Westdeutschland schon früher deutlich zugenommen. Hier waren bereits um 1962/63 knapp über 50 Prozent der Haushalte in Besitz eines Kühlschranks. 1969 waren es 84 Prozent und 1973 schließlich mehr als 90 Prozent. Damit veränderte sich das Einkaufverhalten, da nun in großen Mengen auf Vorrat sowie in weiter von der eigenen Wohnung entfernt liegenden Supermärkten und Warenhäusern eingekauft und aus einem größeren Warenangebot ausgewählt werden konnte. Darüber hinaus kauften Familien nun verstärkt Fertiggerichte und Konserven. Allerdings zog dieses Konsumverhalten insbesondere während der 1960er Jahre deutliche Kritik auf sich, da es nicht zum »Leitbild einer guten Hausfrau«[182] passte, die die Mahlzeiten, so das zeitgenössische Ideal, selbst zubereiten sollte.[183]

Parallel dazu veränderte sich ab den 1960er Jahren der »(Haupt)-Arbeitsplatz der Hausfrau«[184] – die Küche – in mehrfacher Hinsicht. Zunächst löste in Arbeiterhaushalten die Arbeitsküche die traditionelle Wohnküche ab, bei der die Zubereitung der Mahlzeiten vom

Essbereich getrennt war, wie dies schon zuvor im Bürgertum üblich gewesen war. Diese »moderne« Küche mit standardisierten Maßen, die später zur Einbauküche mit Modulen weiterentwickelt wurde, kam als Import aus den USA und Schweden, wo sich die Designer stark an der von Margarethe Schütte-Lihotzky konzipierten Frankfurter Küche aus der zweiten Hälfte der 1920er Jahre orientierten. Ferner setzte sich die Technisierung des Haushaltes mit elektrischen Geräten fort. Neben dem Kühlschrank zählten ab den 1960er Jahren allmählich auch Elektro- oder Gasherd zur Standardausstattung einer Küche. Zudem verbreiteten sich Kleingeräte wie elektrische Kaffeemaschinen, Handrührgeräte oder Küchenmaschinen. Als Schritt zu einer rationalen Haushaltsführung können die Geräte aber nicht bewertet werden, denn nach jeder Benutzung fielen aufwendige Reinigungsarbeiten an. Vielfach erledigten die Mütter die Aufgaben auch weiterhin per Hand, da für drei- bis fünfköpfige Familien nur geringe Essensmengen produziert werden mussten.[185]

Das Wäschewaschen gehörte traditionell zu den aufwendigsten und anstrengendsten Tätigkeiten im Haushalt: Am wöchentlichen Waschtag musste das Wasser erhitzt, die Schmutzwäsche in Zubern eingeweicht und auf Waschbrettern in harter physischer Arbeit gereinigt werden. Abhilfe brachte hier die Waschmaschine, deren Handhabung allerdings erst sukzessive verbessert und schließlich zu einem vollautomatisch funktionierenden Gerät weiterentwickelt wurde – die »Wirtschaftswunder-Maschine: Waschen, Spülen, Schleudern«.[186] 1955 besaßen erst elf Prozent der westdeutschen Haushalte eine Waschmaschine. Bis 1962/63 stieg der Anteil auf gut ein Drittel an, erreichte 1969 61 Prozent und überschritt dann in den 1970er Jahren allmählich die 80-Prozent-Marke (1973: 75 Prozent; 1978: 82 Prozent).[187] In Ostdeutschland verbreiteten sich Waschmaschinen in den Haushalten dagegen deutlich später. 1960 besaßen hier nur gut sechs Prozent der Haushalte eine Waschmaschine. 1970 waren es circa 54 Prozent, 1973 dann 73 Prozent und 1977 bereits 77 Prozent, wodurch die Lücke zum Westen annähernd geschlossen wurde.[188]

Die Technisierung des Haushaltes ging nicht mit einer Zeitersparnis bei den Hausarbeiten einher. Die (vollautomatischen) Waschma-

Hoffnung auf Entlastung durch Technik: Eine Waschmaschine in einer westdeutschen Werbeanzeige, 1958.

schinen befreiten zwar von der harten körperlichen Arbeit, aber mit den technischen Verbesserungen wandelten sich auch die Anforderungen an Hygiene und Sauberkeit: Die Wäsche wurde nun häufiger gewechselt, wodurch öfter gewaschen werden musste. Ähnlich verhielt es sich, als der Staubsauger seinen Siegeszug in den deutschen Haushalten antrat.[189] Hausarbeit wurde folglich ab Mitte des 20. Jahrhunderts etwas weniger arbeitsintensiv, aber sie blieb eine enorm zeitintensive Tätigkeit, die in der Regel von Frauen geschultert wurde. Nach einer Erhebung in der DDR im Jahr 1967 wandten zum Beispiel berufstätige Frauen pro Woche allein für das Kochen fast 16 Stunden auf.[190]

Gleichwohl zeichnete sich in verschiedenen Studien aus den 1970er und 1980er Jahren eine vorsichtige Verschiebung bei der Aufteilung einiger Hausarbeiten ab. Wie schon in den 1950er Jahren gingen viele Ehemänner einkaufen und übernahmen das Geschirrabtrocknen. Zudem kümmerten sie sich nun um das Staubsaugen und den Abwasch. Es blieben aber deutliche Geschlechterdifferenzen bestehen. Während Reparaturen im Haushalt und die Autowäsche männlich kodiert waren, fielen die regelmäßig anfallenden und zeitaufwendigen Aufgaben wie Bügeln, Wäsche waschen und Putzen weiterhin fast ausschließlich in den Aufgabenbereich der Ehefrauen und Mütter.[191]

Das im Vergleich zu den 1950er Jahren etwas stärkere Engagement der Ehemänner bei den Hausarbeiten korrespondierte mit der gewandelten gesellschaftlichen Einstellung. Laut westdeutschen Erhebungen waren fast zwei Drittel der Befragten der Ansicht, dass der Ehemann generell mithelfen müsse. Lediglich eine Minderheit von 16 Prozent stufte Hausarbeit noch als »Frauenarbeit« ein. Allerdings darf dieser Befund nicht darüber hinwegtäuschen, dass es einen signifikanten Geschlechterunterschied gab: Während 63 Prozent der Ehefrauen die Mithilfe ihres Partners wünschten, teilten nur 55 Prozent der Ehemänner diese Ansicht. Zudem muss berücksichtigt werden, dass die Kluft zwischen den Wünschen der Ehefrauen und dem Verhalten ihrer Ehemänner in der sozialen Praxis noch deutlicher ausfiel. Denn das mündliche Bekenntnis zum familiären Engagement setzten im Alltag lediglich 40 Prozent der – meist jüngeren und besser ausgebildeten – Männer mit berufstätigen Frauen um. Auch ging die Beteiligung der Ehemänner bei den Hausarbeiten zurück, sobald Kinder geboren wurden – verstärkt ab dem sechsten Lebensjahr, da dann die Kinder die Tätigkeiten übernahmen. Damit blieb im Familienalltag eine Kluft zum mündlichen Bekenntnis zu einer partnerschaftlichen Aufgabenverteilung bestehen. Die Ehefrauen und Mütter spürten die »Traditionalisierung der Aufgabenverteilung«[192] nicht nur deutlich. Vielmehr konnte sie durchaus zu innerfamiliären Konflikten – in letzter Konsequenz auch zu einer Entfremdung der Partner mit anschließender Scheidung – führen, gerade weil sich Väter bei einer steigenden familiären Arbeitsbelastung immer weniger einbrachten und die Hausarbeiten den Müttern überließen.[193]

Trotz einer partiellen Beteiligung der Familienmitglieder an den Hausarbeiten hielten sich also traditionelle Rollenmuster. Das veranlasste die Soziologin Helge Pross Mitte der 1970er Jahre zu einem prägnanten Fazit: »Die Durchschnittsfrau macht ihren Haushalt allein, ohne fremde Hilfen.«[194] Pross' Erhebung zeigte auf, dass Hausfrauen pro Woche im Schnitt geschätzte 50 Stunden mit Hausarbeiten beschäftigt waren. Dazu kamen weitere gut 21 Stunden für die Kindererziehung. Da sich zwischen den Tätigkeiten Überschneidungen ergaben, zum Beispiel, wenn Mütter bügelten und parallel die Kinder beaufsichtigten, schätzte Pross die wöchentliche Arbeitsbelastung auf 60 Stunden. Daraus resultierte eine durchschnittliche tägliche Arbeitsbelastung von 8,5 Stunden, die mit steigender Kinderzahl noch zunahm. Da sich jedoch die Aufgaben nicht gleichmäßig verteilten, weil gerade am Wochenende weniger Hausarbeiten anfielen, kalkulierte Pross die an Werktagen für Haushaltsführung und Kindererziehung aufzuwendende Zeit auf zehn Stunden. Wenn die Hausfrauen und Mütter nebenher noch berufstätig waren, dann addierten sich zu diesen zehn Stunden noch ihre Arbeits- sowie die Wegezeiten. Pross vermerkte in ihrer Hausfrauen-Studie, dass vollerwerbstätige Mütter in ihrem Sample eine Minderheit bildeten. Gerade diese Frauen mussten einen Großteil der Hausarbeiten auf das Wochenende verlagern, da sie unter der Woche schlicht keine Zeit dafür hatten, wie schon eine Studie zum Alltag Westberliner Mütter in den 1950er Jahren gezeigt hatte.[195]

In den 1970er Jahren argumentierten Sozialwissenschaftler immer wieder, dass sich das Rollenarrangement in den Paarbeziehungen nicht grundlegend wandeln werde. »Auch in der absehbaren Zukunft werden die Geschlechter, was ihre Arbeit betrifft, weitgehend nebeneinander her leben«,[196] prognostizierte etwa die Soziologin Pross. Ihre Einschätzung erwies sich als zutreffend: Bis in die 1980er Jahre veränderte sich die Verteilung der Aufgaben in der Mehrzahl der westdeutschen Haushalte nicht. »Hausarbeit ist nach wie vor Frauensache«,[197] schlussfolgerten 1986 die Soziologinnen Sigrid Metz-Göckel und Ursula Müller in ihrer Studie *Der Mann*, die im Prinzip die Befunde aus Helge Pross' Arbeit zum Selbstbild der Männer aus den 1970er Jahren bestätigte.[198] Metz-Göckel und Müller bewerteten es als »skandalös«, dass sich Männer zwar mündlich zu einer partnerschaftlichen Aufgabenverteilung bekannten, aber im Alltag dieses Ideal nicht in der Praxis umsetzten: »Hausarbeit ist den Männern sicher nicht mehr ganz und gar fremd. Wir alle kennen einen Vater, der den Kinderwagen auch mal selber schiebt; Väter fahren samstags zum Familieneinkauf; sie räumen auch mal auf und saugen Staub, aber es ist nicht ihre Sache. Sie haben die Hausarbeit nicht nach Zuständigkeit aufgeteilt, die Frauen bleiben allein für alles zuständig.«[199]

Metz-Göckel und Müller kamen zu einem eindeutigen Urteil: »Dieses Ergebnis muß für 1985 noch schwerwiegender bewertet werden als 1976: Sehr viel mehr Frauen sind inzwischen berufstätig, und den Männern gilt heute die ›Partnerschaftlichkeit‹ in der Beziehung zu einer Frau sehr viel häufiger als Norm.«[200]

Insofern vergrößerte sich in den Familien die Diskrepanz zwischen dem Verhaltensideal und der Verhaltensrealität. Diese Entwicklung betraf vor allem die Ehefrauen und Mütter: Sie mussten Beruf und Familie miteinander vereinbaren und die schon in den 1950er Jahren diskutierte Doppelbelastung auch noch in den 1980er Jahren alleine bewältigen. Für den Alltag westdeutscher Frauen blieb Partnerschaftlichkeit daher ein Mythos.

Doppelschicht für ostdeutsche Frauen

Eine partnerschaftliche Aufgabenverteilung gehörte auch in ostdeutschen Familien nicht zum Alltag. Darin ähnelten sich beide deutsche Staaten. Überdies mussten ostdeutsche Frauen aufgrund der stärker verbreiteten Berufstätigkeit eine Doppelschicht aus Arbeit und Haushaltsführung schultern. Ehefrauen und Mütter verwendeten hier entweder vor oder nach einem langen Arbeitstag täglich zwei bis vier Stunden für Hausarbeiten. 1965 summierte sich der zeitliche Umfang im Schnitt auf 50 Hausarbeitsstunden pro Woche. Davon entfielen 38 Stunden auf die Haushaltsführung und zwölf Stunden auf die Kindererziehung. Gegen Mitte der 1970er Jahre lag der zeitliche Aufwand für alle häuslichen Tätigkeiten mit circa 45 bis 47 Stunden etwas niedriger; Hausarbeiten machten davon etwa 31 Stunden und die Kindererziehung 16 Stunden aus. In den 1980er Jahren sanken die Hausarbeitszeiten laut Umfragen auf 38 Stunden pro Woche. Da die in der Regel berufstätigen Ehefrauen und Mütter zwischen zwei Drittel und drei Viertel der Aufgaben erledigten, hatten sie entweder vor oder nach der Arbeit noch immer eine »zweite Schicht« zu absolvieren, bei der sie ihre Kinder und Ehemänner nur partiell unterstützten. Die Dreifachbelastung aus Berufsarbeit, Kindererziehung und Haushaltsführung führte letztlich dazu, dass ostdeutschen Frauen pro Woche durchschnittlich nur 27 Stunden Freizeit zur Verfügung standen – das Freizeitbudget ihrer Männer war demgegenüber ungefähr doppelt so hoch. Zudem sahen sich Frauen immer wieder mit einer rhetorischen Abwertung von Hausarbeit durch politische Funktionäre konfrontiert.[201]

Die »Arbeitsteilung« in ostdeutschen Haushalten basierte dabei auf zwei Rationalisierungsstrategien: Erstens sollte sich der Partner um die Hausarbeit kümmern, der zuerst nach Hause kam. Zweitens sollten die Aufgaben von demjenigen übernommen werden, der sie effizienter erledigen konnte. Implizit wurde dies den Ehefrauen und Müttern zugeschrieben.[202] Diese Regelung sollte sicherstellen, dass an Werktagen neben der Berufsarbeit auch die anfallenden Hausarbeiten schnell erledigt wurden.

In der Praxis führten diese beiden Grundprinzipien letztlich zu einer wesentlich höheren Belastung der Frauen, da sie in der Regel in der Nähe des Wohnorts oder in Teilzeit – das betraf allerdings nur gut ein Viertel der »Werktätigen – arbeiteten und somit früher nach Hause kamen. Die Mehrzahl der ostdeutschen Ehefrauen und Mütter erledigten die Hausarbeiten somit nach einem langen Arbeitstag. Mit einer wöchentlichen Arbeitszeit von durchschnittlich 43 ¾ Stunden war die DDR im europäischen Vergleich seit 1968 eines der Länder mit den höchsten Tages- und Wochenarbeitszeiten. Da zugleich die Arbeitszeitregelungen starr gestaltet waren, äußerten Ehefrauen und Mütter immer wieder den Wunsch nach Arbeitszeitverkürzungen und Flexibilisierung. Sie hofften, dass sich dadurch Beruf und Familie leichter vereinbaren ließen, zumal 30 Prozent der Berufstätigen im Schichtdienst arbeiteten.[203]

Auch in der DDR galten Frauen nach dem zeitgenössischen Verständnis als »versierter« bei der Erledigung der Hausarbeiten und zwar sowohl nach ihrer Selbsteinschätzung als auch nach der

Fremdeinschätzung durch die Ehemänner. Wie in Westdeutschland sprachen sich zudem ostdeutsche Frauen immer wieder gegen die Mithilfe des Mannes im Haushalt aus. Aufgrund dieser allgemein gesellschaftlich akzeptierten Position fiel ostdeutschen Frauen die Hausarbeit quasi »zwangsläufig« zu. Selbst wenn Ehemänner sich bei der Hausarbeit einbrachten, gab es weiterhin eine deutliche Differenz zwischen den sich regelmäßig wiederholenden, weiblich kodierten Aufgaben wie Putzen, Wäsche waschen und Kochen auf der einen und den »männlichen«, gelegentlich anfallenden Tätigkeiten wie Reparaturen, Behördengänge oder Wartung des Autos auf der anderen Seite. Zudem machte die politische Propaganda den Ehefrauen immer wieder den Vorwurf, dass sie selbst schuld an der Überlastung seien, da sie zu häufig waschen und putzen würden. Auch so ließ sich die Mehrfachbelastung als spezifisches Frauenproblem deklarieren und eben nicht als gesellschaftliches Gleichstellungsproblem.[204]

Ähnlich wie in der Bundesrepublik korrespondierte die Verteilung der Hausarbeiten mit dem Bildungsniveau, wie eine ostdeutsche repräsentative Umfrage aus dem Jahr 1982 belegt. Je höher qualifiziert die Frau war, desto wahrscheinlicher war eine gleichmäßigere Aufgabenverteilung in der Familie. Aber selbst wenn die geschlechtsspezifische Aufgabenverteilung in einem Teil der Familien verschwamm, übernahmen die Ehefrauen und Mütter auch dort weiterhin die Mehrzahl der Hausarbeiten. Dieser Befund gilt auch für die 1990er Jahre, in denen sich zugleich eine neue Veränderung zeigte: Verloren die Ehefrauen ihre Anstellung infolge des mit der Wiedervereinigung einhergehenden wirtschaftlichen Strukturwandels, dann fielen ihnen noch mehr Hausarbeiten zu. Waren beide Ehepartner arbeitslos, dann relativierte sich die Arbeitsverteilung etwas. Eine egalitäre Aufgabenverteilung setzte sich wie im Westen gleichwohl in keiner Konstellation durch.[205]

Dass sich die meisten Ehemänner gegen eine Mithilfe sperrten, resultierte aus mehreren Gründen. Sie lehnten Hausarbeit aufgrund des damit assoziierten niedrigen Prestiges ab, zumal es sich nach dem traditionellen Verständnis nicht um Arbeit handelte – lediglich Berufsarbeit galt als produktive Tätigkeit. Zudem wussten viele

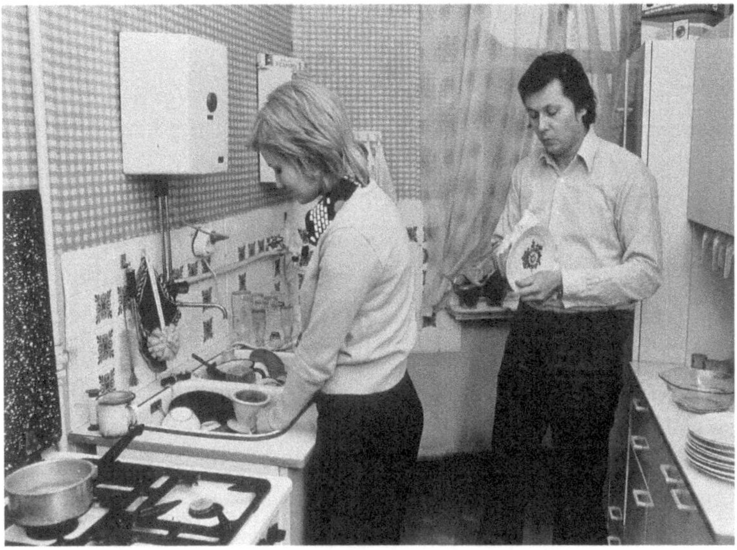

Der Mann trocknet ab: Typische Aufgabenverteilung beim Abwasch, auch bei diesem Leipziger Ehepaar, 1974.

Ehemänner nicht, wie zeitaufwendig die anfallende Hausarbeit war. Selbst wenn die Mehrzahl der Ehefrauen in Umfragen bekundeten, sie seien für den Haushalt verantwortlich, bedeutete dies ab den 1960er und insbesondere ab den 1980er Jahren nicht, dass sie die Hausarbeiten auch alleine erledigen wollten. Obwohl sich die Ehepartner mehrheitlich zufrieden mit der häuslichen Arbeitsteilung zeigten, kritisierte eine wachsende Anzahl von Frauen die ablehnende Einstellung ihrer Ehemänner, nicht zuletzt, weil sich aus ihrer Perspektive die Kluft zwischen den Debatten über Gleichberechtigung und Emanzipation auf der einen sowie dem Verhalten ihrer Partner im Alltag auf der anderen Seite deutlich zeigte. Viele Frauen äußerten sich hierüber enttäuscht und forderten ein stärkeres Engagement ihrer Partner ein, wie die Schilderung einer verheirateten Mutter mit zwei Kindern von 1964 zeigt: »Mein Mann ist unbedingt fortschrittlich eingestellt, doch warum versagt er in der Familie. Ich bin ganztags berufstätig und hole zur Zeit meinen Facharbeiterbrief nach. Da ich zwei Kleinstkinder zu versorgen habe und es meinem Mann zu viel ist, mir im Haushalt zur Hand zu gehen, gibt es laufend Zank und Streit.«[206] Blieb der Wunsch nach einem stärkeren Engagement der Ehemänner und vor allem der Väter unerfüllt, dann kam es oftmals zu Ehekonflikten, die zur Scheidung führen konnten.[207]

Bis zur Wiedervereinigung erfüllte sich der Wunsch der Ehefrauen und Mütter nach einem größeren Engagement der Ehemänner nicht. In einer Umfrage des Zentralinstituts für Jugendforschung von 1975 gab die Mehrheit der befragten Studenten und Arbeiter in der DDR an, dass Hausarbeit die Aufgabe der Frau sei. Zudem erklärten 20 Prozent der Ehemänner, dass sie ihren Frauen im Haushalt nie helfen würden. Obwohl 41 Prozent der männlichen Partner angaben, sie würden ihrer Frau »oft« helfen, sagt dies nichts über den Umfang aus, da dieser nicht weiter spezifiziert wurde.[208] Selbst wenn im Lauf der 1970er Jahre eine kleine, aber wachsende Gruppe insbesondere jüngerer Männer und Frauen Hausarbeit – und auch Kindererziehung – als Pflicht beider Partner bezeichnete, so fielen die regelmäßig anfallenden und zeitintensiven Aufgaben der Kindererziehung und Haushaltsführung weiterhin den Ehefrauen und Müttern zu.[209]

Eine Umfrage unter 16- bis 17-Jährigen legte 1990 einen ähnlichen Befund offen, wobei aber eine signifikante Geschlechterdifferenz bestehen blieb: 77 Prozent der weiblichen Jugendlichen erklärten, dass Haushaltsführung und Kindererziehung die Aufgabe beider Partner seien, aber lediglich 49 Prozent der männlichen Befragten teilten diese Einschätzung. Allerdings muss angemerkt werden, dass hier Aussagen über das ideale Verhalten getroffen wurden und nicht über das reale Verhalten im Familienalltag. Schon in den 1970er Jahren zeigten Umfragen, dass es im Hinblick auf die Gleichberechtigung bei der Aufgabenverteilung eine Geschlechterdifferenz gab. So erklärten 1970 43 Prozent der Männer, dass Hausarbeiten »überwiegend gemeinsam« erledigt würden, jedoch kam lediglich knapp mehr als ein Viertel der befragten Ehefrauen zu der gleichen Einschätzung. Im Alltag setzten wie im Westen deutlich weniger Männer das mündliche Bekenntnis zur gleichberechtigten Verantwortung tatsächlich um.[210]

Die Rolle der Hausfrau in der Bundesrepublik

Als in der westdeutschen öffentlichen Debatte immer wieder geringschätzig über die »Nur-Hausfrauen« gesprochen wurde, führte die Soziologin Helge Pross in Zusammenarbeit der Frauenzeitschrift *Brigitte* eine Umfrage über die *Wirklichkeit der Hausfrau* durch, mit der sie 1976 den Deutschen Sachbuchpreis gewann. Die Arbeit reihte sich ein in mehrere Kooperationsprojekte, in denen es um das Leben berufstätiger Frauen und um die Wahrnehmung des Familienalltags durch Männer ging.[211]

Ausgangspunkt von Pross' Analyse bildete der wachsende Konflikt zwischen dem alten Leitbild der Hausfrau und dem Ideal der Berufstätigen: Während »[d]ie Rolle der Hausfrau problematisch geworden« sei und nicht mehr als »die edelste Frauenrolle« eingestuft werde, habe nun die Berufstätige »im gesellschaftlichen Ansehen Oberhand gewonnen«. So lehnten in einer anderen Pross-Umfrage drei Viertel der berufstätigen Frauen das »Nur-Hausfrau«-Dasein explizit ab. Arbeiterinnen äußerten sich mit 41 Prozent allerdings wesentlich häufiger als Angestellte (13 Prozent) positiv über eine »reine Hausfrauenexistenz«. Die Haltung zur eigenen Berufsarbeit beeinflusste offenbar die Antworten: Denn während sich 81 Prozent der Angestellten positiv über die Berufsarbeit von Frauen äußerten, war es nur die Hälfte der Arbeiterinnen. Ferner urteilten Frauen positiver über die Hausfrauenrolle, je niedriger ihr Einkommen ausfiel. Außerdem beeinflusste ihre Kinderzahl die Antwort. Insbesondere Arbeiterinnen mit zwei Kindern sahen sich eher in der Hausfrauenrolle. Angestellte mit einem Kind oder kinderlose Frauen hingegen gewichteten die Berufsrolle stärker.[212]

Dieser Perspektivwechsel war in einen allgemeinen gesellschaftlichen Wandel eingebettet, gründete aber auch auf tradierten Vorstellungen, wonach lediglich Berufstätigkeit als Arbeit zu verstehen war und Hausarbeit demgegenüber als »Nicht-Arbeit« galt.[213] Zudem resultierte die soziale Diskriminierung der Hausfrau aus ihrem »Abhängigkeitsverhältnis zum Mann«[214], wohingegen nach dem zeitgenössischen Verständnis die berufstätige Frau als emanzipiert galt.

Helge Pross hinterfragte diesen Kausalschluss – gerade im Hinblick auf die Positionen der Frauen im Berufsleben: »Die meisten der den Frauen zugänglichen Erwerbspositionen sind auch nicht geeignet, Interesse für sachbezogene Aufgaben und politisches Engagement zu wecken. Sie tragen nicht zur Bildung eines ›emanzipatorischen Bewußtseins‹ bei. Deshalb ist es falsch, Berufstätigkeit umstandslos mit ›Emanzipation‹ und Familientätigkeit einfach mit Rückständigkeit gleichzusetzen.«[215]

Pross reflektierte damit Mitte der 1970er Jahre ein Problem, das zuvor bereits in Ostdeutschland diskutiert worden war und dort zu einer Reform der Frauenarbeitspolitik geführt hatte. Zudem legte die Pross-Studie offen, dass die »Nur-Hausfrau« für die Mehrzahl der befragten Frauen nicht das Ideal darstellte. Sicherlich stuften sie »die Familie als ihren Hauptberuf« ein, gleichzeitig sollte aber der »Erwerbsberuf als Nebenberuf«[216] in ihrem Leben weiterhin eine zentrale Rolle einnehmen. Nachdem die befragten Frauen im Schnitt acht Jahre lang gerne gearbeitet hatten, wollten sie nach der Geburt ihres ersten Kindes vorübergehend aus dem Arbeitsleben ausscheiden. Das geschah im Durchschnittsalter von 24 Jahren, und die befragten Frauen stuften diese Entscheidung als »üblichen« Lebensschritt ein. Das stelle die zentrale Gemeinsamkeit aller Hausfrauen dar und bilde keine Trennlinie, argumentierte Pross. Vielmehr sah sie das Unterscheidungsmerkmal beim Alter, da die jüngere Generation der unter 30-jährigen Frauen im Schnitt ein höheres Bildungsniveau erreichte und sich damit für diese Generation stärker die Frage nach der Vereinbarkeit von Beruf und Familie stellte.[217]

Gemeinsam war den Hausfrauen ebenfalls, dass sie die Hausarbeiten in der Regel allein erledigten und das Engagement der Ehemänner einer »Gelegenheitsarbeit«[218] gleichkam. Pross prognostizierte dabei, dass diese Geschlechterdifferenz zukünftig bestehen bleiben werde, was sich sowohl mit den oben genannten Befunden als auch mit einer weiteren Studie zum Selbstbild der Männer deckte. Die Prognose basierte auf den Aussagen der Frauen wie auch ihrer Ehemänner zur familialen Aufgabenverteilung. Gerade letztere sprachen sich vehement gegen eine Mithilfe bei der Hausarbeit aus, da sich

Allein in der Küche: Eine Frau beim Wegräumen des Geschirrs nach dem Abwasch, 1974.

dies mit ihrer »männlichen Würde« nicht vereinbaren lasse, schließlich handele es sich um eine »niedrige Tätigkeit«, die »langweilig und unproduktiv«[219] sei. »Das ist mir einfach von der Sache her absolut uninteressant, und wenn meine Frau es nicht machen würde, würde ich es weggeben«,[220] erklärte ein Ehemann in einer Pross-Umfrage unverhohlen.

Selbst wenn die Ehefrauen differenzierter über die Bedeutung der Hausarbeit urteilten, präferierten nach eigenem Bekunden beide Partner mehrheitlich die traditionellen Geschlechterrollenbilder. Gleichzeitig gaben aber auch 33 Prozent der befragten Hausfrauen an, sie seien zwar nicht für einen Rollentausch, könnten sich aber eine stärkere Beteiligung des Ehemannes bei Familienaufgaben wie der Haushaltsführung vorstellen. Mehrheitlich äußerten Frauen aus der Mittelschicht diese Ansicht – kaum hingegen die Ehefrauen von an- und ungelernten Arbeitern, Facharbeitern, unteren Angestellten oder Beamten aus dem einfachen Dienst. Bei der Einteilung orientierte sich Pross an traditionellen wissenschaftlichen Maßstäben, wonach die soziale Position des Ehemannes im Berufsleben die Schichtzugehörigkeit der Familien definierte. Pross reflektierte das durchaus, verteidigte aber ihre Kategorienbildung, schließlich würde so nicht nur die soziale Schichtzugehörigkeit treffend erfasst, sondern zugleich die von den Hausfrauen erfahrene »Diskriminierung« abgebildet.[221]

Eine Zusammenschau an Zitaten zu den »Einstellungen zum Hausfrauendasein« zeigt einerseits, wie zufrieden viele der Befragten waren: »Aber wenn man sich bewußt ist, was man als Hausfrau alles schaffen kann, dann ist ein gewisses Selbstbewußtsein vorhanden, und da läßt man sich nicht unterdrücken. […] Ich finde das Problem der ›Nur-Hausfrau‹ nicht aktuell.« Andererseits kamen aber durchaus Zweifel zum eigenen Dasein auf, wenn lediglich Familie und Haushalt den Lebensmittelpunkt bildeten. Schließlich zogen irgendwann die Kinder aus dem gemeinsamen Haushalt aus und damit verschob sich der Aufgabenzuschnitt für Hausfrauen und Mütter. Denn während die Hausfrauen ihre Aufgaben als Mutter durchweg positiv bewerteten, urteilten sie wesentlich kritischer über die Hausarbeiten. Diese seien monoton und langweilig. Zudem würden sie keine Erfüllung bieten. Ferner fehle dadurch ein Bezugspunkt außerhalb der Familie. »Was geschieht, wenn die Kinder groß sind, aus dem Hause gehen […]? Was passiert dann mit mir«,[222] stellte daher eine der Befragten zur Diskussion.

Diesen Punkt sprachen Hausfrauen immer wieder an und vielfach bildete dabei der Wiedereinstieg in das Berufsleben implizit den Bezugspunkt. Außerhäusliche Berufsarbeit galt damit für zahlreiche Hausfrauen als eine Möglichkeit, die wahrgenommene »Verzichtsrolle«[223] zu überwinden, die sie selbst insbesondere als problematisch einstuften, sobald sie sich nicht mehr um die Kindererziehung kümmern mussten. Die Pross-Studie benannte damit einen zentralen Konfliktpunkt in den Diskussionen der 1970er Jahre über die Rolle der Frau.[224]

Wesentlich größere öffentliche Aufmerksamkeit zog aber ein weiterer Punkt auf sich. So betonte Pross, dass die Mehrheit der Frauen die tradierten Geschlechterrollen nicht hinterfragte. Wie schon in den 1950er Jahren vertraten viele die Ansicht, dass ihre Männer nicht unbedingt im Haushalt mithelfen müssten. Immer wieder gaben Hausfrauen an, dass sie diese Aufgabenteilung unterstützen würden, wobei sich die Gründe für das Festhalten an den tradierten Rollen in der öffentlichen Debatte nur spekulativ ergründen ließen.[225] »Unsere Hausfrauen sind zufrieden«, feierte die *Bild-Zeitung* diesen Befund.[226] Vertreterinnen aus Gewerkschaften und Frauengruppen kritisierten sowohl die polemische Zusammenfassung der *Bild-Zeitung* wie auch Pross' Schlussfolgerungen. So würden die Aussagen vielmehr auf ein »unbewußtes Sich-Hinwegtäuschen über Mißlichkeiten« hinweisen, das aus einem »psychologische[n] Selbstschutzmechanismus«[227] resultiere.

Diese Sichtweise teilten in den 1970er Jahren weitere sozialwissenschaftliche Studien, die unter anderem die Selbsteinschätzung der Hausfrauen als eine »Folge resignativer Anpassung«[228] bezeichneten. So verdeckte die Aussage letztlich eine grundlegende Unzufriedenheit mit der eigenen Lebenssituation. Sozialwissenschaftler erkannten aber auch, dass Frauen aufgrund der gesellschaftlichen Rahmenbedingungen und Erwartungen vielfach keine anderen Optionen zur individuellen Lebensgestaltung besaßen. Pross teilte diese These ebenfalls, schließlich sei das Leben der Frau geprägt von der »Personalunion von biologischer Mutter, Betreuerin und Erzieherin des Kindes, Ehefrau und Hausfrau«.[229] Ungeachtet aller Debatten und Veränderungen in den 1960er und 1970er Jahren blieb somit aus der Binnenperspektive der Frauen die Hausfrauenrolle unangetastet.[230]

Gleichzeitig darf dieser Befund nicht darüber hinwegtäuschen, dass zahlreiche Frauen – meistens jüngere berufstätige Frauen mit einem höheren Bildungsabschluss aus einem städtischen Umfeld und einer geringen konfessionellen Prägung – versuchten, diese scheinbar zementierten Rollenmodelle gerade im Hinblick auf die Hausarbeit aufzubrechen. Sie lebten in den 1970er und 1980er Jahren vielfach bewusst mit einem Partner unverheiratet zusammen, da sie hofften, ihn »in dieser nicht-institutionalisierten Form des Zusammenlebens zu einem nicht-institutionalisierten Rollenmuster zu bewegen«.[231] Für diese Gruppe von Frauen stellte die nichteheliche Lebensgemeinschaft nicht nur eine Alternative zur Ehe dar.

Vielmehr beabsichtigten sie auch, über soziale Praktiken tradierte Geschlechterrollenmodelle vielleicht nicht aufzubrechen, aber zumindest aufzuweichen.

Im Alltag beteiligten sich die Partner und Väter aus nichtehelichen Lebensgemeinschaften sicherlich stärker an den Hausarbeiten und der Kindererziehung. Aber eine egalitär-gleichberechtigte Aufgabenverteilung setzte sich auch hier nicht durch. Die Paare etablierten in der Regel eine Aufgabenteilung, bei der sich die Partner ergänzten: Wenn die Frau zum Beispiel die Wäsche sortierte und in die Waschmaschine legte, so hängte ihr Partner die saubere Wäsche zum Trocknen auf. Laut Zeitbudgetstudien aus den 1980er Jahren umfasste der Arbeitsaufwand der Männer aber selbst in solchen Beziehungen nur zwischen 15 und 23 Prozent der Arbeitszeit ihrer Partnerinnen. Die Hauptlast der Hausarbeit lag somit weiterhin bei den Frauen.[232]

Trotz dieser Einschränkung stuften die befragten Frauen in den 1980er Jahren die Mithilfe ihrer Partner positiv ein. So würden sie zumindest versuchen, einen Beitrag zur Reduktion der Arbeitslast zu leisten. Waren die Frauen berufstätig, dann stellte sich noch ein weiterer positiver Effekt ein: Ihre Partner sahen in der Berufsarbeit nicht nur einen »Zuverdienst«. Vielmehr werteten sie diese als ein integrales Element ihrer Paarbeziehung. Zudem passte sich die Entwicklung ein in die »Demokratisierung« der Bundesrepublik, die auch eine »Demokratisierung« der Familienbeziehungen nach sich zog. Gemeint war damit die Vorstellung, dass sich zwar keine egalitär-gleichberechtigte Aufgabenverteilung durchgesetzt habe, aber die Partner zumindest eine »demokratische, partnerschaftliche Einstellung«[233] vertreten würden und die Aufgabenverteilung einvernehmlich aushandelten. Die Kombination aus diesen Verhaltensformen hatte letztlich einen stabilisierenden Effekt auf die Beziehungen, wenngleich einschränkend hinzugefügt werden muss, dass das Engagement der Partner zurückging, wenn eine Eheschließung erfolgte oder Kinder geboren wurden.[234]

Diskussionen um Erziehungsgeld und »Hausfrauenlohn«

Der Richtungswechsel hin zu »mehr« Gleichberechtigung und Partnerschaftlichkeit, der sich in den Debatten um Geschlechterrollen zeigte, passte sich in die bereits geschilderten neuen familienpolitischen Schwerpunktsetzungen und gesetzlichen Veränderungen ein, die in der Abschaffung der »Hausfrauenehe« 1976/77 mündeten. In der zweiten Hälfte der 1970er Jahre bekannten sich immer mehr (Ehe-)Männer zur Gleichberechtigung, wie Helge Pross in ihrer Studie zu männlichen »Selbstbildern« aufzeigte. Allerdings merkte Pross dabei pointiert an: »Opportun ist, sich den Mantel der Liberalität umzuhängen, des egalitären Denkens. Im Bedarfsfall kann er leicht wieder abgelegt werden.«[235] Insofern bekannten sich viele der befragten Männer zwar mündlich zum Ideal der Partnerschaft, hielten im Familienalltag jedoch an tradierten Geschlechterrollen fest. Ihrer Meinung nach handelte es sich bei einer Ehe um eine »Gefährtenschaft«[236] mit einer klar definierten Aufgabenverteilung, wonach die Frau für den Haushalt zuständig sei und der Ehemann ihr gelegentlich dabei helfe. Der *Zweite Familienbericht* der Bundesregierung kam 1975 zu einem ähnlichen Urteil und sprach von einer »Arbeitsteilung« der Ehepartner. Eine egalitär-gleichberechtigte Aufgabenverteilung bei der Hausarbeit setzte sich somit nicht durch.[237]

Während sich also ab den späten 1960er Jahren das Reden über die Verteilung der Hausarbeiten wandelte, die Praktiken in den Paarbeziehungen – egal ob verheiratet oder unverheiratet – aber weitgehend konstant blieben, zeichnete sich außerhalb von Paarbeziehungen eine Veränderung ab, die in die Beziehungen hineinwirkte. Ab den frühen 1960er Jahren begannen »moderne« Hausfrauen in Teilzeit zu arbeiten. Teilzeitarbeit war für Hausfrauen, aber auch für die Verfechter traditioneller Familienvorstellungen gerade deswegen so interessant, da sie vereinbar war mit den gesellschaftlich akzeptierten Idealen. Schließlich konnten Ehefrauen und Mütter neben einer Teilzeitarbeit weiterhin die Kindererziehung und die Haushaltsführung übernehmen.[238]

In letzter Konsequenz bedeutete diese Entwicklung, dass die Teilzeitarbeit von Frauen dazu beitragen konnte, tradierte Geschlechterrollen zu festigen. Das galt für West- und Ostdeutschland gleichermaßen. Während in der DDR die politische Rhetorik Emanzipation und Berufsarbeit auch über die 1960er Jahre hinaus zusammendachte, weitete sich die Sichtweise in der öffentlichen Debatte in der Bundesrepublik. Neben der diskutierten Gleichberechtigung im Beruf wurde der Emanzipationsgedanke stärker in die Familie hineingetragen. Das diskutierte partnerschaftliche Rollenmodell sollte Ehefrauen und Mütter nicht nur von der zeit- und arbeitsintensiven Hausarbeit entlasten. Vielmehr sprach es ihnen das Recht zu, auch nach der Geburt ihrer Kinder weiterhin erwerbstätig zu sein. Da dieses Rollenmodell allerdings nur in wenigen Fällen in die soziale Praxis überführt wurde, handelte es sich dabei um ein »gesamtgesellschaftlich verhandeltes diskursives Phänomen«.[239]

Die SPD-geführte Bundesregierung wies ungeachtet dieses Festhaltens an einer traditionellen Aufgabenverteilung dem »Partnerschaftsprinzip«[240] eine zentrale Rolle zu, da sich so die »Doppelbelastung der berufstätigen Mutter«[241] erheblich reduzieren lasse, wodurch die Vereinbarkeit von Beruf und Familie verbessert werde.[242] Die CDU diskutierte ebenfalls das Modell der Partnerschaft im Hinblick auf die innerfamiliäre Aufgabenverteilung. So votierte die Frauenvereinigung der CDU (später: Frauen-Union) bereits Mitte der 1970er Jahre dafür, dass sich Ehemänner stärker an den Hausarbeiten beteiligen müssten, damit die Belastung für berufstätige Mütter reduziert würde. In ihren Überlegungen zur Familienpolitik verhandelte die Union ebenfalls eine alternative Aufgabenverteilung in der Familie. Im parteiinternen Aushandlungsprozess sprachen sich Generalsekretär Heiner Geißler und die Vorsitzende der Frauenvereinigung Helga Wex dafür aus, einen Rahmen zu etablieren, bei dem die Ehepartner für sich entscheiden konnten, wie sie Hausarbeit, Kindererziehung und Berufsarbeit aufteilten. Wie genau die Aufgabenverteilung dabei geregelt werden sollte, benannten sie jedoch nicht.

Generell vollzog sich innerhalb der Union während der 1970er Jahre trotz solcher Überlegungen keine Abkehr von traditionellen

Bewegte Debatten: Podiumsdiskussion mit Helga Wex (CDU, 2.v.l.), Liselotte Funcke (FDP, 3.v.l.), Annemarie Renger (SPD, 4.v.l.) und Alice Schwarzer (Deutscher Frauenrat, r.), 1975.

Ansichten. Bei der Verabschiedung des Grundsatzprogramms auf dem Ludwigshafener Parteitag im Oktober 1978 setzten sich mehrheitlich die Vertreter konservativer Positionen durch, weshalb die Rollenmodelle nicht weiter hinterfragt wurden. So blieb innerhalb der Unionsparteien der Grundsatz bestehen, wonach in den ersten Lebensjahren des Kindes die Mutter für das Kind zuständig sei und dabei auf die »Ausübung eines Erwerbsberufs verzichtet« werden müsse.[243]

Die CDU betonte, dass die Ehefrau und Mutter für die Haushaltsführung zuständig sei und stellte die Hausfrauen den berufstätigen Frauen als »gleichwertig« gegenüber. Indem sie die Hausfrauenrolle sprachlich aufwertete und vom »Hausfrauenberuf« sprach, wollte sie deren gesellschaftliche Akzeptanz stärken.[244] Diese Forderung fand Eingang in das 1978 verabschiedete Grundsatzprogramm: »Die Tätigkeit der Hausfrau und Mutter ist derjenigen der außerhäuslichen berufstätigen Frau gleichwertig. Hausfrauentätigkeit und Kindererziehung sind Berufstätigkeit und müssen als solche anerkannt und sozial abgesichert werden.«[245] In der öffentlichen Debatte sprach sich insbesondere der Vorsitzende der Christlich-Demokratischen Arbeitnehmerschaft (CDA) Norbert Blüm hierfür aus.[246]

Neben konservativen Politikerinnen und Politikern forderte auch die Neue Frauenbewegung, die sich aus sozialistischen Frauengruppen und radikalen Feministinnen auf der einen Seite sowie feministischen Müttern und konservativen Frauenrechtlerinnen auf der anderen zusammensetzte, dass »Lohn für Hausarbeit« bezahlt werden müsse. Diese in den USA insbesondere von der International Wages for Housework Campaign um die Aktivistinnen und Sozialwissenschaftlerinnen Selma James, Mariarosa Dalla Costa und Silvia Federici bereits um 1972 immer wieder geäußerte Forderung griffen die westdeutschen Frauengruppen auf. Sie wollten so die Gruppe der Hausfrauen und Mütter ansprechen, um ihren Forderungen gesellschaftlich mehr Gewicht zu verleihen. Im Mittelpunkt der Debatte stand die Frage, ob sich die gewünschte Emanzipation und Unabhängigkeit über Berufsarbeit oder über die »Anerkennung der besonderen Rolle von Hausfrauen und Müttern«[247] realisieren lasse.[248]

In Westdeutschland diskutierte 1976 die Historikerin und Aktivistin Gisela Bock die Forderung nach »Lohn für Hausarbeit« in einem Beitrag für die Frauenzeitschrift *Courage*, um ein Bewusstsein dafür zu schaffen, dass Hausarbeit keine Selbstverständlichkeit sei. Vielmehr müsse sie mit der Erwerbsarbeit gleichgestellt und entlohnt werden. Damit einhergehend war die Vorstellung verknüpft, dass ein Verdienst mit einem Machtgewinn einhergehe, der in letzter Konsequenz zu Unabhängigkeit und Gleichberechtigung führen würde. Zudem würde die finanzielle Entlohnung nach Ansicht Bocks die Männer zur Mitarbeit bei der Hausarbeit bewegen.[249]

Sicherlich trug der Appell »Lohn für Hausarbeit« dazu bei, der Neuen Frauenbewegung wichtige Impulse zu geben. Er zog aber auch Kontroversen nach sich, insbesondere als sich Alice Schwarzer 1977 in der Zeitschrift *Emma* lautstark zu Wort meldete und argumentierte, dass sich mit einer Bezahlung der Hausarbeit lediglich das »Hausfrauen-Ghetto«[250] festige und keine Emanzipation mit sich bringe. Stattdessen müssten sich die Möglichkeiten der außerfamiliären Kinderbetreuung verbessern und die Männer zur Mithilfe im Haushalt stärker angehalten werden, betonte Schwarzer. Die Forderung nach »Lohn für Hausarbeit« laufe diesen Bestrebungen zuwider und werde dadurch lediglich zu einer feministischen Variante des von den Volksparteien geforderten Erziehungsgelds.[251]

Mit der Forderung nach einem Erziehungsgeld wollte die CDU in den 1970er Jahren ein finanzielles Anreizsystem etablieren, um die traditionelle Aufgabenverteilung in der Familie zu festigen und zugleich die Geburtenrate zu erhöhen. In der öffentlichen Debatte betonten insbesondere die Unionspolitiker Albert Burger und Norbert Blüm, dass das Erziehungsgeld die Frauen zur Berufsaufgabe bewegen würde, um Kinder zu gebären. Sie erhofften sich dadurch einen doppelt positiven Effekt. Einerseits gingen sie davon aus, dass so der Geburtenrückgang aufgehalten werden könne. Andererseits sahen sie im Erziehungsgeld auch ein arbeitsmarktpolitisches Instrument, da die hohen Arbeitslosenzahlen – ein zentrales gesellschaftliches Problem der 1970er und 1980er Jahre – gesenkt werden könnten, wenn Frauen generell aus dem Arbeitsmarkt ausschieden. Denn es sei, so Blüm, »sehr viel sinnvoller [...], daß die Mutter, die eine Arbeit hat, bei ihrem Kind ist, als daß ein Familienvater, der eine Familie ernähren muß, auf der Straße steht«. Die Überlegungen zeigen auf, dass aus der Perspektive Blüms diese politischen Ziele wichtiger als die Gleichberechtigung waren, wie er auch selbst betonte: »Ich will jetzt das komplizierte Problem Mann/Frau/Gleichberechtigung nicht ins Spiel bringen, nur ich denke, wir haben zu wenig Phantasie entwickelt und gehen das Problem nur defensiv an.«[252]

In der zeitgenössischen Kritik am Erziehungsgeld, das 1986 dann tatsächlich eingeführt wurde, gab es drei unterschiedliche Argumentationslinien: Erstens regte sich innerhalb der Union selbst vorsichtiger Widerstand gegen die Pläne, da die staatliche Unterstützung durch das Erziehungsgeld dem politischen Ziel der Senkung der Staatsquote zuwiderlaufen würde, so der Generalsekretär Heiner Geißler und der Bundestagsabgeordnete Kurt Biedenkopf.

Zweitens provozierten innerhalb der politischen und wissenschaftlichen Debatte die hinter dem Erziehungsgeld stehenden bevölkerungspolitischen Ziele Widerspruch. Die regierende SPD votierte in ihren *Grundsatzfragen der Familienpolitik* gegen ein Erziehungsgeld und warf der Union sogar vereinzelt vor, sie würde damit »Bevölkerungspolitik« betreiben. Der Anthropologe und Leiter des Bundesinstituts für Bevölkerungsforschung Hans Wilhelm Jürgens und die Soziologin Helge Pross gingen davon aus, dass das Erziehungsgeld keinen nennenswerten Einfluss auf die Bevölkerungsentwicklung haben würde. Sie favorisierten demgegenüber das Modell der Teilzeitarbeit, da sich so die gesellschaftliche Attraktivität der Familie steigern ließ.

Drittens äußerte die westdeutsche Frauenbewegung vehementen Widerstand, den Alice Schwarzer 1977 formulierte. Sie bewertete im Unterschied zu den anderen beiden Kritikpunkten die mit dem Erziehungsgeld implizit festgelegte traditionelle Verteilung der Geschlechterrollen als problematisch: »Wieso soll ein Mensch mit Vagina eigentlich qualifizierter fürs Windelwaschen und Tellerspülen und Trösten sein als ein Mensch mit Penis«,[253] fragte Schwarzer provozierend. Sie machte so ein zentrales Merkmal der Geschlechterrollen deutlich, das auch Sozialwissenschaftlerinnen wie Elisabeth Beck-Gernsheim oder Ilona Ostner in den 1970er und 1980er Jahren betonten: Die unterschiedliche familiäre Aufgabenteilung resultierte nicht aus biologischen Unterschieden zwischen den Geschlechtern, sondern aus den gesellschaftlichen, politischen und rechtlichen Rahmenbedingungen.[254]

Dieser Befund gilt auch für die Situation in Ostdeutschland, für die keine vergleichbaren sozialwissenschaftlichen Studien vorliegen. Auch dort determinierten politische Entscheidungen die Aufgabenverteilung in den Familien. Zum Beispiel führte die SED-Regierung 1952 für voll berufstätige verheiratete Frauen mit Kindern einen »Haushaltstag« pro Monat – den »Waschtag« – ein. Ab 1965 stand der Hausarbeitstag zudem nicht verheirateten Frauen mit Kindern zu und schließlich ab 1977 auch vollerwerbstätigen Ehefrauen ohne Kinder ab einem Alter von 40 Jahren, sofern dies dem politischen

Ziel der Planerfüllung nicht entgegenstand. Diese politischen Maßnahmen zielten darauf, die Vereinbarkeit von Mutterschaft und Beruf zu verbessern, ohne dabei die traditionelle Aufgabenverteilung in den Familien infrage zu stellen.

Gegen Mitte der 1980er Jahre erledigten die ostdeutschen Mütter auch weiterhin den Großteil der Hausarbeiten, wenngleich diese soziale Praxis nicht ausschließlich auf den politischen Rahmenbedingungen beruhte. Schließlich nahm der Haushaltstag in Westdeutschland nie eine ähnlich prominente Rolle ein. Denn erstens blieb er regional beschränkt, wie auf die Bundesländer Bremen, Hamburg, Niedersachsen und Nordrhein-Westfalen. Zweitens galt er nur, sofern die Frauen eine bestimmt Wochenarbeitszeit überschritten bzw. an allen sechs Werktagen in der Woche arbeiteten; in Nordrhein-Westfalen waren das zum Beispiel 40 Stunden und in Hamburg 48 Stunden. Aufgrund dieser Vorgaben verlor der Hausarbeitstag mit der Einführung der Fünf-Tage-Woche gegen Mitte der 1960er Jahre an Relevanz. Obschon damit deutlich andere politische Rahmenbedingungen in Ost und West vorlagen, glichen sich die sozialen Praktiken über die deutsch-deutsche Grenze hinweg.[255]

3 FRAUEN UND BERUFSTÄTIGKEIT: ÖKONOMISCHE ZWÄNGE, POLITISCHE VORGABEN UND INDIVIDUELLE INTERESSEN

Die Soziologie definiert »Arbeit« als »jede zweckhafte Tätigkeit, die der Befriedigung materieller oder geistiger Bedürfnisse dient«.[1] Damit steht entweder das mit der Arbeit erzielte Einkommen oder die durch sie ermöglichte individuelle Selbstverwirklichung im Mittelpunkt. Der Begriff Arbeit umfasst dabei sowohl körperliche (beziehungsweise manuelle) als auch geistige Tätigkeiten. Bis in die zweite Hälfte des 20. Jahrhunderts wurde allerdings in der Regel die sogenannte »informelle Arbeit« – wie Hausarbeit – aus dieser Definition ausgeschlossen. Vielmehr bezog sich das Verständnis von Arbeit in der Regel auf die unselbstständige Erwerbsarbeit in Industrie- und Angestelltenberufen, bei denen ein Arbeitsvertrag das Arbeitsverhältnis zwischen Arbeitnehmer und Arbeitgeber regelt.[2]

Um die zentrale gesellschaftliche Bedeutung der Arbeit zu betonen, werden »moderne« Gesellschaften oft als »Arbeitsgesellschaften« bezeichnet. Denn Arbeit ist hier ein entscheidender Faktor, der die soziale Position eines Menschen in der Gesellschaft definiert. Das erklärt unter anderem, warum die Soziologin Helge Pross die Stellung der Hausfrauen über die berufliche Position ihrer Ehemänner bestimmte. Berufsarbeit kann für die individuelle Entwicklung von zentraler Bedeutung sein, da so Fähigkeiten und Fertigkeiten erworben werden. Zugleich schärft Arbeit das Bewusstsein für die eigene Position in der Gesellschaft. Sie kann – neben der Sozialisation in der Familie und dem Erwerb von Bildung – auch maßgeblich zur Ausbildung einer eigenen Identität beitragen. Darüber hinaus eröffnet Berufsarbeit den Zugang zu materiellem Wohlstand und zur Teilnahme am Massenkonsum, der in »modernen« Gesellschaften ebenfalls als ein zentrales identitätsstiftendes Merkmal gilt.[3]

Familien waren – selbst zur Hochphase der »christlich-bürgerlichen Kernfamilie« in den 1950er Jahren – meist vom Einkommen beider Ehepartner abhängig. Allerdings sahen sich berufstätige Mütter in Westdeutschland zunächst einer sozialen Diskriminierung ausgesetzt, da sie – so der vielfach geäußerte Vorwurf – ihre Familien vernachlässigen würden. Das änderte sich erst, als sich in den 1960er Jahren das Modell der Teilzeitarbeit verbreitete.

Zu einem »Neubeginn der Arbeitsmarktpolitik gegenüber Frauen«[4] kam es schließlich mit dem Arbeitsförderungsgesetz (AFG), das die Große Koalition im Juni 1969 verabschiedete. Es sollte eine Wiedereingliederung von Ehefrauen und Müttern in den Arbeitsmarkt erleichtern: Die Bestimmungen des § 2 zielten darauf, dass »Frauen, deren Unterbringung unter den üblichen Bedingungen des Arbeitsmarktes erschwert ist, weil sie verheiratet oder aus anderen Gründen durch häusliche Pflichten gebunden sind oder waren, eingegliedert werden.«[5] Dieser Passus zeigt, dass westdeutsche Frauen nach allgemeinem Verständnis zwar weiterhin für Haushaltsführung und Kindererziehung zuständig waren, aber zugleich mittlerweile auch als Arbeitskräfte galten.[6]

In der DDR wurde vonseiten der SED-Regierung zunächst das »Recht auf Arbeit« betont. Aber bereits in den frühen 1950er Jahren verschob sich die Gewichtung hin zu einer Verpflichtung. Die Berufsarbeit von ledigen Frauen, im Laufe des Jahrzehnts dann auch von geschiedenen Ehefrauen und Müttern wurde sowohl erwartet als auch eingefordert. Die DDR-Verfassungen von 1949 und 1968 bildeten diese Verschiebung ab: Während 1949 noch das »Recht auf Arbeit« garantiert wurde (Artikel 15), ergänzte die Verfassung von 1968 in Artikel 24 die »Pflicht zur Arbeit«: »Das Recht auf Arbeit und die Pflicht zur Arbeit bilden eine Einheit.« Das Strafgesetzbuch der DDR spiegelte diese Entwicklung insofern, als »arbeitsscheues« Verhalten nicht nur als »asozial« bewertet wurde, sondern auch mit den Strafen Arbeitserziehung oder Freiheitsentzug von zwei bis fünf Jahren belegt wurde.[7]

Neben den politischen Vorgaben gab es aber auch ganz handfeste Gründe für die Berufstätigkeit von Frauen: Ostdeutsche Familien wa-

Am Tag der Arbeit ganz selbstverständlich vorn dabei: Darstellung einer »Werktätigen« auf einem DDR-Anstecker zum 1. Mai 1956.

ren finanziell stets auf das Arbeitseinkommen beider Ehepartner angewiesen, um sich etwa eine gemeinsame Wohnungsausstattung oder (nach langer Wartezeit) ein eigenes Auto leisten zu können.[8] Aus der Perspektive der Ehefrauen kam Berufsarbeit noch aus einem anderen Grund eine zentrale Bedeutung zu: Nach einer Scheidung hatten sie in der Regel keinen Unterhaltsanspruch und mussten über ihre Stellung als Werktätige selbst für ihr finanzielles Auskommen sorgen. Da das westdeutsche Unterhaltsrecht bis 1976 die geschiedene Ehefrau finanziell stark benachteiligte, wäre es in der Bundesrepublik unter ökonomischen Gesichtspunkten ebenfalls sinnvoll gewesen, wenn Ehefrauen nach der Geburt des ersten Kindes weiterhin berufstätig gewesen wären. Dies stand jedoch im Widerspruch zum politisch gewollten und gesellschaftlich praktizierten Leitbild der »Hausfrauenehe«.

Ungeachtet dieser Problematik zeigt sich aber, dass Berufsarbeit im Leben westdeutscher Frauen eine zentrale Rolle einnahm. Zum Beispiel waren junge Frauen bereits in den 1950er Jahren in der Regel berufstätig, und selbst im Anschluss an eine Eheschließung oder die

Geburt des ersten Kindes schieden nicht alle Ehefrauen und Mütter dauerhaft aus dem Berufsleben aus.[9]

Die politischen und rechtlichen Rahmenbedingungen in beiden deutschen Teilstaaten unterschieden sich trotz dieser Gemeinsamkeit erheblich. Während in Ostdeutschland die Werktätigkeit von Frauen sowohl aufgrund der sozialistischen Theorie (Ideal der Emanzipation durch Berufsarbeit) als auch aufgrund der ökonomischen Situation (Arbeitskräftemangel) eingefordert wurde, symbolisierte die Berufsarbeit von Ehefrauen und Müttern in der Bundesrepublik eine wirtschaftliche Notlage, die im Zuge des »Wirtschaftswunders« überwunden werden sollte. Diese Sichtweise passte sich ein in die während der 1950er Jahre dominierenden Vorstellungen vom Leitbild der »christlich-bürgerlichen Kernfamilie« und vom »Ernährer-Hausfrau«-Modell.

Aus westdeutscher Perspektive wurde die »erzwungene« staatliche Emanzipation der Frauen in der DDR mit dem eigenen Modell kontrastiert, in dem es Frauen »frei« stand, sich für oder gegen Berufsarbeit zu entscheiden. Ostdeutsche Politiker kritisierten hingegen das bundesrepublikanische Modell der »Hausfrauenehe«, in der die Frauen zu »›Dienstmägden‹ ihrer Ehemänner«[10] degradiert würden.[11]

Diese politische Rhetorik verdeutlicht, dass die Abgrenzung zwischen dem sozialistischen Osten und dem demokratischen Westen im »Kalten Krieg« bis weit in die Familienvorstellungen und Frauenleitbilder hineinreichte und diese prägte. Die Front verlief hier zwischen dem ostdeutschen Ideal der vollerwerbstätigen Mutter und dem westdeutschen der Hausfrau. Gleichwohl muss berücksichtigt werden, dass die soziale Praxis beiderseits der Mauer durchaus von diesen Idealen abwich. Denn in der DDR arbeiteten zwar viele Mütter in Vollzeit, aber nicht alle. In der Bundesrepublik wiederum gingen bereits in den 1950er Jahren viele Ehefrauen und Mütter einer Erwerbstätigkeit nach. Meistens wollten sie damit das finanzielle Auskommen der Familie sichern oder der Familie die Möglichkeit eröffnen, Wohneigentum oder Konsumgüter zu erwerben.[12]

Die Erwerbsquote von Frauen im Ost-West-Vergleich

In der DDR stieg die Erwerbsquote von Frauen im erwerbsfähigen Alter sukzessive an. Gegen Mitte der 1950er Jahre lag sie bei 56 Prozent, wuchs bis 1970 auf 70 Prozent an und erreichte gegen Ende der 1980er Jahre mehr als 80 Prozent. Stuft man auch Studentinnen und Lehrlinge als »Erwerbstätige« ein, dann lag sie zu diesem Zeitpunkt sogar bei über 90 Prozent. Damit war die Mehrzahl ostdeutscher Frauen berufstätig und die DDR wies »eine der höchsten Frauenerwerbsquoten der Welt« auf.[13] Bei der Frage nach den Ursachen ist zu berücksichtigen, dass nicht nur viele Familien auf zwei Einkommen angewiesen waren, sondern dass überdies alleinstehende Frauen ihren Unterhalt selbst erwirtschaften mussten. Auch das sind wichtige Gründe, die die Erwerbsquote beeinflussten.[14]

Demgegenüber blieb die Erwerbsquote westdeutscher Frauen zwischen den 1950er und 1980er Jahren weitgehend konstant. Sie wurde 1950 mit 30 Prozent, 1960 mit 33 Prozent, 1972 mit 31 Prozent und 1980 mit 32 Prozent angegeben. Erst danach setzte ein leichter Anstieg auf 37 Prozent im Jahr 1989 ein. Wenn nur die Frauen im erwerbsfähigen Alter von 15 bis 65 Jahren berücksichtigt werden, dann lag die Quote 1961 mit 47 Prozent, 1972 mit 48 Prozent und 1980 mit 50 Prozent zwar höher, blieb aber ebenfalls weitgehend konstant. In den 1980er Jahren setzte auch hier ein leichter Anstieg ein, der den Anteil bis 1988/89 auf ungefähr 55 Prozent hob.

Die genannten Zahlen offenbaren einen signifikanten Ost-West-Gegensatz.[15] Gemeinsam ist ihnen aber trotz der deutlichen Abweichungen, dass das Niveau der Frauenerwerbsquote bis 1980 relativ konstant blieb und im darauffolgenden Jahrzehnt anstieg.

Aus den unterschiedlichen Erwerbsquoten in beiden Teilen Deutschlands kann nicht zwangsläufig auf eine Gleichberechtigung der Frauen im Osten und eine fehlende Emanzipation im Westen geschlossen werden, wie die Soziologin Hildegard Maria Nickel betont. So seien hohe Frauenerwerbsquoten zwar durchaus »Indikatoren für Gleichberechtigung und selbstbestimmtes Frauenleben, sie fußen aber auch auf Ideologie und Verklärung. ›Handfeste‹ Zahlen verschleierten, verzauberten und verdeckten die gleichzeitigen alltäglichen Benachteiligungen und Diskriminierungen von Frauen.«[16]

Statistische Indikatoren eröffnen einen differenzierten Blick auf die Entwicklung der Berufsarbeit von Frauen. So zeigt sich etwa, dass die Frauenerwerbsquote nach der Wiedervereinigung in den östlichen Bundesländern zurückging – auf 67 Prozent 1991 und 58 Prozent 1995. Das war aber kein Zeichen einer Adaption des westdeutschen Geschlechterrollenmodells, denn parallel sackte die Erwerbsquote der Männer ebenfalls (von 79 auf 71 Prozent) ab. Der Rückgang der Erwerbsquoten resultierte vielmehr aus der wirtschaftlichen Umstrukturierung infolge der Wiedervereinigung, die zu einer höheren Arbeitslosigkeit führte. Als sich die ökonomische Lage erholte, stieg die Erwerbstätigenquote bis 2012 wieder auf 69 Prozent bei den Frauen und 74 Prozent bei den Männern an.[17]

In den westlichen Bundesländern lag die Erwerbsquote von Frauen 1991 mit 55 Prozent immer noch wesentlich niedriger als im Osten. Bis 2012 stieg sie auf 68 Prozent an und erreichte damit ein ähnliches Niveau wie in den östlichen Bundesländern. Was die weibliche Berufsarbeit angeht, verschwanden demnach im frühen 21. Jahrhundert die Unterschiede zwischen Ost und West. Allerdings sagt die statistisch ähnliche Entwicklung nichts über die Einstellungen gegenüber Berufsarbeit aus. Fest steht immerhin, dass der Anstieg der Frauenerwerbsquote aus der allgemeinen wirtschaftlichen Entwicklung, dem steigenden Bildungsniveau der Frauen, den ökonomischen Notwendigkeiten und den sich wandelnden Einstellungen von Müttern gegenüber Berufsarbeit resultierte. Im wiedervereinigten Deutschland setzten sich das »Zweiverdienermodell« und die Betreuung von minderjährigen Kindern in Kinderkrippen und -gärten durch.[18]

Gleichzeitig muss berücksichtigt werden, dass viele berufstätige Frauen keiner Vollzeiterwerbstätigkeit nachgingen. So lag die durchschnittliche Wochenarbeitszeit 1994 bei 33,5 Stunden und 2014 bei 30,8 Stunden. Zahlreiche Frauen – in den östlichen und in den westlichen Bundesländern – arbeiteten somit in Teilzeit. Insbesondere im Anschluss an die Geburt des ersten Kindes senkten viele Frauen ihre Arbeitszeit ab. Insgesamt fällt auf, dass der Anteil der teilzeitarbeitenden Frauen von 30 Prozent im Jahr 1991 auf 48 Prozent im Jahr 2016 deutlich zugenommen hat. Dieser Trend weist sowohl Vor- als auch Nachteile auf, wie soziologische Studien gezeigt haben: Einerseits erhöht Teilzeitarbeit die Chance, am Erwerbsleben teilzunehmen und Familie und Beruf vereinbaren zu können; andererseits zieht sie ein reduziertes Einkommen und schlechtere Karrierechancen nach sich. Überdies begünstigt Teilzeitarbeit von Frauen die traditionale familiäre Aufgabenteilung.[19]

Während es somit im Hinblick auf die Frauenerwerbsarbeit in jüngster Zeit große Ähnlichkeiten zwischen östlichen und westlichen Bundesländern gibt, überwogen in der Zeit der deutschen Zweistaatlichkeit die Unterschiede. So lag die durchschnittliche Erwerbsquote ostdeutscher Frauen zwischen 1949 und 1989/90 deutlich über dem Niveau Westdeutschlands, weshalb zum Beispiel Frauen mit 48 Prozent fast die Hälfte aller Berufstätigen in der DDR stellten. Allerdings gilt es zu unterscheiden zwischen ledigen Frauen, Müttern und Ehefrauen, deren Kinder bereits aus dem gemeinsamen Haushalt ausgezogen waren. Insbesondere unter den Müttern mit minderjährigen Kindern wich, vor allem in den 1950er Jahren, der Anstieg der Erwerbsquote ab. So waren 1958 lediglich 18,3 Prozent der verheirateten Frauen und Mütter berufstätig. Um Berufsarbeit für diese Gruppe attraktiver zu gestalten, gewährte ihnen die SED-Regierung sukzessive Vergünstigungen. 1965 erfolgte eine Umstellung von der Sechs- auf die Fünf-Tage-Arbeitswoche. 1968 führte die DDR – eines der Länder mit der höchsten durchschnittlichen Tages-, Wochen- und Lebensarbeitszeit in Europa – die 43 ¾-Stunden-Woche ein. Für Mütter mit drei und mehr Kindern galten jedoch ab dem Juli 1972 abweichende Regelungen: Sie mussten wöchentlich nur 40 Stunden arbeiten. Ab 1976 profitierten von dieser Regelung auch Mütter mit zwei Kindern. Zudem erhielten berufstätige Mütter über den Grundurlaub von 20 Tagen hinaus noch weitere zwei beziehungsweise drei Urlaubstage, wenn sie zwei beziehungsweise drei oder mehr Kinder unter 16 Jahren hatten.[20]

Ein internes Memorandum der Abteilung Frauen im ZK der SED zur Lage der Familien von 1964 stellte die Erwerbsquote ostdeutscher

Mütter der jeweiligen Kinderzahl gegenüber. Die höchste Quote mit beinahe 70 Prozent erreichten die Mütter mit einem Kind. 64 Prozent der Mütter von zwei Kindern waren vollzeiterwerbstätig und bei drei Kindern waren es nur noch 56 Prozent. Kinderlose Frauen arbeiteten in 61 Prozent der Fälle. Diese unterschiedlichen Zahlen zeigen, dass gegen Mitte der 1960er Jahre zahlreiche Frauen und Mütter das staatliche Ideal der Vollzeitanstellung nicht erfüllten. Die Mütter mit bis zu zwei Kindern arbeiteten, weil das zweite Einkommen einen wichtigen Beitrag zum finanziellen Auskommen der Familie leistete. Zudem hatten sie neben der Haushaltsführung und Kindererziehung (meist) noch genügend Zeit, um arbeiten zu gehen. Obwohl die Familien mit drei und mehr Kindern sogar noch stärker auf ein zweites Einkommen angewiesen waren, konnten die Mütter hier aufgrund der familiären Belastungen nicht voll erwerbstätig bleiben. Das belegen auch die zahlreichen Beschwerden von Müttern darüber, dass entweder nicht genügend Kinderbetreuungseinrichtungen zur Verfügung stehen würden oder es an Organisationen fehle, die bei den Hausarbeiten halfen.[21]

In Westdeutschland stieg die durchschnittliche Wochenarbeitszeit für Männer zwischen 1950 und 1955 von 49 auf beinahe 50 Stunden. Die Arbeitszeit für Industriearbeiterinnen lag demgegenüber mit 45 beziehungsweise 46 Stunden etwas niedriger. In der zweiten Hälfte der 1950er Jahre ging die Wochenarbeitszeit für beide Geschlechter auf 45 Stunden zurück und fiel in den 1960er Jahren auf 40 Stunden. Infolgedessen waren zum Beispiel zahlreiche Frauen in Hamburg nicht berechtigt, einen monatlichen Hausarbeitstag zu beantragen, da hierfür eine 48-Stunden-Woche vorausgesetzt wurde. In den 1950er Jahren schränkten zudem zahlreiche Industriebetriebe die Samstagsarbeit sukzessive ein. Damit fiel eine weitere wichtige Voraussetzung für die Gewährung eines Hausarbeitstages weg.[22]

Dass die Erwerbsquote westdeutscher Frauen über die Jahrzehnte hinweg relativ konstant blieb, darf nicht die dahinterstehenden Veränderungen verdecken. So nahm gerade in der Altersgruppe der 16- bis 60-jährigen Frauen die Erwerbsquote von circa 44 Prozent in den 1950er Jahren bis auf 53 Prozent im Jahr 1976 zu. Zudem stieg die Be-

Hohe Frauenerwerbstätigkeit in der DDR: Löterinnen im VEB Elektro-Apparate-Werke Berlin-Treptow, 1975.

rufsquote der Ehefrauen kontinuierlich von 19 Prozent im Jahr 1950 auf zunächst 35 Prozent 1961 und schließlich auf beinahe 50 Prozent 1970 an. Auch die Erwerbsquote von Müttern nahm in diesem Zeitraum zu – von einem Viertel 1950 auf ein Drittel in den 1960er Jahren und schließlich auf über 40 Prozent in den 1980er Jahren. 1990 erreichte die Erwerbsquote von Müttern mehr als 47 Prozent. In absoluten Zahlen entsprach das einem Anstieg von 1,5 Millionen (1950) auf 2,7 Millionen (1971) erwerbstätige Mütter. Zudem gab es bei der Müttererwerbstätigkeit deutliche Unterschiede in Abhängigkeit vom Familienstand. Exemplarisch zeigt dies ein Blick auf das Jahr 1978, als von den verheirateten Müttern mit minderjährigen Kindern fast 40 Prozent erwerbstätig waren. Von den ledigen Müttern arbeiteten hingen fast 60 Prozent.[23]

Die Berufsarbeit von Müttern stand folglich im Zusammenhang mit ihrem Familienstand. So gingen ledige Frauen und Mütter mit höherer Wahrscheinlichkeit einer Berufsarbeit nach. Zudem arbeiteten viele Witwen und die Mehrzahl der geschiedenen Frauen mit Kindern, da sie den Lebensunterhalt alleine aufbringen mussten. So waren um 1962 78 Prozent der ledigen, 73 Prozent der geschiedenen und 32 Prozent der verwitweten Mütter berufstätig. Zudem arbeiteten ebenfalls zahlreiche Ehefrauen und verheiratete Mütter – 1962 waren es um die 22 Prozent –, wodurch sie nicht dem Ideal des »Ernährer-Hausfrau-Modells« entsprachen. Diese soziale Praxis war auch für die 1970er und 1980er Jahre charakteristisch, wie statistische Erhebungen zeigen. Der Anteil der berufstätigen verheirateten Mütter mit Kindern stieg von 1961 bis 1980 sogar sukzessive an: von fast 33 Prozent auf mehr als 40 Prozent bei Familien mit Kindern unter 15 Jahren; von beinahe 30 Prozent auf mehr als 35 Prozent bei Kindern unter sechs Jahren; und von 28 Prozent auf gut 33 Prozent bei Kindern unter drei.

Der Mikrozensus von 1974 liefert einen noch differenzierteren Blick auf die Erwerbstätigkeit von Frauen. Die statistischen Daten zeigen, dass ein Drittel der Frauen ununterbrochen berufstätig war. Demgegenüber schieden 30 Prozent der Mütter nach der Geburt ihres ersten Kindes temporär aus dem Erwerbsleben aus. 37 Prozent der Befragten wiederum kehrten nach der Geburt ihrer Kinder nicht mehr ins Berufsleben zurück. In ihrer Studie zu Arbeiterinnen und Angestellten kam die Soziologin Helge Pross Anfang der 1970er Jahre zu einem ähnlichen Befund: Ein Drittel der Arbeiterinnen und sogar nur ein Fünftel der Angestellten gab den Beruf wegen der Geburt eines Kindes (temporär) auf. Pross vermutete drei mögliche Gründe für diesen signifikanten Unterschied: Erstens würden Arbeiterinnen schlechter Betreuungsmöglichkeiten für ihre Kinder finden. Zweitens verträten Arbeiterinnen stärker konservative Ideale. Drittens ließen sich die harten körperlichen Tätigkeiten in Industrieberufen nicht mit Schwangerschaft und Kindern vereinbaren. Obwohl die Pross-Erhebungen keine schlüssigen Belege für diese Thesen lieferten, zeigten sie doch, dass die befragten Frauen lediglich während eines kurzen Lebensabschnitts »Nur-Hausfrau« und Mutter waren. Denn zwei Drittel kehrten vor dem 35. Geburtstag ins Berufsleben zurück. Im Unterschied dazu hatten die Soziologinnen Alva Myrdal und Viola

	Insgesamt	Verheiratet	Verwitwet	Geschieden	Verheiratet, getrennt lebend	Ledig
			Mit Kindern unter 15			
1961	34,6 %	32,6 %	35,5 %	71,4 %	52,4 %	84,1 %
1970	34,8 %	33,1 %	35,7 %	71,4 %	53,8 %	84,1 %
1974	40,2 %	38,6 %	43,4 %	70,2 %	62,4 %	79,7 %
1977	40,6 %	39,1 %	40,2 %	65,1 %	55,5 %	74,0 %
1980	42,3 %	40,6 %	41,0 %	69,4 %	55,9 %	67,8 %
1981	42,6 %	41,0 %	42,9 %	65,8 %	55,6 %	65,3 %
			Mit Kinder unter 6 Jahren			
1961	31,3 %	29,7 %	29,0 %	62,3 %	49,9 %	83,6 %
1970	30,4 %	29,0 %	28,8 %	63,4 %	51,9 %	82,1 %
1974	34,8 %	33,6 %	34,8 %	56,1 %	58,6 %	75,7 %
1977	34,5 %	33,5 %	26,8 %	48,7 %	50,6 %	66,1 %
1980	36,0 %	35,1 %	34,0 %	49,8 %	44,7 %	58,4 %
1981	36,4 %	35,6 %	35,1 %	47,0 %	40,6 %	55,9 %
			Mit Kindern unter 3 Jahren			
1961	29,7 %	28,0 %	-	53,7 %	47,8 %	82,2 %
1970	27,8 %	26,6 %	-	53,3 %	50,7 %	79,3 %
1974	32,2 %	31,2 %	-	44,7 %	55,1 %	69,9 %
1977	31,3 %	30,5 %	-	38,4 %	-	59,0 %
1980	38,5 %	32,9 %	-	43,9 %	35,2 %	54,4 %
1981	34,0 %	33,3 %	-	40,1 %	39,7 %	49,8 %

Erwerbsquote von Müttern nach Familienstand in Westdeutschland, 1961–1981[24]

Klein 1956 ein theoretisches Lebenslaufmodell von Frauen entwickelt, das aus drei Phasen bestand: Berufsarbeit – temporäre Aufgabe der Arbeit infolge der Familiengründung für 15 Jahre – Rückkehr ins Erwerbsleben. Der Lebensalltag westdeutscher Frauen sah in der Praxis allerdings anders aus. Wenn aber die Berufsarbeit aus familiären Gründen unterbrochen wurde, dann waren es stets die Frauen, die diesen Schritt gingen.[25]

Zusammenfassend hielt Helge Pross fest, dass es für westdeutsche Frauen drei mögliche Erwerbsbiographien gebe. Sie konnten sich ers-

	Mit Kindern unter 18 Jahren	Mit Kindern unter 6 Jahren
1950	24,3 %	–
1961	34,7 %	29,7 %
1970	35,7 %	29,8 %
1980	42,3 %	35,8 %
1982	43,6 %	35,8 %
1986	43,1 %	35,5 %
1989	44,6 %	36,3 %
1992	58,2 %	48,4 %
1994	57,4 %	46,3 %
1998	59,8 %	48,5 %

Erwerbsquote von Müttern in Westdeutschland/westliche Bundesländer, 1950–1998[26]

tens für eine lebenslange Berufsarbeit entscheiden; meist taten dies entweder ledige oder hochqualifizierte Frauen. Zweitens konnten Frauen bis zur Geburt des ersten Kindes berufstätig sein, dann den Beruf aufgeben und nach kurzer Zeit zurückkehren ins Erwerbsleben. Drittens konnten Frauen ihren Beruf mit der Geburt eines Kindes aufgeben, um erst nach der »aktiven Familienphase« ins Berufsleben (meist in prekäre und kurzzeitige Beschäftigungsverhältnisse) zurückzukehren. In allen drei Fällen wurde die Einstellung gegenüber der Berufsarbeit meist durch »die schon übernommene oder die antizipierte Familienrolle«[27] der Frauen beeinflusst.[28]

Die Rückkehr der zeitweilig aus dem Erwerbsleben ausgeschiedenen Frauen war an das Alter ihrer Kinder gekoppelt. So lag die Erwerbsquote bei Müttern mit kleinen Kindern unter sechs Jahren deutlich unter der bei allen Müttern mit minderjährigen Kindern. Dabei stieg die Erwerbsquote von Müttern mit älteren Kindern von den 1950er bis in die 1980er Jahre an. Bei den Müttern mit Kleinkindern blieb sie hingegen weitgehend konstant; erst an der Wende zu den 1990er Jahren setzte hier ein Zuwachs ein. Zudem korrelierte die Erwerbsquote mit der Kinderzahl. Bei Familien mit einem Kind kam es zwischen 1950 und 1982 zu einer Verdoppelung der Mütter-

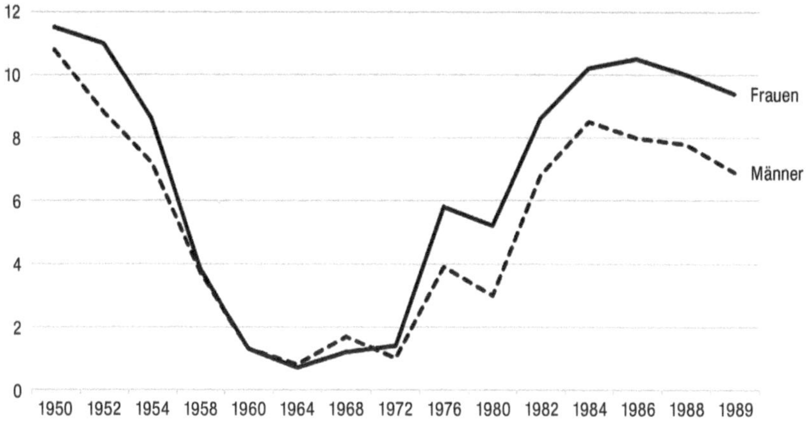

Arbeitslosenquote von Frauen und Männern in der Bundesrepublik Deutschland (in Prozent), 1950–1989[29]

erwerbsquote von circa 23 auf 46 Prozent. Der Anteil der arbeitenden Mütter in Familien mit zwei Kindern stieg im gleichen Zeitraum von 22 Prozent auf 37 Prozent. Demgegenüber blieb die Erwerbsquote bei drei Kindern mit 26 Prozent und 30 Prozent weitgehend konstant.[30]

Den allgemeinen Anstieg der Frauenerwerbsquote begünstigte eine Kombination aus mehreren Entwicklungen. So stieg ab den 1960er Jahren die Zahl der Arbeitsplätze im Dienstleistungssektor stark an, in dem traditionell viele Frauen arbeiteten. Während 1953 noch 42 Prozent der berufstätigen Frauen Arbeiterinnen und nur 22 Prozent Angestellte oder Beamtinnen gewesen waren, kehrte sich die Verteilung bis 1975 um. Nun waren 49 Prozent der arbeitenden Frauen Angestellte und nur 32 Prozent Arbeiterinnen. Zudem nahm die Zahl der Teilzeitarbeitsplätze zu. Der Anstieg der Arbeitsplätze im breitgefächerten Dienstleistungssektor hat die Integration der Frauen in das Erwerbssystem erleichtert: Im Unterschied zur rigiden Taktung der Fließbandarbeit und des Schichtbetriebs in Industrieunternehmen konnten in Dienstleistungsberufen vielfach flexible Arbeitszeitregelungen gefunden werden, die die Vereinbarkeit von Beruf und Familie verbesserten. Zudem bot dieser Sektor unterschiedliche Anforderungsprofile, wodurch hochqualifizierte Fachkräfte wie etwa

Ärztinnen genauso eine passende Anstellung finden konnten wie niedrigqualifizierte Aushilfskräfte. Für Frauen mit einem niedrigen Bildungsniveau bedeutete dies allerdings auch, dass sie so zwar eine Arbeit finden konnten, dass aber ihre Stellen oft weder gesichert noch gut bezahlt waren. Zudem fällt auf, dass bei gleicher Qualifikation tendenziell Frauen (und nicht Männer) die körperlich belastenden, monotonen und zudem schlechter bezahlten Tätigkeiten ausübten. Das hatte einen negativen Effekt auf die beruflichen Aufstiegschancen.[31]

Die Zahlen zur Frauenerwerbstätigkeit sagen noch nichts darüber aus, wie sich die Rückkehr von Müttern ins Berufsleben gestaltete und mit welchen Problemen sie sich konfrontiert sahen. Generell ist aber davon auszugehen, dass die Arbeitsverhältnisse von Frauen tendenziell unsicherer waren, wie ein Blick auf die Arbeitslosenzahlen offenlegt. So war die Arbeitslosenquote von Frauen während der frühen 1950er Jahre – einer Zeit hoher Arbeitslosigkeit – im Schnitt zwischen einem und zwei Prozentpunkte höher als die von Männern. Während der Vollbeschäftigung zwischen den späten 1950er und frühen 1970er Jahren lag die Arbeitslosenquote der Frauen auf einem ähnlichen Niveau wie die der Männer. Doch als sich die wirtschaftliche Lage in der Bundesrepublik ab ungefähr 1976/78 verschlechterte, stieg die Arbeitslosenquote der Frauen überdurchschnittlich an und lag erneut zwischen ungefähr 1,5 und 2,5 Prozent über der Quote der Männer.

Emanzipation durch Berufsarbeit in der DDR?

Die politisch gesteuerten Debatten in der DDR betonten in den 1950er Jahren den Zusammenhang zwischen Gleichberechtigung und Berufsarbeit. Da sich anfangs bis zu 80 Prozent der ostdeutschen Mütter gegen die Berufsarbeit und für das traditionelle »bürgerliche« Familienmodell entschieden, erreichte die politische Rhetorik von der vollerwerbstätigen Mutter zahlreiche Frauen allerdings nicht. Die Diskrepanz zwischen den politischen Vorgaben und dem Alltag resultierte unter anderem aus den bei einem Großteil der Bevölkerung verbreiteten Leitbildern. So lehnten es insbesondere Mütter ab, eine Arbeit aufzunehmen; ihre Ehemänner sprachen sich ebenfalls gegen eine Berufsarbeit von Müttern aus. Das staatliche Bemühen, alle Bürgerinnen zur Aufnahme einer Arbeit zu bewegen, lief damit in zahlreichen Fällen ins Leere und erreichte in den frühen 1950er Jahren nur einen Teil der Frauen – meist die jüngeren und unverheirateten.[32]

Die Frauenarbeitspolitik war für die SED-Führung dennoch ein wichtiges Element, um die Zahl der Arbeitskräfte in der DDR zu erhöhen und den Arbeitskräftemangel zu kompensieren, der aus der Flucht von tausenden von Bürgerinnen und Bürgern resultierte. Bis 1961 verließ gut ein Fünftel bis ein Siebtel der ostdeutschen Bevölkerung die DDR. Eine zentrale Funktion für die Integration der Frauen ins Erwerbsleben hatte das bereits erwähnte »Gesetz über den Mutter- und Kinderschutz und die Rechte der Frau« vom Herbst 1950, da es die Rolle der Frau im Produktionsprozess rechtlich fixierte. Als die SED-Führung 1951 entschied, die Zahl der Beschäftigten in der Schwerindustrie bis 1955 um 50 Prozent zu erhöhen, sollte ein Teil der dafür benötigten 800.000 Arbeitskräfte auch aus der Gruppe der bisher nicht-berufstätigen Frauen kommen.[33]

Es bedurfte weiterer politischer Initiativen, um die noch nicht berufstätigen Frauen gezielt anzusprechen. Hierzu zählte die 1958 gegründete Bewegung der Hausfrauenbrigaden, mit denen Hausfrauen ins Erwerbsleben integriert werden sollten. Es handelte sich dabei um einen Zusammenschluss von Hausfrauen, die stundenweise in Industrie- und Dienstleistungsberufen, vor allem aber in der Landwirtschaft arbeiteten. Letzteres war zum Beispiel nötig, da nur so der während der Ernte anfallende erhöhte Arbeitskräftebedarf gedeckt werden konnte. So lag 1961 die Frauenquote unter den 945.000 Mitgliedern der Landwirtschaftlichen Produktionsgenossenschaften (LPG) bei 45 Prozent. Die Bildung und Organisation der Brigaden übernahm der Demokratische Frauenbund Deutschlands (DFD). Im Oktober 1958 existierten 737 Hausfrauenbrigaden. Ihre Zahl stieg bis Dezember 1958 auf 1.470 an und erhöhte sich weiter; allein zwischen Mai und September 1959 wurden 3.944 Hausfrauenbrigaden neu ins

Leben gerufen. Im Winter 1959/60 ging ihre Zahl kurz zurück, da immer mehr Hausfrauen ein festes Arbeitsverhältnis aufnahmen. Im Sommer 1960 wurden aber wieder mehr Hausfrauenbrigaden gebildet und der DFD verkündete, dass mittlerweile insgesamt mehr als 30.000 Frauen in den Brigaden zusammengeschlossen seien. 1962 endete die Initiative, da inzwischen immer mehr Frauen einer regulären Vollerwerbstätigkeit nachgingen.[34]

Parallel wurden als weitere Maßnahme die sogenannten Omabrigaden ins Leben gerufen, die sich um die Kinder der werktätigen Mütter kümmern sollten, wenn keine Krippen- oder Kindergartenplätze verfügbar waren. Ende 1960 gab es in der DDR circa 4.000 Omabrigaden mit ungefähr 30.000 Mitgliedern. Danach reduzierte sich ihre Zahl, da immer mehr reguläre Kinderbetreuungsmöglichkeiten geschaffen wurden. Noch eine weitere Initiative sollte die Attraktivität der weiblichen Berufsarbeit steigern: Zeitschriften wie *Die Frau von heute* bewarben die Berufsarbeit von Frauen, indem sie hochqualifizierte Berufstätige zeigten, die in Dienstleistungsberufen tätig waren.[35]

Traten ostdeutsche Frauen ins Erwerbsleben ein, wurden sie jedoch mit einer anderen Realität konfrontiert. Denn in vielen Berufen mussten Frauen körperlich schwere Aufgaben erledigen. Zudem sahen sich die Frauen – trotz der formalen politischen Gleichstellung – einer Diskriminierung ausgesetzt, die sich nicht nur in von Männern geäußerten Vorurteilen zeigte. Vielmehr wurden Frauen schlechter bezahlt und seltener befördert. 48 Prozent der erwerbstätigen Frauen arbeiteten zum Beispiel 1957 in den beiden untersten Lohngruppen. Zudem wiesen sie ein deutlich niedrigeres Qualifizierungsniveau auf. So hatten 1959 nur gut 17 Prozent der Arbeiterinnen eine Facharbeiterausbildung. Bei den Männern waren es demgegenüber 69 Prozent. Insofern existierte im Hinblick auf Bezahlung, Beförderung und Qualifizierung in der DDR eine deutliche Ungleichheit, die sich über die 1950er Jahre hinweg hielt.[36]

Dieser Befund führte in Kombination mit der Prognose einer verstärkten Technisierung und Automatisierung der industriellen Produktion, die einen Zuwachs an qualifizierten Arbeitskräften erwarten

Oft mit niedriger Qualifikation: Arbeit beim Ausbau einer Landwirtschaftlichen Produktionsgenossenschaft (LPG), 1954.

ließ, zu einer signifikanten Veränderung in der Frauenarbeitspolitik: War es zuvor lediglich darum gegangen, die Zahl der erwerbstätigen Frauen zu steigern, startete die SED-Führung 1957/58 eine Qualifizierungsoffensive für Frauen, die bis 1965 andauerte. Mit dieser Verschiebung ging zugleich eine Abkehr vom traditionellen marxistischen Verständnis einher, wonach jede Form von Erwerbsarbeit zur Emanzipation führe. Nun galt, dass Gleichberechtigung erst dann zu erreichen war, wenn Frauen nicht nur einer lebenslangen Berufsarbeit nachgingen, sondern sich zudem kontinuierlich im Erwerbsprozess weiterbildeten.[37]

Die Weiterqualifizierung der weiblichen Arbeitskräfte war auch deshalb wichtig, weil mit der bis zum Mauerbau 1961 anhaltenden Abwanderung in den Westen zahlreiche qualifizierte Arbeitskräfte verloren gingen. Um die Qualifizierungslücke zu schließen, sollten daher un- und angelernte berufstätige Frauen dazu bewegt werden, eine Facharbeiterausbildung zu beginnen. 1959 wurden hierfür die Betriebsakademien geschaffen. Allerdings nutzten nur wenige Frauen diese Möglichkeiten, da die Schulungsmaßnahmen abends stattfanden und damit nach einem Arbeitstag sowie neben der Haushaltsführung und Kindererziehung schon zeitlich kaum zu bewerkstelligen waren.[38]

Eine Zäsur markierte das sogenannte Frauenkommuniqué, das das Politbüro des ZK der SED am 16. Dezember 1961 unter dem Titel *Die Frauen – der Frieden und der Sozialismus* beschloss, und dem im April 1962 ein Ministerratsbeschluss zur Durchführung folgte. Am 23. Dezember 1961 druckte die Zeitung *Neues Deutschland* das Kommuniqué als Leitartikel ab und am Abend desselben Tages wurde es in der TV-Nachrichtensendung *Aktuelle Kamera* aufgegriffen. Es folgte eine mehrjährige, öffentlich gelenkte Debatte über die Rolle der Frau in der DDR.[39] Den Tenor gab dabei das Frauenkommuniqué selbst vor: »Unter den Frauen hat sich eine große fortschrittliche Wandlung vollzogen. Selbstbewußt, klug und umsichtig vollbringen Frauen hervorragende Leistungen im Beruf, bei der Erziehung ihrer Kinder und der Lenkung und Leitung unseres Staates. Ihnen voran gehen die Arbeiterinnen als die fortschrittlichste Kraft unter den Frauen.«[40]

Das Kommuniqué wies also auf den gesellschaftlichen Wandel hin, in dessen Folge Frauen neben der Kindererziehung auch im Berufsleben einen zentralen Beitrag für die sozialistische Gesellschaft leisteten, wobei es mit der Aussage, sie hätten dabei Schlüsselpositionen eingenommen, die fehlende Repräsentation von Frauen in der politischen und wirtschaftlichen Führung kaschierte. Darüber hinaus betonte das Kommuniqué die zentrale Bedeutung der Arbeiterinnen und knüpfte damit an die sozialistische Ideologie an, wonach der Arbeiterschaft in der DDR eine zentrale Rolle zukam.

Schließlich griff das Kommuniqué die in der öffentlichen Debatte geäußerten Vorurteile von Männern gegenüber der beruflichen Leistungsfähigkeit von Frauen auf und versuchte, diese zu zerstreuen: »Anstatt den Frauen und Mädchen zu helfen, mit ihrer größeren Belastung fertigzuwerden, erfinden sie [leitende Mitarbeiter; C.N.] Argumente, die beweisen sollen, daß der Einsatz von Frauen in mittleren und leitenden Funktionen nicht möglich sei. Insbesondere wird behauptet, daß die Berufstätigkeit der Frau mit Haushalt und Kindern volkswirtschaftlich nicht ›rentabel‹ sei; Männer seien zuverlässiger und würden nicht so oft ›ausfallen‹: ja, es gibt auch das ›Argument‹, Frauen hätten weniger Verständnis für technisch-organisatorische und wirtschaftliche Probleme als die Männer.«[41] Dieses Verhalten stehe »dem Wesen unseres Staates« wie auch »der Entwicklung der Frau und damit unserer Gesellschaft« entgegen. Die SED-Parteiführung machte damit ihre zentralen Anliegen deutlich: Sie wollte sowohl weiterhin eine wachsende Zahl von Frauen ins Erwerbsleben integrieren als auch ihr Qualifizierungsniveau anheben. Gleichzeitig betonte das Frauenkommuniqué die traditionellen Familienaufgaben, die Frauen neben ihrer Berufsarbeit zu erfüllen hatten.[42]

Für die Veröffentlichung des Frauenkommuniqués gab es drei Gründe:[43] Erstens sollte es dazu beitragen, die Zustimmung der DDR-Bürger zu ihrem Staat zu sichern, indem es den Blick vom ökonomisch prosperierenden Westen stärker auf die »Modernität« der ostdeutschen Wirtschaftspolitik lenkte, die sich die Integration der Frauen ins Erwerbsleben zum Ziel setzte. Zweitens sollte der aus der Flucht zahlreicher Ostdeutscher resultierende Arbeitskräftemangel durch qualifizierte weibliche Fachkräfte kompensiert werden. Drittens sollte mit dem Kommuniqué das »Egalitätsversprechen nicht nur durch gleiche Integrations-, sondern auch durch analoge Qualifikationschancen« eingelöst werden. Indem Industriearbeiterinnen, LPG-Arbeiterinnen und weibliche Angestellte an das Qualifikationsniveau ihrer männlichen Kollegen herangeführt wurden, sollte nach dem Willen der politischen Führung nicht nur die Produktion gesteigert werden. Vielmehr ging es darum, die Akzeptanz für die Frauenarbeitspolitik unter den Bürgerinnen zu erhöhen, da sich – so die Perspektive der SED – das Reservoir an billigen weiblichen Arbeitskräften dann besser abschöpfen lasse. Das Kommuniqué reihte sich in die Linie der frauenpolitischen Regelungen ein, die von der Forschung als »geschenkte Emanzipation« der ostdeutschen »Fürsorgediktatur« (Konrad Jarausch) bezeichnet werden.[44]

Parallel zu den politischen Debatten setzte 1964 auch eine wissenschaftliche Auseinandersetzung über die Rolle der Frau in der Gesellschaft ein, als an der Akademie der Wissenschaften der wissenschaftliche Beirat *Die Frau in der sozialistischen Gesellschaft* gegründet wurde. Die Forschergruppe, die von der Juristin Anita Grandke geleitet wurde, betonte immer wieder die gesellschaftlichen Defizite im Hinblick auf die Gleichberechtigung und soziale Stellung der Frau in der DDR. Diese Sichtweise lag jedoch quer zu den politischen Interessen, was Grandke in zahlreichen Konflikten mit der Leiterin der Abteilung Frauen des ZK der SED, Inge Lange, erfuhr. Lange drängte auf eine staatliche Einflussnahme und wollte für die SED-Führung positive Forschungsergebnisse produzieren. Aufgrund der Auseinandersetzungen kam es zu einer stufenweisen Degradierung Grandkes und schließlich zu ihrer Ablösung durch die Gesellschaftswissenschaftlerin Herta Kuhrig. Mit dem personellen Wechsel richtete der wissenschaftliche Beirat in der zweiten Hälfte der 1960er Jahre seine Sichtweise auf die offizielle Parteilinie aus und betonte nun die Erfolge der ostdeutschen Frauenpolitik.[45]

Ein Blick auf die soziale Praxis zeigt ein differenziertes Bild von der Akzeptanz des staatlichen Weiterbildungsangebots. In den 1960er Jahren wurde es, entgegen den politischen Verlautbarungen, insbesondere von Müttern abgelehnt, da die Weiterbildungsveranstaltungen meist abends stattfanden und die Belastungen aus den drei Aufgabenfeldern Berufsarbeit, Kinderziehung und Haushaltsführung keinen zeitlichen Spielraum zuließen. Eine Untersuchung durch die Vereinigung Volkseigener Betriebe (VVB) Mineralöle und organische Grundstoffe ergab 1965, dass 35 Prozent der befragten Frauen die berufliche Weiterbildung aufgrund der Inanspruchnahme durch Haushalt und Beruf nicht wahrnehmen wollten. Als einen weiteren Grund führten sie an, dass ihre Arbeit keine Weiterbildung erfordere (18 Prozent). Viele Frauen lehnten überdies anspruchsvollere Aufgaben ab, da sie an Schichtarbeit gekoppelt waren und sich dadurch nicht mit Familienaufgaben vereinbaren ließen. Andere Frauen gaben an, der Verdienst sei auch ohne Weiterqualifizierung ausreichend (18 Prozent) oder es qualifiziere sich bereits der Ehemann (17 Prozent). 15 Prozent der Frauen erklärten zudem, dass sie bisher noch nicht auf das Weiterbildungsangebot angesprochen worden seien. Letztere Aussage belegt, dass zumindest ein Teil des männlichen Führungspersonals in Betriebs- und Werksleitungen die Qualifizierungsmaßnahmen zugunsten weiblicher Fachkräfte weiterhin ablehnte. Sie boten daher die besser bezahlten Arbeitsplätze vorrangig Männern an.[46]

Der Qualifizierungsgrad von Frauen und Männern unterschied sich Anfang der 1970er Jahre stark. 1971 hatte knapp mehr als die Hälfte der erwerbstätigen Frauen in der DDR keine oder nur eine niedrige berufliche Ausbildung. Unter den Männern waren es demgegenüber weniger als 30 Prozent. Auch wenn der Qualifizierungsgrad der Frauen in den 1970er und 1980er Jahren zunahm und 1989 nur noch 15 Prozent der Frauen gering qualifizierte Arbeitskräfte waren (gegenüber elf Prozent der Männer), so existierten doch weiterhin markante Geschlechterunterschiede. Mehr Männer als Frauen hatten einen Meister- oder einen Studienabschluss. Bei den Fachschulabschlüssen war es hingegen mit einer Quote von 18,5 Prozent bei den Frauen und knapp zehn Prozent bei den Männern umgekehrt. Überdies zeigen die Statistiken, dass in den Ausbildungsberufen die Frauen zu den Männern aufgeschlossen hatten. Die Differenz zwischen den Geschlechtern entstand hier erst im weiteren Lebensverlauf: Sobald Frauen heirateten und Kinder bekamen, verlor der Beruf in ihrem Leben an Bedeutung. Frauen suchten vielmehr nach Möglichkeiten, Arbeit mit Familienaufgaben vereinbaren zu können. Um zum Beispiel in der Nähe der Wohnung oder der Kinderkrippe arbeiten zu können, akzeptierten Mütter nicht nur Gehaltseinbußen, sie schieden auch vielfach aus dem erlernten Beruf aus und arbeiteten als Hilfskräfte.[47]

Das Verhalten der Mütter resultierte aus der Kombination von tradierten und weiterhin akzeptierten Geschlechterrollenbildern auf der einen sowie der permanent hohen zeitlichen und körperlichen Arbeitsbelastung durch Kindererziehung, Haushaltsführung und Berufsarbeit auf der anderen Seite. Indem Mütter den Beruf aufgaben oder die Berufsarbeit zumindest einschränkten, ließ sich ihre Belastung senken, ohne dass dabei familiale Konflikte um die Aufgabenverteilung entstanden. Immer wieder gaben Ehefrauen und Mütter an, diesen Schritt gehen zu wollen, sobald der Verdienst des Mannes für das finanzielle Auskommen der Familie ausreiche.[48]

Um den Nachschub an qualifizierten Arbeitskräften gemäß dem kalkulierten Bedarf zu steuern, setzte die SED-Führung auf eine »Berufslenkung« hin zu naturwissenschaftlich-technischen Studiengängen, die aber oft ins Leere lief. Denn ostdeutsche Frauen favorisierten vielfach den Beruf als Ärztin und Lehrerin – eine Gemeinsamkeit mit der Bundesrepublik, wo Akademikerinnen vielfach ebenfalls diese Fachrichtungen wählten. Allerdings blieben Unterschiede bestehen. So lag zum Beispiel 1975 der Anteil der Ärztinnen innerhalb der Ärzteschaft in der DDR bei fast 48 Prozent – gegenüber gut 20 Prozent in der Bundesrepublik.[49]

Trotz dieser Einschränkung gelang es der SED-Führung in den 1960er Jahren, die Frauenquote in den mathematischen sowie ingenieurs- und naturwissenschaftlichen Fächern zu steigern. So nahm der Frauenanteil in den mathematisch-naturwissenschaftlichen Fächern von 27 Prozent 1962 auf 42 Prozent 1969 zu. Allerdings resultierte dieser Anstieg vor allem aus einer wachsenden Zahl von Studentinnen in den Fächern Biologie, Chemie sowie Pharmazie – nicht aber in Mathematik und Physik. Diese Veränderung wurde medial inszeniert, indem Abbildungen in der Frauenzeitschrift *Frau von heute* entweder zeigten, wie Frauen an einem Zeichenbrett standen oder mit einem Mikroskop arbeiteten.[50] Die größte Gruppe der akademischen Berufe bildeten die um 1980 gut 500.000 Ingenieurinnen und Ingenieure. Der Frauenanteil im Ingenieurstudium stieg ab Mitte der 1960er Jahre an, fand mit 34 Prozent im Jahr 1974 ihren Höhepunkt und pendelte sich in den späten 1980er Jahren bei rund 30 Prozent ein. Allerdings unterschieden sich auch hier die Frauenquoten in den einzelnen Fachrichtungen. Während Elektrotechnik und Maschinenwesen traditionell männlich dominiert blieben, waren 40 Prozent der Bauingenieure weiblich. Die Fächer Werkstoffkunde, Verfahrenstechnik, Architektur und Informationsverarbeitung waren sogar von Frauen dominiert. Zusätzliche staatliche Lenkungsmaßnahmen sollten den Frauenanteil weiter steigern. Zum Beispiel wurde eine Frauenquote für einzelne Studienfächer erlassen und ein »Frauensonderstudium« etabliert, das es Facharbeiterinnen ermöglichte, einen Fachschulabschluss zu erwerben. Auch finanziell war dieses

Karriere durch Weiterbildung: Ausbildung zum Ingenieurökonom an der Landwirtschaftlichen Betriebsschule in Ost-Berlin, 1975.

Studium lukrativ, da die Studentinnen ein Stipendium erhielten, das 80 Prozent ihres bisherigen Arbeitsnettolohnes ausmachte. Allerdings war der Zugang zu diesem Studium beschränkt, da nur Frauen mit im Haushalt lebenden Kindern oder zu versorgenden Personen anspruchsberechtigt waren.[51]

Entschieden sich ostdeutsche Akademikerinnen für eine wissenschaftliche Laufbahn, dann führte ihr Karriereweg in der Regel nicht auf traditionelle universitäre Stellen wie Professuren, die vielfach Männern vorbehalten blieben. Sie besetzten meist neu geschaffene Positionen, etwa an der Akademie der Wissenschaften. Damit war ein weiterer beruflicher Aufstieg, unter anderem auf einen Lehrstuhl an einer Universität, in der Regel ausgeschlossen. Den insgesamt wenigen Akademikerinnen – der Frauenanteil in Ost- wie auch Westdeutschland lag um 1961 bei 25 Prozent – blieb somit der Zugang zu den wissenschaftlichen Spitzenstellungen verwehrt.[52]

Während also in Ost und West nur eine Minderheit der Frauen ein Studium absolvierte, entschied sich die Mehrzahl für Ausbildungsberufe – in der DDR waren Sekretärin, Verkäuferin oder Krankenschwester beliebt. Eine dritte Gruppe von Frauen war als an- und ungelernte Arbeiterinnen tätig. Generell waren die Möglichkeiten bei der Berufswahl für junge Frauen in der DDR sehr beschränkt und erstreckten sich auf »traditionelle Frauenberufe«. Die Leiter von Betrieben und Kombinaten versuchten, den Eintritt von Berufseinsteigerinnen in technische Berufe zu erschweren, damit Männer diese Berufe erlernen konnten. Die Gründe, mit denen dieses Verhalten gerechtfertigt werden sollte, waren vielfältig: So seien sowohl die Ausfallquote als auch die Fluktuation bei Frauen wesentlich höher. Frauen könnten außerdem weder den Arbeitsbedingungen noch den Arbeitsaufgaben physisch gerecht werden. Zudem hätten sie kein technisches Interesse, was letztlich zu einer schlechteren Motivation und damit Arbeitsleistung führe. Schließlich würden »soziale und hygienische Einrichtungen« in den Betrieben fehlen, wodurch Frauen vielfach überhaupt nicht eingestellt werden könnten. Nach 1975 gingen auch die Stellengebote für Frauen in technischen Berufen zurück. So sank bis 1987 der Frauenanteil bei den Wartungsmechanikern für Datenverarbeitung und Büromaschinen von 30 Prozent auf 18 Prozent. Bei den Elektronikfacharbeitern war der Frauenanteil von fast 50 Prozent auf 20 Prozent rückläufig.[53]

Aufgrund der steigenden Erwerbsquote von Frauen und der frauenarbeitspolitischen Maßnahmen der SED-Regierung hatte sich laut einer Umfrage von 1972 die Einstellung in der Bevölkerung zur Berufsarbeit von Frauen partiell gewandelt. So schrieben mehr als 70 Prozent der Männer und Frauen der Berufsarbeit eine entscheidende Bedeutung für die »Persönlichkeitsentwicklung der Frau« zu. Zudem gaben fast drei Viertel der Frauen an, dass sie sich ein Leben ohne Berufsarbeit nicht mehr vorstellen könnten. Bei den Männern waren es sogar 94 Prozent. Gleichzeitig lehnten es allerdings mehr als 50 Prozent der befragten Männer und Frauen ab, dass Frauen dieselben Arbeitsaufgaben erhielten und denselben Arbeitsumfang wie Männer leisteten. Darüber hinaus gab ungefähr die Hälfte der Männer und Frauen an, dass sich die Mütter in den ersten drei Jahren nach der Geburt um das Kind kümmern und dafür ihre Berufsarbeit unterbrechen sollten.[54]

In der Summe blieben somit die beruflichen Chancen von Frauen in der DDR begrenzt. Vielmehr passten sich die Karrieren ostdeutscher Frauen in traditionelle Geschlechterrollenbilder ein und trafen vielfach bei Männern auf Vorbehalte. Gleichzeitig ist aber festzustellen, dass mit zunehmender Erwerbsquote der Beruf – wenn auch keine berufliche Karriere – eine zentrale Bedeutung im Leben ostdeutscher Frauen spielte. Sie waren dabei nicht nur in »klassisch weiblichen« Ausbildungsberufen, sondern durchaus auch in technischen Berufen tätig. Zudem schlugen Frauen akademische Ausbildungswege ein, die immerhin Chancengleichheit suggerierten. Bei der Bezahlung und beim beruflichen Werdegang zeigten sich aber die Grenzen dieser Entwicklung, sobald sich Frauen neben der Erwerbsarbeit um Familie und Kinder kümmern mussten. Dann waren Mütter bereit, sowohl bei der Bezahlung wie auch bei den beruflichen Aufstiegsmöglichkeiten Abstriche zu machen. Dieses Verhalten wurde vonseiten der Gesellschaft letztlich auch von ihnen erwartet.

Die Berufswelt westdeutscher Mütter

Während eine permanente Berufsarbeit von Frauen in der DDR politisch erwünscht war und auch eingefordert wurde, war sie in der frühen Bundesrepublik lediglich als temporäre Erscheinung gesellschaftlich akzeptiert, solange die Frauen unverheiratet und kinderlos waren. Die CDU-geführte Bundesregierung unter Konrad Adenauer lehnte die Berufsarbeit von Müttern ab. Immer wieder erklärte der katholische Familienminister Franz-Josef Wuermeling in den 1950er und 1960er Jahren, dass berufstätige Mütter die Institution der Familie destabilisieren würden. Er warf ihnen sogar vor, sie besäßen einen »gemeinschaftszerstörenden Charakter«[55], da sie ihren genuinen Aufgabenbereich – die Familie – vernachlässigen würden. Berufsarbeit belaste die Mütter, sodass sie ihre traditionellen Aufgabenfelder Kindererziehung und Haushaltsführung nicht mehr erfüllen könnten. Das wiederum habe einen negativen Effekt sowohl auf den familiären Zusammenhalt als auch auf die Entwicklung der Kinder. Wuermeling reproduzierte damit ein Argument, das die katholische Kirche bis über die 1970er Jahre hinaus immer wieder nutzte.[56]

Neben CDU-Politikern und Kirchenvertretern äußerten sich in den 1950er Jahren überdies immer wieder konservative Wissenschaftler unterschiedlichster Fachrichtungen negativ über die Berufsarbeit von Frauen und Müttern, so etwa der Soziologe Helmut Schelsky, die Psychologin Martha Moers und der Frauenarzt Heinz Kirchhoff. Aus ihrer Perspektive waren Geist und Körper der Frau für die Rollen Ehefrau, Hausfrau und Mutter, aber nicht für Berufsarbeit geeignet. Arbeit könne bei Frauen psychische und körperliche Erkrankungen auslösen, erklärten sie. Damit artikulierten sie zahlreiche Gründe, die vermeintlich gegen weibliche Berufsarbeit sprachen.[57] Helmut Schelsky wies zum Beispiel auf die »Arbeitsüberlastung«[58] der berufstätigen Mütter hin, die in einer generellen »Funktionsüberlastung«[59] münde. Zudem beschrieb er die zu verzeichnende Berufsarbeit der westdeutschen Frauen in der Nachkriegszeit als einen durch »Not erzwungenen Emanzipationserfolg«.[60] Tatsächlich war damals eine Mehrheit der Gesellschaft davon überzeugt, dass Frauen nicht aus einer freien Willensentscheidung heraus, sondern nur aufgrund einer wirtschaftlichen Notwendigkeit arbeiten würden.[61] Diesen wissenschaftlichen Befund nutzte Schelsky, um sich normativ-wertend gegen die Berufsarbeit von Frauen auszusprechen.

Moderater im Ton und in der Sache positionierten sich in dieser Frage die Sozialdemokraten. Aber auch sie äußerten sich durchaus skeptisch gegenüber der Berufsarbeit von Müttern, wie zum Beispiel im SPD-Frauenprogramm von 1957. In den 1950er Jahren gestand die SPD Frauen zwar prinzipiell das Recht auf Berufstätigkeit zu, aber das galt nur, solange sie kinderlos waren. Dass Mütter arbeiten gingen, sollte hingegen vermieden werden, sofern das für verheiratete Paare finanziell möglich war. Diese Einschätzung entsprach einem breiten Konsens innerhalb der westdeutschen Gesellschaft. In Befragungen sprachen sich sowohl Männer als auch Frauen mehrheitlich

Solidarität mit den arbeitenden Frauen: Der Deutsche Gewerkschaftsbund zeigte sich 1954 fortschrittlich.

gegen die Berufstätigkeit von Müttern aus. Sie seien dadurch zu stark belastet. Insbesondere aber definiere sich die Frau über die Mutterschaft und nicht über die Arbeit.[62]

In der Debatte wurden immer wieder auch radikale Ansichten geäußert. So war die Forderung nach einem Berufsverbot für Mütter weit verbreitet, für das sich 1958 in einer Umfrage 59 Prozent der Befragten aussprachen. Oder es sollten nach dem Willen der Gesellschaft für Sozialen Fortschritt die Plätze in Kindergärten und Kindertagesstätten verknappt beziehungsweise verteuert werden, um so die Quote berufstätiger Mütter zu reduzieren. Ähnlich positionierte sich Hans Harmsen, der sich in der Zeit des Nationalsozialismus für eugenische Maßnahmen wie Sterilisation eingesetzt hatte. Er leitete seit 1952 die Organisation »Deutsche Gesellschaft für Ehe und Familie (später »pro familia«), die sich für eine Geburtenplanung und -kontrolle einsetzte und eigene Familienberatungsstellen betrieb. In einer Sitzung des wissenschaftlichen Beirats für Familienfragen des Bundesfamilienministeriums votierte Harmsen 1961 für ein »Beschäftigungsverbot von Müttern mit Kleinkindern«[63], das allerdings nicht weiter diskutiert wurde.[64] Die Sozialdemokraten bewerteten solche Forderungen damals als »geradezu weltfremd«[65], da zahlreiche Frauen arbeiten gehen mussten, da der Verdienst des Ehemannes für das materielle Auskommen der Familie nicht ausreichte.[66] Bei ledigen Müttern stellte sich diese Frage überdies nicht, da sie alleine für das finanzielle Auskommen ihrer Familie sorgen mussten.

Viel diskutiert wurde in dieser Zeit das Phänomen der »Schlüsselkinder«. Damit bezeichneten Politiker und Sozialwissenschaftler die Kinder berufstätiger Mütter, die tagsüber durch die Straßen streunen würden, um irgendwann mit ihrem um den Hals gehängten Schlüssel die heimische Wohnungstür zu öffnen und dort sich selbst überlassen blieben. Obwohl die Zahl der kolportierten drei Millionen »Schlüsselkinder« als deutlich überhöht eingestuft wurde, mobilisierte der dramatisierende Befund in den 1950er und 1960er Jahren die Öffentlichkeit. Zudem verschärfte er den Vorwurf, dass berufstätige Mütter ihre Kinder vernachlässigen und damit der kindlichen Entwicklung schaden würden.[67] Ihnen wurde unterstellt, dass sie ihre eigenen Interessen über die ihrer Kinder und ihrer Familie stellen würden.

Während Politiker, Kirchenvertreter, konservative Wissenschaftler sowie Bürgerinnen und Bürger in Umfragen die Berufsarbeit von Müttern ablehnten, sah die gesellschaftliche Realität ganz anders aus. Die Berufsorientierung spielte – neben der Familienorientierung – für junge Frauen bereits in den 1950er Jahren durchaus eine Rolle. Im »Golden Age of Marriage« und in der Hochphase des »Ernährer-Hausfrau-Modells« waren gerade für junge Frauen die Berufsausbildung und die Berufsarbeit ein wichtiger Teil ihres Lebens.[68] Zudem ließ sich eine grundsätzlich ablehnende Position gegenüber der Arbeit von Frauen politisch kaum noch umsetzen, als die Unternehmen infolge des wirtschaftlichen Aufschwungs immer mehr Arbeitskräfte benötigten und Wirtschaftsvertreter daher zusehends die Berufsarbeit von Frauen einforderten, um einen Arbeitskräftemangel abzuwenden.[69]

Die Bedeutung der Berufsarbeit im Leben westdeutscher Frauen zeigt exemplarisch eine Erhebung aus dem Jahr 1989, für die

220 Frauen befragt wurden, die um das Jahr 1930 geboren worden waren. Sie beantworteten zunächst einen standardisierten Fragebogen, und anschließend wurden 50 von ihnen zusätzlich interviewt. Die Erhebung bestätigte den Befund, dass verheiratete Frauen und Mütter primär aus wirtschaftlichen Interessen eine Berufsarbeit aufnahmen. Nur eine Minderheit der Frauen gab an, nach der Geburt des ersten Kindes permanent aus dem Berufsleben ausgeschieden zu sein (elf Prozent). 14 Prozent wiederum hatten das oben beschriebene dreiphasige Modell gewählt. Drei Viertel der befragten Frauen hingegen entschieden sich in ihrem Lebensverlauf für ein vielphasiges Modell, das sich durch einen mehrmaligen Wechsel zwischen Beruf und Familie auszeichnete. Gemeinsam ist diesen arbeitenden Frauen, dass die Erwerbsarbeit in unterschiedlichen Lebensabschnitten eine zentrale Stellung einnahm.[70]

In den Interviews gaben die Frauen übereinstimmend an, dass sie als junge Frauen ein Eigeninteresse an einer Lehrausbildung hatten. Allerdings konnten sie sich ihren Beruf – wie auch die Alterskohorte der um 1950 geborenen Frauen – nicht frei aussuchen. Vielmehr bestimmten die Arbeitsmarktbedingungen die individuellen Entscheidungen. So erkannten viele Frauen, dass sich ihr »Traumberuf« nicht realisieren lassen würde, und akzeptierten daher nach dem Motto »Hauptsache, überhaupt eine Lehrstelle« auch wenig attraktive Berufe. Die konkrete Berufswahl war damit vielfach ein Zufallsprodukt, das jedoch den kompletten folgenden Lebensverlauf prägte.[71]

Generell fällt auf, dass es bei den ausgeübten Berufen zwischen 1950 und 1990 eine Geschlechterdifferenz gab, die sich in beiden Teilen Deutschlands ähnelte. So war in Ost und West der Anteil von Frauen unter den an- und ungelernten Arbeitskräften wesentlich höher als der von Männern. Zweitens unterschieden sich die Berufswünsche zwischen Jungen und Mädchen. So präferierten viele ostdeutsche Mädchen die Berufe Friseurin, Fachverkäuferin und Schneiderin, aber auch in einigen industriellen Facharbeiterberufen lag der Frauenanteil bei etwa 50 Prozent, wie in der Feinmechanik oder bei automatisierten Anlagen. Jungen hingegen wählten oft die Berufe Klempner, Installateur oder Facharbeiter für Meß-, Steuer-

Beliebter »Frauenberuf«: Beschäftigte in einer Schneiderei in Leipzig, 1976.

und Regelungstechnik. Westdeutsche Jungen entschieden sich meist für eine Lehre als Industriekaufmann oder Kaufmann im Außenhandel oder als Kraftfahrzeugmechaniker, Elektroinstallateur und Maschinenschlosser – klassische Industrieberufe. Demgegenüber bevorzugten westdeutsche Mädchen in der Regel »weibliche« und zeitlich flexible Berufe im Dienstleistungssektor wie Einzelhandelskauffrau, Sekretärin, Kinder- und Krankenpflegerin, Friseurin oder Schneiderin.[72]

Der erlernte Erstberuf war im Lebensverlauf von Frauen entscheidend, da er die Berufs- und Haushaltskarrieren maßgeblich prägte. Auf der Basis der oben angesprochenen empirischen Erhebung unter Frauen der Geburtsjahrgänge um 1930 lassen sich vier Gruppen unterscheiden. Die Frauen der ersten Gruppe gaben an, dass sie nach einer kurzen Phase der Berufstätigkeit – meist als Friseurin – von durchschnittlich 7,5 Jahren dauerhaft aus dem Erwerbsleben ausschieden. Eine zweite Gruppe übte sehr lange den erlernten Beruf aus – meist waren dies kaufmännische Angestellte. Die dritte Gruppe arbeitete im Schnitt 29 Jahre in einem versicherungspflichtigen Beruf, der jedoch nichts mit dem ursprünglich erlernten Beruf als Schneiderin oder Verkäuferin zu tun hatte. Eine vierte Gruppe von Frauen hatte oft Kinderpflegerin gelernt. Sie befanden sich die meiste Zeit ihres langen Erwerbslebens in einem nichtversicherungspflichtigen Beschäftigungsverhältnis.[73]

Die Entscheidung für oder gegen Berufsarbeit trafen die Frauen dabei, so der bemerkenswerte Befund, weniger in Abhängigkeit von der Kinderzahl oder des Verdienstes ihres Ehemannes. Vielmehr war der erlernte Erstberuf das entscheidende Kriterium. Dabei wägten die Frauen ab, wie zukünftig der Arbeitskräftebedarf aussehen werde, wie sich die Arbeitszeit mit der Familie vereinbaren lasse und welche »berufsrollentypische Befristungsnormen« als gesellschaftlich akzeptiert galten. Zum Beispiel sollten Friseurinnen nach dem gängigen Verständnis eher jung sein, wodurch dieser Beruf mit zunehmendem Alter immer unattraktiver wurde.[74]

Der erlernte Erstberuf und die Einschätzung von der künftigen Entwicklung des Arbeitsmarkts prägten also das Verhalten der Frauen und entschieden darüber, ob sie nach der Geburt der Kinder erwerbstätig blieben oder dauerhaft respektive temporär aus dem Erwerbsleben ausschieden. Zugleich bestimmten diese Rahmenbedingungen, welches Einkommen Frauen erzielen konnten und ob ihnen aufgrund prekärer Beschäftigungsverhältnisse verstärkt eine Altersarmut drohte.[75]

Die Einstellung des Ehemannes war ein weiterer Faktor, der die Entscheidung der Frauen beeinflusste. Tendenziell äußerten sich die Männer dabei ablehnend gegenüber einer Berufsarbeit ihrer Ehefrauen. Gerade wenn Frauen nur ein niedriges Einkommen erzielen konnten oder ihr Beruf aufgrund »berufsrollentypischer« Vorstellungen negativ konnotiert war, vergrößerte das die Verhandlungsmacht des Mannes in der Paarbeziehung. Insofern hatten auch hier die Strukturmerkmale des Berufs entscheidenden Einfluss darauf, welche Handlungsoptionen den Frauen offenstanden. Während die Verhandlungsposition von Friseurinnen und Kinderpflegerinnen tendenziell schlechter war, konnten kaufmännische Angestellte sowohl auf das potenziell zu erzielende höhere Einkommen wie auch die »familienfreundlichen« Arbeitszeitregelungen ihres Berufs verweisen.[76]

Westdeutsche Männer äußerten sich in Umfragen immer wieder negativ über weibliche Berufsarbeit. Zum Beispiel sprachen sich gegen Mitte der 1970er Jahre befragte Männer aus folgenden Gründen gegen die Berufsarbeit von Müttern aus: Erstens würden die Kinder unter der Berufsarbeit leiden (37 Prozent). Zweitens gehöre die Frau ins Haus (24 Prozent). Dritten sei die Belastung für die Frau zu groß (17 Prozent). Viertens komme die Familie zu kurz (zehn Prozent). Diese Aussagen verweisen auf ein traditionelles Geschlechterrollenmodell, das als »›Emanzipations-Barriere‹ für die Frau« wirkte, so der zeitgenössische Befund.[77]

Neben den gesellschaftlichen und ökonomischen Rahmenbedingungen gab es aber noch einen weiteren Faktor, der die Berufsneigung von Frauen entscheidend beeinflusste: die Eigenmotivation.[78] Gerade wenn Frauen »Spaß an der Arbeit«[79] hatten, ehrgeizig waren oder die mit dem Einkommen einhergehende finanzielle Unabhängigkeit genauso schätzten wie die Bedeutung der Berufsarbeit für die individuelle Alterssicherung, dann neigten sie dazu, auch im zweiten Lebensabschnitt berufstätig zu sein.

Zwischen Motivation und wirtschaftlichem Zwang

Wirtschaftliche Notwendigkeit zur Berufsarbeit bestand für westdeutsche Frauen gerade in den frühen 1950er Jahren. In dieser Zeit waren vor allem Arbeiterhaushalte und Mittelschichtfamilien auf ein doppeltes Einkommen angewiesen. Die arbeitenden Ehefrauen und Mütter steuerten dabei durchaus einen beträchtlichen Teil zum Verdienst bei, wie eine Erhebung am Ende des Jahrzehnts ergab. Gut 70 Prozent der berufstätigen Mütter erwirtschafteten zwischen 25 und 50 Prozent des Familieneinkommens. Fast ein Viertel der Mütter verdiente sogar entweder genauso viel wie der Ehemann oder mehr. Erst das zusätzliche Lohneinkommen der Mütter ermöglichte es vielen Familien, am entstehenden Massenkonsum zu partizipieren oder Wohneigentum zu erwerben. Der zweite Verdienst diente also meistens dazu, den Lebensstandard der Familie zu verbessern, und resultierte weniger aus dem Wunsch, die Individualinteressen der Frau zu verwirklichen.[80]

Einen vertieften Blick auf arbeitende Mütter und ihre Familien warf die Soziologin Elisabeth Pfeil mit ihrer 1961 veröffentlichten Studie *Die Berufstätigkeit von Müttern*, für die sie ungefähr 900 Frauen befragt hatte. Während ihre Studie wertvolle empirische Daten zum Leben berufstätiger Mütter in den späten 1950er Jahren liefert, sind ihre theoretischen und methodischen Voerannahmen allerdings kritisch zu bewerten, da sich Pfeil in ihrer Bewertung der Befunde an tradierten Geschlechterrollenbildern und Familienvorstellungen orientierte und diese nicht hinterfragte.[81]

Insofern berücksichtigte Pfeil weder die innerfamiliären Konflikte um die Berufsarbeit von Müttern hinreichend noch untersuchte sie die Berufsmotive Egalität und Gleichberechtigung eingehend. Dass die befragten Mütter selbst diese Themen immer wieder aufgriffen, thematisierte Pfeil nicht weiter. Stattdessen diskutierte sie, welche Folgen die Berufsarbeit von Müttern für die Familien hatte – wobei sie nur »vollständige« Familien mit Kindern unter 15 Jahren berücksichtigte, also keine Alleinerziehenden. Normativer Fluchtpunkt ihrer Interpretation war das Ideal der nicht-berufstätigen Mutter.[82]

Ein Ergebnis der Befragung war, dass die meisten Männer, aber durchaus auch viele Frauen, das »Ernährer-Hausfrau-Modell« präferierten. Trotzdem setzte sich im Alltag das »Ernährer-Zuverdienerin-Modell« durch. Denn, so argumentierte die Mehrheit der berufstätigen Mütter, der Verdienst reiche sonst für den Lebensunterhalt der Familie nicht aus. Pfeil differenzierte diese Aussagen nach »Notmotiven« und »Aufbaumotiven«. Bei Ersteren ging es um die »Existenzsicherung«[83], das heißt, die Mütter waren aus finanziellen Gründen gezwungen Geld hinzuzuverdienen. Bei Letzteren hingegen entschieden sich die verheirateten Mütter für eine Berufsarbeit, um zum Beispiel die materielle Basis für eine eigene Wohnung oder ein eigenes Haus beziehungsweise Einrichtungsgegenstände zu erwirtschaften. Bei Ehefrauen und Müttern blieb das bis in die 1970er Jahre ein wichtiges Motiv für die Aufnahme einer Arbeit. Für ledige und geschiedene Frauen und Mütter hingegen stellte Berufsarbeit bis in die 1970er und 1980er Jahre hinein die einzige Möglichkeit dar, ihren Lebensunterhalt zu sichern. Bei ihnen dominierte folglich notgedrungen die ökonomische Arbeitsmotivation, wenngleich sie durchaus durch individuelle Motive ergänzt werden konnten, die auch Pfeil 1961 ansprach.[84]

Als dritten Grund für Berufsarbeit benannte Pfeil die »psychologischen Motive« wie »Liebe zum Beruf« und »Unabhängigkeit«. Allerdings wurden diese nur in der kleinen Gruppe der freien Berufe, der höheren Beamtenschaft oder von Akademikerinnen als primärer Grund für die eigene Berufstätigkeit angegeben. Als nachgeordnete Motive, also in Ergänzung zum ökonomischen Argument eines zusätzlichen Einkommens, gaben es gleichwohl Mütter in allen befragten Berufsgruppen immer wieder an. Gleichzeitig lehnte jedoch auch die Hälfte der Befragten – von den Arbeiterinnen sogar zwei Drittel – die Berufsmotive »Anerkennung« und »Unabhängigkeit« ab. Für sie hatte Berufsarbeit damit primär einen funktionell-materiellen Charakter.

Eine individualistische Selbstverwirklichung spielte also um 1960 noch keine dominante Rolle. Sie trat erst an der Wende zu den 1970er Jahren allmählich hinzu, wie Helge Pross 1973 in einer Studie zu Arbeiterinnen und Angestellten oder der Soziologe Gerhardt Schmidtchen 1984 in einer Studie zur *Situation der Frau* zeigten. 17 Prozent der befragten Frauen gaben bei der Umfrage von Pross an, dass sie von der »Freude an der Arbeit«, vom »Verlangen nach Kontakten« oder vom »Wunsch nach Unabhängigkeit« motiviert waren. In Schmidtchens Erhebung von 1979 dominierten bei den Arbeitsmotiven schließlich klar die Gründe »Interesse« und »Spaß an der Arbeit« über die wirtschaftliche Notwendigkeit. In der Pross-Umfrage äußerten tendenziell Angestellte diese Arbeitsmotive, wohingegen in der Regel Arbeiterinnen ökonomische Gründe anführten. Bereits in der Pfeil-Studie von 1961 hatten die unterschiedlichen Einstellungen zur Berufsarbeit mit der Art des Berufs korreliert. Während sich Frauen in qualifizierten Berufen mehrheitlich zufrieden über ihre Arbeit äußerten, gaben weniger als die Hälfte der Frauen in unqualifizierten Berufen an, dass sie gerne arbeiten würden.[85]

Elisabeth Pfeil arbeitete in ihrer Studie noch eine weitere wichtige Veränderung heraus, die sich im Leben vieler berufstätiger Mütter einstellte: In dem Augenblick, in dem sie mit der Geburt ihres Kindes eine Familie gründeten, verlor Berufsarbeit aus ihrer individuellen Perspektive an Bedeutung. Sie definierten sich nun primär über ihre Mutterrolle, wie mehrere Zitate belegen. »Ich bin zufrieden. Früher plagte mich ein bißchen der Ehrgeiz, voranzukommen, aber jetzt, da mein eigentlicher Beruf Hausfrau und Mutter ist, habe ich in der Beziehung keinen Ehrgeiz mehr«,[86] gab eine 36-jährige Sachbearbeiterin und Mutter eines Kindes an. Noch eindeutiger äußerte sich eine 26-jährige Buchhalterin und Mutter eines Kindes: »Ich finde die Berufstätigkeit der Mutter einfach als eine Qual!«[87] Die hier dokumentierte Verschiebung der Prioritäten belegt, dass viele Frauen tradierte Rollenbilder vertraten: Sie sahen sich mit der Geburt von Kindern nicht mehr als Berufstätige, sondern als Mütter.

Pfeil verengte in ihrem analytischen Zugriff die Rolle der Frau primär auf die Mutterschaft, indem sie ihr die vorgeordnete Bedeutung im Leben einer Frau zuschrieb; Berufsarbeit bildete dabei nur den sekundären Anhang. Pfeil argumentierte, dass insbesondere Arbeiterinnen oder Angestellte ihrer beruflichen Tätigkeit nur ungern nachgingen, da sie sich selbst primär in der Familie verorteten. Für sie war Berufsarbeit ein ökonomisches Übel, das sie möglichst schnell hinter sich lassen wollten. Insgesamt bezifferte Pfeil den Anteil der »familienverbundenen Mütter« in seinen verschiedenen Variationen auf gut zwei Drittel der befragten Frauen. Als eine weitere Kategorie von Frauen identifizierte Pfeil die »familienzugewandten Berufsfrauen«. Sie zeichneten sich dadurch aus, dass sie versuchten, Beruf und Familie miteinander zu vereinbaren. Allerdings führe dies zu einer hohen physischen und psychischen Belastung, weshalb Pfeil auch immer wieder »überlastete, nervöse und unruhige Frauen«[88] in dieser Gruppe beobachtete.[89]

Dieser Befund konnte als Argument gegen die Berufsarbeit von

Müttern instrumentalisiert werden. Zahlreiche Frauen selbst führten zudem immer wieder an, dass sie gegen einen Wandel der Geschlechterrollen seien, da dies, so ihre Befürchtung, einen negativen Effekt auf das Familienleben haben könnte. Ihre Argumentation passte sich damit ein in die allgemeine öffentliche Debatte zur Bedeutung von Berufsarbeit für Frauen, die Anfang der 1960er Jahre geführt wurde.[90]

Die große Mehrheit der Ehemänner sprach sich in Pfeils Befragung ebenfalls dezidiert gegen eine Berufsarbeit ihrer Partnerinnen aus. Hier offenbarten sich allerdings durchaus unterschiedliche Sichtweisen innerhalb der Paarbeziehungen. So ging eine 31-jährige Friseurin und Mutter eines zehnjährigen Kindes davon aus, dass ihr Mann sie bei der Berufsarbeit unterstützte. »Ich bin dagegen«, erwiderte dieser daraufhin unumwunden. Pfeil verwies schon mit der Wahl der Überschrift des entsprechenden Kapitels darauf, dass die Berufsarbeit quer zu den gesellschaftlich akzeptierten Idealen stand: »Das verletzte Rollenbewußtsein«.[91] Die Haltung der Männer war dabei keineswegs einheitlich. Insbesondere 70 Prozent der Arbeiter äußerten sich negativ über den Zuverdienst ihrer Partnerinnen. Angestellte duldeten die Berufsarbeit von Müttern hingegen eher und Akademiker sowie Selbständige akzeptierten sie wiederum am häufigsten.[92]

In den 1960er Jahren nahm die gesellschaftliche Bedeutung weiblicher Berufsarbeit immer mehr zu. Das brachte zum Beispiel die rhetorische Abwertung von nicht-berufstätigen Hausfrauen als »Nur-Hausfrauen« zum Ausdruck, die immer häufiger zu beobachten war. Auch die Medien reflektierten die Verschiebung. »Die beste Mitgift: Ein Beruf«[93], titelte die *Süddeutsche Zeitung* im Januar 1967, brachte dabei aber zugleich zum Ausdruck, dass der normative Bezugspunkt für den Lebensverlauf einer Frau die Eheschließung war. Überdies trage Arbeit, so die Soziologin Helge Pross, dazu bei, die »traditionellen Machtverhältnisse« in der Familie aufzubrechen. Aus dieser Perspektive konnte von weiblicher Berufsarbeit ein emanzipatorischer Effekt ausgehen, der sich aber vielfach nicht einstellte, da eine Eheschließung und die Geburt von Kindern mit der oben geschilderten »Traditionalisierung der Aufgabenverteilung«[94] einhergingen.[95]

Teilzeitarbeit als spezifisch weibliche Erwerbsform

Während der 1950er und 1960er Jahre wurde sowohl in der DDR als auch in der Bundesrepublik immer wieder über die Dreifachbelastung vieler Mütter diskutiert. Allein die zeitliche Inanspruchnahme durch Pendeln und Beruf belief sich laut einer Studie zu erwerbstätigen Müttern in West-Berlin während der zweiten Hälfte der 1950er Jahre in 83 Prozent der Fälle auf über 50 Stunden pro Woche. Insgesamt kamen in der Studie mehr als die Hälfte der Mütter in der Summe aus Berufsarbeit und Pendeln, Haushaltsführung und Kindererziehung auf 90 und mehr Stunden. Verteilt auf die sieben Tage der Woche ergab sich so eine tägliche Inanspruchnahme von durchschnittlich 13 Stunden. Obwohl in ländlichen Regionen und Kleinstädten die Pendelzeiten kürzer waren, summierten sich auch dort die Arbeitsstunden für Beruf, Haushaltsführung und Kindererziehung bei verheirateten Müttern auf einen erheblichen Umfang.[96]

Aus der Perspektive der betroffenen Mütter galt es, diese Arbeitsbelastung zu reduzieren. Eine vielversprechende Option dafür schien Anfang der 1960er Jahre Teilzeitarbeit zu sein, ein Arbeitszeitmodell, dass sich unter westdeutschen Frauen in den folgenden Jahren verbreitete. Um 1970 arbeiteten laut einer Studie der Soziologin Helge Pross 67 Prozent der westdeutschen Angestellten und Arbeiterinnen in Vollzeit, das heißt täglich acht und mehr Stunden. 26 Prozent der berufstätigen Frauen befanden sich hingegen bereits in einer Teilzeitanstellung und 18 Prozent der Frauen wiederum arbeiteten halbtags. Dieser Trend zu einer neuen »spezifischen Form der Frauenbeschäftigung«[97] war von einem »Mangel an Arbeitskräften« ausgelöst worden. Teilzeitarbeit etablierte sich tatsächlich als spezifisch weibliche Erwerbsform: Zwischen 1973 und 1990 waren gut 90 Prozent aller in Teilzeit angestellten Personen Frauen.

Die Historikerin von Oertzen spielt mit dem Titel ihrer Studie *Teilzeitarbeit und die Lust am Zuverdienen* noch auf einen anderen wichtigen Aspekt an. Aus der individuellen Perspektive westdeutscher Mütter nahm Berufsarbeit zwar eine wichtige Funktion im Lebensverlauf ein, aber es war ihnen wichtig, dass sich Beruf und Familie vereinbaren ließen. Die Erwerbsarbeit musste also mit tradierten Geschlechterrollen kompatibel sein, und das ließ sich mit dem Modell der Teilzeitarbeit realisieren. Dieser Umstand förderte die gesellschaftliche Akzeptanz dieses Arbeitszeitmodells in der Bundesrepublik an der Wende zu den 1960er Jahren und der infolgedessen einsetzenden Zunahme der Teilzeitarbeitsplätze, deren Geschichte im Folgenden kurz skizziert wird.[98]

In der öffentlichen und politischen Auseinandersetzung ging es in den 1950er und 1960er Jahren auch um die Frage, wie Teilzeitbeschäftigung in das Sozialversicherungssystem zu integrieren war: Sollten verkürzt arbeitende Frauen – genauso wie Menschen in Vollzeitanstellung – einen Anspruch auf staatliche Versorgungsleistungen haben? Die Integration von teilzeitbeschäftigten Ehefrauen und Müttern in das staatliche Versicherungssystem forderte tradierte Vorstellungen heraus, wonach »Eheschließung und Erwerbstätigkeit *alternative* Versorgungsmöglichkeiten für Frauen darstellten«.[99] Nun war zu klären, ob beides nicht vielmehr *komplementär* zu verstehen war. Zudem stand – gerade in Zeiten hoher Arbeitslosigkeit Anfang der 1950er Jahre – der Vorwurf im Raum, berufstätige Frauen würden Ehemännern und Vätern die Arbeitsplätze »wegnehmen«, weshalb diese ihre Familien nicht mehr ernähren könnten. Als jedoch im Zuge des wirtschaftlichen Aufschwungs eine Phase der Vollbeschäftigung einsetzte, entwickelten sich Ehefrauen und Mütter zu umworbenen Arbeitskräften, denen ein Modell der Berufsarbeit nahegebracht werden sollte, das mit den familiären Aufgaben vereinbar war. Zugleich nahm eine wachsende Zahl von Frauen dieses Arbeitszeitmodell an.[100] Im Zuge dieser Entwicklung kam es aus der Perspektive der Frauen zur Neubewertung von Berufsarbeit: Aus der »Last der doppelten Arbeit«[101] entwickelte sich die oben zitierte »Lust am Zuverdienen«[102]. Gleichzeitig ist zu beobachten, dass sich mit der Verbreitung von Teilzeitarbeit die Geschlechterrollen in der Familie nicht veränderten. Vielmehr trug dieses Modell dazu bei, dass Rollenmuster bestehen blieben, auch, weil sich dieses Arbeitszeitmodell in die Familienvorstellungen einpasste.

Zugleich änderten sich auch die politischen, wirtschaftlichen und gesellschaftlichen Rahmenbedingungen. 1965 arbeitete fast ein Viertel der erwerbstätigen Frauen in Teilzeit. An der Diskussion über Teilzeitarbeit waren neben den Medien auch Parteien, Gewerkschaften, Betriebe und ihre Interessenvertretungen sowie Kirchenvertreter beteiligt. Um 1960 sprach sich zunächst die SPD für Teilzeitarbeit aus, kurz darauf schwenkten auch die Gewerkschaften auf diesen Kurs ein. Die CDU – angetrieben vor allem von weiblichen Mitgliedern – setzte sich um 1964 verstärkt mit der Frage der Frauenerwerbstätigkeit in Teilzeit auseinander, um auf dem Terrain der Familienpolitik wieder Boden gegenüber den Sozialdemokraten gutzumachen und vermehrt Wählerinnen anzusprechen. Nachdem bereits Anfang der 1960er Jahre die Bundesvereinigung der deutschen Arbeitgeberverbände und der Arbeitsausschuss »Frauenarbeit« des Rationalisierungskuratoriums der Deutschen Wirtschaft (RKW) für Teilzeitarbeit votiert hatten, intensivierten 1964 auch die Arbeitgeberverbände ihre Bemühungen um Teilzeitarbeit. Ihr Anliegen, dabei nicht versicherungspflichtige Beschäftigungsverhältnisse zu schaffen, wurde allerdings nicht realisiert. Ab 1965 gab es in der Bundesrepublik erstmals staatliche Anreize zur Etablierung von Teilzeitarbeitsplätzen für Frauen. Zu diesem Zeitpunkt unterstützten nicht nur die Parteien, sondern auch die Evangelische Kirche in Deutschland (EKD) und die evangelischen Frauenverbände dieses Erwerbsmodell. Die gesellschaftliche Debatte fasste schließlich 1966 die Frauenenquete der Bundesregierung zusammen: So ermögliche es lediglich die Teilzeitarbeit, die »häuslichen Verpflichtungen«[103] der Frauen mit einer Erwerbsarbeit zu kombinieren.[104]

1973 arbeitete ein Viertel der berufstätigen Frauen in Teilzeit, bis 1979 stieg ihr Anteil auf 27,6 Prozent an, erhöhte sich bis 1983 auf 30 Prozent und schwankte dann bis zum Ende des Jahrzehnts zwischen 28 und 31 Prozent. Die Mehrzahl der erwerbstätigen Frauen ging damit auch in den 1970er und 1980er Jahren einer Vollzeitanstellung nach, doch gerade in der Familienphase blieb das Modell der Teilzeitarbeit für berufstätige Mütter attraktiv.[105] Allerdings gelang es nicht, Teilzeitarbeit in allen Bereichen zu etablieren. So monierte der Zwischenbericht der Enquete-Kommission *Frau und Gesellschaft*

1977, dass insbesondere bei qualifizierten Teilzeitstellen weiterhin ein Mangel bestand.

Die Attraktivität der Teilzeitarbeit war seit den 1960er Jahren auch an die staatlichen Versorgungsleistungen gekoppelt. 1962 sprach das Bundessozialgericht Frauen mit einer Wochenarbeitszeit von mindestens 25 Stunden ein Recht auf Arbeitslosenunterstützung zu. Frauen in Teilzeitarbeit erhielten so den rechtlichen und sozialen Status einer »schutzwürdigen Arbeitnehmerin«. 1965 folgte die Integration von Teilzeitarbeit in das Renten- und Krankversicherungssystem. Mit der Sozialversicherungspflicht für teilzeitbeschäftigte Frauen entstand eine große Differenz zu den »Nur-Hausfrauen«, die lediglich indirekt über ihre Ehemänner sozial abgesichert waren. Zugleich blieb ein eklatanter Unterschied zu Männern in Vollzeitanstellung bestehen: Denn die über Teilzeitarbeit erworbenen Versicherungsleistungen reichten in der Regel nicht aus, um ein ausreichendes Rentenniveau zu erreichen – gerade wenn Mütter die Berufsarbeit infolge der Geburt von Kindern über mehrere Jahre unterbrachen. Auch berufstätige Frauen blieben damit von Altersarmut bedroht. Geschlechterdifferenzen zeigten sich ferner im Steuerrecht. 1960 wurde die Steuerklasse »F« für Ehefrauen eingeführt. Diese Regelung belegte Ehefrauen mit einem höheren Steuersatz und gewährleistete so, dass die Ehemänner die »Ernährer« blieben. Diese Regelung passte sich damit genauso wie die als »Zuverdienst« konzipierte Teilzeitarbeit in tradierte Geschlechterrollenbilder ein.[106]

Aus der Perspektive der Mütter erschien Teilzeitarbeit noch aus einem weiteren Grund als attraktiv. So mussten sich die »Nur-Hausfrauen« in der öffentlichen Debatte der 1960er und 1970er Jahre zusehends dafür rechtfertigen, dass sie nicht arbeiten gingen. Sie gerieten damit gesellschaftlich unter Druck. Demgegenüber stellten die Medien teilzeitarbeitende Hausfrauen und Mütter als »modern« dar, da sie Familie und Beruf miteinander vereinbarten. Berufsarbeit von Müttern in Teilzeitarbeit war damit nicht begründungspflichtig.[107] Über eine Vollzeitanstellung urteilten viele berufstätige Mütter demgegenüber weiterhin kritisch, wobei dies auf Arbeiterinnen stärker als auf Angestellte zutraf. Arbeiterinnen erklärten mehrheitlich, dass die Kinder mit ihrer Erwerbsarbeit nicht einverstanden seien. Die Zustimmung ihrer Kinder erhöhe sich jedoch, wenn sie reduziert arbeiten würden, da sie dann mehr Zeit für die Familie hätten. Damit sprach auch aus der individuellen Perspektive ein weiterer Grund für Teilzeitarbeit.[108]

Zusammenfassend lassen sich vier Gründe für die Durchsetzung der Teilzeitarbeit im Westdeutschland der 1960er Jahre ausmachen. Erstens war sie mit den gesellschaftlich akzeptierten Familien- und Geschlechterrollenbildern vereinbar, da sie die Zuständigkeit der Ehefrau und Mutter für Haushaltsführung und Kindererziehung nicht infrage stellte. Zweitens senkte Halbtags- oder Teilzeitarbeit die Dreifachbelastung der Mütter. Das förderte die Attraktivität dieser Arbeitszeitmodelle aus einer individuell-subjektiven Perspektive.[109] Drittens war Teilzeitarbeit ein Modell, das auch unter Männern auf positive Resonanz stieß, da es weder ihre Funktion als »Ernährer« antastete noch ihr Frauenbild in Frage stellte. Im Hinblick auf dieses idealisierte Frauenbild hielt die Soziologin Helge Pross 1978 fest: »Das Idealbild der Frau ist ein Bild der mütterlichen Frau. Berufsfrauen werden respektiert, mütterliche Frauen ersehnt. Sie verkörpern die wahre Frau.«[110] Wenn die Frau einer Teilzeitbeschäftigung nachging, dann firmierte sie einerseits als »Zuverdienerin« und konnte andererseits die von Männern als zentral empfundene Mutterrolle ausfüllen. Viertens war Teilzeitarbeit für Politiker und Unternehmer eine Option, um den hohen Bedarf an Arbeitskräften während der Vollbeschäftigung um 1960 zu decken.[111]

In der DDR machte die SED die Vollzeiterwerbstätigkeit für Frauen zum weiblichen »Normalarbeitsmodell«. Demgegenüber war Teilzeitarbeit allenfalls um 1960 als eine Übergangslösung akzeptiert, vornehmlich bei Frauen in unterer und mittlerer Stellung. Dieses Arbeitszeitmodell sollte verschwinden, sobald sich die DDR zu einer sozialistischen Gesellschaft entwickelt hatte. Die Hausfrauenrolle hingegen galt als »rückständig«. Obwohl die SED-Führung somit die gesellschaftlichen Aufgaben der Frau gegenüber ihren Familienpflichten priorisierte, blieb die DDR-Gesellschaft bis in die zweite Hälfte der 1950er Jahre noch weit vom politischen Ideal entfernt. Die Erwerbsquote von Ehefrauen lag 1958 erst bei lediglich 18,3 Prozent. Bis Mitte der 1960er Jahre erhöhte sie sich zwar signifikant auf mehr als 60 Prozent, aber damit entsprach das Verhalten von immerhin gut einem Drittel der Ehefrauen und Mütter nicht dem staatlich propagierten Ideal. Gleichzeitig stieg der Anteil der teilzeitarbeitenden Frauen von 15 Prozent im Jahr 1960 auf 26 Prozent, um schließlich 1970 und 1975 bei 32 beziehungsweise 33 Prozent zu liegen. Anschließend ging die Teilzeitquote etwas zurück: Sie sank bis 1980 auf 30 Prozent und pendelte sich zwischen 1985 und 1989 auf circa 27 Prozent ein.[112]

Teilzeitarbeit mit 25 bis 35 Wochenstunden war gegenüber einer Vollzeitstelle mit mehr als 43 Stunden gerade für ostdeutsche Mütter attraktiv. Sie sprachen sich immer wieder dafür aus, da sich so die Summe ihrer Belastungen aus Beruf und Familie senken ließ.[113] Denn eine veränderte familiäre Aufgabenverteilung – wie sie sich im Westen vereinzelt durchsetzte – hätte hier viel stärkere Konflikte mit den Ehemännern nach sich gezogen. Während Mutterschaft und Hausarbeit auch in der DDR als Aufgaben der Frau galten, war das Ideal der vollerwerbstätigen Ehefrau und Mutter während der 1960er Jahre in der Gesellschaft zwar nicht umstritten, aber es wurde immerhin durchaus akzeptiert.

Im November 1970 gaben in einer Umfrage ostdeutsche Bürgerinnen und Bürger an, dass den Müttern junger Kinder das Recht zustehen solle, entweder ihren Beruf temporär aufzugeben oder verkürzt zu arbeiten. Teilzeitarbeit präferierten dabei insbesondere 53 Prozent der befragten Frauen – gegenüber 46 Prozent der Männer. Immer wieder zeigten Umfragen in der DDR zwischen Mitte der 1960er und Mitte der 1970er Jahre, dass die Bevölkerung die Vollzeitberufstätigkeit von Müttern kritisch beurteilte. Zum Beispiel ergab die Umfrage *Stellung der Frau in Familie und Gesellschaft* des Instituts für Meinungsforschung von 1975, dass nur weniger als zehn Prozent der befragten Frauen eine Vollzeitanstellung von Müttern mit kleinen Kindern befürwortete. Für Teilzeitarbeit sprachen sich hingegen 72 Prozent aus.[114] Das sei »ein ernstzunehmender Widerspruch«[115] zu den staatlichen Vorgaben, urteilte das Zentralinstitut

Absender

Name* Vorname*

Straße*

PLZ/Ort*

E-Mail*

Alter Beruf

* Pflichtfelder

Um Sie über Neuerscheinungen und Veranstaltungen des be.bra verlags informieren zu können, speichern wir Ihre persönlichen Daten wie Name, Anschrift und Email-Adresse. Ihre Daten werden von uns streng vertraulich und in Übereinstimmung mit den datenschutzrechtlichen Bestimmungen behandelt und nicht an Dritte weitergegeben. Natürlich besteht für Sie jederzeit die Möglichkeit, sich von unserem Newsletter abzumelden oder der weiteren Verwendung bzw. Speicherung Ihrer Daten zu widersprechen. Dazu reicht eine formlose Mitteilung per Post, Fax oder … Weitere Informationen entnehmen Sie bitte unserer ausführlichen … datenschutz.html.

Tel.: 030 / 440 23 810 Fax: 030 / 440 23 819 post@bebraverlag.de

Bitte als Postkarte freimachen

Antwort

be.bra verlag GmbH
– Kundenbetreuung –
KulturBrauerei Haus 2
Schönhauser Allee 37

D-10435 Berlin

für Jugendforschung in Leipzig. Die hohe Verbreitung der Teilzeitarbeit bei Müttern erscheint aber auch als eine nicht intendierte Folge der staatlichen Frauenpolitik. Offenbar war die »›Muttipolitik‹ auf fruchtbaren Boden gefallen«.[116]

In den beiden oben zitierten Umfragen von 1970 und 1975 benannten beide Partner insbesondere sechs Gründe, warum die Mutter verkürzt arbeiten sollte. Als zentralen Grund gaben 1970 circa 60 Prozent und 1975 sogar circa 70 Prozent der Befragten an, dass sich nur so die Erziehung und Betreuung der Kinder realisieren lasse. Schließlich deckten sich die Öffnungszeiten der Kinderkrippen und Kindergärten nicht mit den Arbeitszeiten. Der Arbeitstag begann in der DDR meist früh morgens zwischen 6.30 und 7 Uhr und endete gegen 16 bis 16.30 Uhr. Zudem mussten die Pendelzeiten zwischen Wohnort, Kindertagesstätte und Arbeitsplatz addiert werden, weshalb die vollerwerbstätigen Mütter die Kinder oft nicht rechtzeitig abgegeben und abholen konnten.[117]

Gut 40 bis 45 Prozent der Frauen führten zweitens die hohe Belastung durch die Hausarbeit an, die eine Arbeitszeitreduzierung notwendig mache. Zudem fällt auf, dass 1970 auch fast 50 Prozent der Männer diesen Grund benannten. Eine veränderte familiäre Aufgabenverteilung stand allerdings nicht zur Diskussion. Drittens war für ungefähr ein Drittel der Befragten ausschlaggebend, dass sich der Gesundheitszustand infolge einer massiven Belastung verschlechtern könnte. Als weiterer Grund wurde die hohe zeitliche Belastung durch das Einkaufen benannt, die sich nicht mit einer Vollzeitanstellung vereinbaren lasse. In der Regel konnten erwerbstätige Mütter erst einkaufen gehen, nachdem sie die Kinder aus der Kinderbetreuung abgeholt hatten. Das hieß nicht nur, dass sie die Kinder mit in die Geschäfte nehmen mussten, sondern sie kehrten – nach langen durch die »Mangelwirtschaft« bedingten Wartezeiten – dadurch erst zwischen 17.30 Uhr und 18 Uhr nach Hause zurück, wo sie dann das Abendbrot für die Familie zubereiten, den Abwasch erledigen und anschließend die Kinder zu Bett bringen mussten. Anschließend gingen die Mütter nach einem langen Tag ermüdet ins Bett, um am nächsten Morgen gegen 5 Uhr mit der täglichen Routine von vorne zu beginnen.

Auffällig ist bei den Ergebnissen der Befragungen, dass sich 1975 fast ein Fünftel beider Ehepartner für eine Reduzierung der Arbeitszeit aussprach, da sich dies der Partner wünsche. Vermutlich resultierte dieser Wunsch einerseits aus tradierten Geschlechterrollenbildern. Andererseits spielten aber sicherlich die gemachten Erfahrungen eine Rolle. Denn die enorme zeitliche Belastung für die Mütter war offensichtlich, da sie physisch und psychisch zu Buche schlug. Zudem blieben gerade unter der Woche viele Hausarbeiten notgedrungen unerledigt, und die Mütter mussten diese am Wochenende nachholen. Ferner gaben ungefähr 15 Prozent der Familien an, dass auch ein reduziertes Einkommen der Mütter für den Familienunterhalt ausreichend sei.

Die Umfragen machen also deutlich, dass sich in der DDR – wie im Westen – tradierte Geschlechterrollenbilder lange hielten. Der am häufigsten benannte Grund für Teilzeitarbeit verdeutlicht aber auch, dass vielen Mütter gar keine andere Option offenstand: Denn trotz des massiven Ausbaus von Kinderkrippen, Kindergärten und Horten standen dort bis weit in die 1970er Jahre hinein nicht genügend Plätze zur Verfügung. Gleichzeitig verlor dieser Grund im Lebensverlauf der Frauen mit dem steigenden Alter der Kinder an Bedeutung. Während die Teilzeitarbeit von Müttern kleiner Kinder von staatlicher Seite noch toleriert wurde, galt dies mit zunehmendem Alter der Kinder immer weniger. Obwohl somit Frauen und Mütter angehalten wurden, in Vollzeit zu arbeiten, reduzierten im Schnitt gut 30 Prozent der ostdeutschen Frauen zwischen den 1970er und 1980er Jahren ihre Arbeitszeit.[118]

Obwohl Teilzeitarbeit in beiden Teilen Deutschlands gesellschaftlich und politisch diskutiert wurde, gab es doch grundlegende Unterschiede. In der Bundesrepublik war sie für Politiker, Unternehmer, Gewerkschafter, Kirchenvertreter und die Medien Anlass, um generell über die Berufstätigkeit von Müttern zu sprechen. Sie ermöglichte es, in Zeiten der Vollbeschäftigung das »Reservoir« weiblicher Arbeitskräfte abzuschöpfen und erlaubte es Müttern, Familie und Beruf – nicht aber Karriere – miteinander zu vereinbaren; viele Frauen erwarben damit ein Stück Eigenständigkeit und Unabhängig-

Gründe für eine Verkürzung der Arbeitszeit von Frauen, Umfrageergebnisse aus den Jahren 1970 und 1975[119]

	1970	1975
	Erziehung und Betreuung der Kinder	
Frauen	60,9 %	71,0 %
Männer	58,8 %	69,5 %
	Belastung durch den Haushalt	
Frauen	44,1 %	40,5 %
Männer	48,9 %	41,8 %
	Gesundheitszustand	
Frauen	33,8 %	36,8 %
Männer	31,8	25,6 %
	Hoher Zeitaufwand beim Einkaufen	
Frauen	22,9 %	21,2 %
Männer	32,1 %	26,2 %
	Der Wunsch des Ehepartners	
Frauen	11,7 %	17,3 %
Männer	13,7 %	19,5 %
	Teilzeitbeschäftigung ausreichend für guten Lebensstandard	
Frauen	15,0 %	15,8 %
Männer	19,0 %	15,1 %

keit gegenüber ihren Partnern und Ehemännern. Für ost- und westdeutsche Mütter war Teilzeitarbeit eine praktikable Lösung, um die Dreifachbelastung aus Berufsarbeit, Hausarbeit und Kindererziehung zu senken. Zugleich passte sich das Modell auch in die ostdeutschen Geschlechterrollen- und Familienideale ein. Daher kann die Teilzeitarbeit von Frauen in der DDR als notgedrungener Kompromiss gesehen werden, der half, die Kluft zwischen den politischen Idealen und der sozialen Realität zu überbrücken. Indem ostdeutsche Betriebe zum Beispiel Teilzeitarbeit einführten, kamen sie den Wünschen der werktätigen Ehefrauen und Mütter nach. Die SED-Führung veränderte dabei ihre Position in den 1960er Jahren von einer anfänglichen Toleranz zu einer zunehmenden Ablehnung. Für die ostdeutschen Ehefrauen und Mütter blieb Berufsarbeit über eine Teilzeitstellung gleichwohl attraktiv, da sie sich mit ihren Familienleitbildern deckte und zugleich in der Praxis realisieren ließ. In der Bundesrepublik hingegen förderte das Modell der Teilzeitanstellung die soziale Akzeptanz der Berufsarbeit von Frauen und stellte in dieser Hinsicht einen »konsensbildenden gesellschaftlichen Kompromiss«[120] dar. Zudem trug dieses Modell dazu bei, die Vorstellungen von Gleichberechtigung und Emanzipation in der Gesellschaft zu festigen, die mit der Vorstellung von einer Geschlechterdifferenz verknüpft waren.[121]

Die Kinderbetreuung als Problem berufstätiger Mütter

Was in der Bundesrepublik im Rahmen der »Schlüsselkind«-Debatte zu Tage trat, erwies sich auch für berufstätige Mütter in der DDR als ein zentrales Problem: Wie war die Kinderbetreuung während der Arbeitszeiten zu gewährleisten? Auch wenn es hier keine vergleichbare normativ aufgeladene öffentliche Diskussion gab, so standen ostdeutsche Mütter wegen ihrer Vollzeitanstellung vielfach sogar vor einem noch akuteren Problem.

Außerfamiliäre Betreuungseinrichtungen stellten neben der Teilzeitarbeit eine Möglichkeit dar, den Konflikt zwischen Beruf und Familie zu entschärfen. In der DDR waren Anfang der 1950er Jahre Kinderkrippen, Kindergärten und Horte, aber auch Jugendorganisationen wie die Freie Deutsche Jugend (FDJ) und die Pioniere noch aus einem anderen Grund wichtig: Über die »Vergesellschaftung familiärer Funktionen«[122] war es möglich, in den Binnenraum der Familie zu intervenieren und den elterlichen Einfluss bei der Kindererziehung zurückzudrängen. Allerdings zeigte sich im Anschluss an den V. Parteitag 1958 insofern ein Richtungsschwenk, als die SED-Führung erkannte, dass Familie und außerfamiliäre Erziehung aufeinander bezogen waren. Erst wenn die Eltern positiv gegenüber den staatlichen Erziehungszielen eingestellt waren, war eine Erziehung der Kinder zu »sozialistischen Persönlichkeiten« gewährleistet. Gleichzeitig sollte aber die Erziehung der Kinder in der Schule gegenüber der familiären Sozialisation eine vorgeordnete Rolle einnehmen.[123]

Damit überhaupt eine Betreuung der Kinder von berufstätigen Müttern möglich war, musste die Zahl der Plätze in Kindergärten, Kinderkrippen und Schulhorten erhöht werden. Schließlich existierten 1950 nur 194 Kinderkrippen, davon 130 unter staatlicher beziehungsweise kommunaler, 61 unter betrieblicher und drei unter kirchlicher Aufsicht. Das bedeutete, dass lediglich 6,3 Krippenplätze pro 1.000 Kinder verfügbar waren und somit nur ein Bruchteil der Kinder bis zum Alter von drei Jahren betreut werden konnte. Zum selben Zeitpunkt gab es 4.194 staatlich beziehungsweise kommunal verwaltete Kindergärten mit insgesamt 209.101 Plätzen. Damit wurde bei Kindergartenkindern im Alter von drei bis sechs Jahren ein Betreuungsgrad von gut 25 Prozent erreicht. In der zweiten Hälfte der 1950er Jahre stieg er auf ein Drittel und nahm bis 1963 auf fast 60 Prozent zu. Auch die Zahl der Krippen wurde bis 1960 auf 2.517 erhöht; 84 Prozent davon waren staatlich beziehungsweise kommunal und der Rest betrieblich verwaltet. Trotz dieser Steigerung konnten Anfang der 1960er Jahre erst gut 13 Prozent der Kinder im Alter von null bis drei Jahren außerhalb der Familie betreut werden. Der Betreuungsgrad nahm in den folgenden Jahren zwar weiter zu, doch bekam um 1963 noch immer erst gut ein Fünftel der Kleinkinder einen Krippenplatz. »Im Vergleich zum Beschäftigungsgrad der Frauen ist die Versorgung mit Kindereinrichtungen trotz des absolut hohen Standes relativ gering«,[124] schlussfolgerte daher ein Memorandum über die *Lage der Familien mit Kindern* von 1964. Die Steigerungen reichten bis Mitte der 1960er Jahre letztlich nicht aus, damit alle Mütter von Kindern im Alter von null bis drei Jahren einen Vollzeitberuf aufnehmen konnten. Selbst als die Zahl der Krippenplätze von 146.000 (1968) auf 182.000 (1971) erhöht wurde, entsprach dies immer noch einem Betreuungsgrad von gut 22 Prozent beziehungsweise 28 Prozent.[125]

In den folgenden Jahren änderte sich das: Der Betreuungsgrad bei Kinderkrippen erhöhte sich von 29 Prozent (1970) auf 61 Prozent (1980) und schließlich 80 Prozent (1989). Bei den Kindergärten war der Betreuungsgrad schon um 1970 auf einem deutlich höheren Niveau. Bereits 1971 hatten 69 Prozent der Kinder im Alter von drei bis sechs Jahren einen Kindergartenplatz. 1977 waren es 77 Prozent und Anfang der 1980er Jahre konnten dort mehr als 90 Prozent der Kinder betreut werden. Bei den Schulhorten setzte ebenfalls in den 1970er Jahren ein deutlicher Zuwachs ein; der Betreuungsgrad erreichte 1980 75 Prozent und erhöhte sich bis 1989 auf mehr als 80 Prozent.[126]

Gerade bei den Kinderkrippen und Horten zeigte sich ein deutlicher Unterschied zur Bundesrepublik, da beide Betreuungseinrichtungen dort keine nennenswerte Rolle spielten. So lag der Betreuungsgrad bei den Krippen 1989 bei zwei Prozent und bei den Schulhorten bei vier Prozent. Anders sah es hingegen bei den Kindergärten aus. 1970 konnten mit knapp 40 Prozent der drei- bis sechsjährigen Kinder immer noch deutlich weniger als im Osten betreut werden, aber der Anteil verdoppelte sich bis Anfang der 1980er Jahre auf beinahe 80 Prozent. Diese Entwicklung darf jedoch die Unterschiede bei der Kindergartenbetreuung zwischen der Bundesrepublik und der DDR nicht verdecken: Während die Plätze im Osten als Ganztagesplätze konzipiert waren, überwogen im Westen die Halbtagesplätze, die dort, so der Zentralverband katholischer Kindergärten, fast 90 Prozent ausmachten.[127]

Obwohl in der DDR im Laufe der 1970er Jahre die Betreuungsmöglichkeiten für Kinder ausgeweitet wurden, nahmen die Eltern das Angebot oft nicht wahr, wie ein Blick auf die Fehltage der Kinder in den Krippen belegt: Diese waren während der frühen 1970er Jahre in weniger als der Hälfte der Fälle durch Krankheit verursacht. Meist blieben die Kinder stattdessen zuhause, weil die Eltern – Mütter und zum Teil auch Väter – Urlaub oder arbeitsfrei hatten und Zeit mit ihren Kindern verbringen wollten. Zudem sahen viele Mütter die Betreuung von Babys und Kleinkindern als ihre traditionelle Aufgabe an und wollten deswegen in mehreren Fällen ihre Kinder nicht in eine Krippe geben. Ein weiterer Grund, der eine höhere Akzeptanz der Krippen verhinderte, war der schlechte Ruf, den sie sich während der 1950er Jahre erworben hatten. Damals hatten sich Krippenkinder geistig und körperlich langsamer entwickelt als in Familien betreute Kleinkinder. Zudem war ihr allgemeiner Gesundheitszustand schlechter gewesen. Nach offizieller Darstellung wurden diese

Kinderbetreuung in öffentlichen Einrichtungen in der Bundesrepublik und in der DDR (1970, 1980, 1989)[128]

	1970	1980	1989
		Kinderkrippen	
		Anzahl der Plätze	
Bundesrepublik	17 000	26 000	30 000
DDR	183 000	290 000	353 000
		Betreuungsgrad	
Bundesrepublik	1 %	1 %	2 %
DDR	29 %	61 %	80 %
		Kindergärten	
		Anzahl der Plätze	
Bundesrepublik	1 161 000	1 394 000	1 460 000
DDR	655 000	664 000	747 000
		Betreuungsgrad	
Bundesrepublik	39 %	78 %	79 %
DDR	65 %	92 %	95 %
		Schulhorte	
		Anzahl der Plätze	
Bundesrepublik	73 000	106 000	103 000
DDR	595 000	627 000	761 000
		Betreuungsgrad	
Bundesrepublik	2 %	4 %	4 %
DDR	47 %	75 %	81 %

Defizite 1957 mit dem *Leitfaden für die Erziehung in Krippen und Heimen* schließlich beseitigt. Die Skepsis der Mütter gegenüber der staatlichen Erziehung von Kleinkindern hielt sich gleichwohl bis in die 1970er Jahre hinein. Die öffentlichen und betrieblichen Kindergärten für Kinder zwischen drei und sechs Jahren nahmen die Familien hingegen bereitwillig an.[129]

Aber selbst wenn die Kinder in einer Betreuungseinrichtung untergebracht waren, stellte die Vollzeitarbeit für Mütter – aber auch für die anderen Familienmitglieder – eine erhebliche Belastung dar, wie eine exemplarische Schilderung des Tagesablaufs einer berufstätigen ostdeutschen Mutter von 1977 zeigt: »Früh zwischen 5.00 und 5.15

Uhr mußten die Kinder aufstehen, von mir ganz zu schweigen. Kurz vor 5.45 Uhr ging es dann schon aus dem Haus, 10 Minuten brauchten wir bis zur Kindereinrichtung, zu Krippe und Kindergarten. […] Dann wurde es für mich höchste Zeit, zum Bahnhof zu gehen, um mit dem Zug in den Betrieb zu fahren. Abends ging es dann vom Zug rasch in die Kindereinrichtung und so gegen 17.30 Uhr war ich mit den Kindern wieder zu Hause. Wir waren täglich 11 ½ Stunden unterwegs. Danach mußten dann noch die Einkäufe getätigt und Wege erledigt werden, alles im Eilschritt und meistens mit den Kindern. Bis zum Abendbrot und bis die Kinder ins Bettchen mußten, blieb nicht mehr viel Zeit. Da mein Mann noch eher aus dem Haus geht und später nach Hause kommt als ich, war es gar nicht so einfach, alle Aufgaben, die im Haushalt anfallen, zu lösen und sich auch noch genügend Zeit für die Kinder zu nehmen.«[130] Die Vereinbarkeit von Beruf und Familie ließ sich aus dieser Perspektive eher in Kombination von Teilzeitarbeit und außerhäuslicher Kinderbetreuung realisieren als mit einer Vollzeitanstellung.

Auch in der Bundesrepublik entsprach die Versorgung mit Plätzen in Krippen und Kindergärten nicht dem Bedarf. Aber selbst wenn ein Platz zur Verfügung stand, stellte sich die Frage, wie das Kind bei einer Erkrankung zu versorgen war. Westdeutsche berufstätige Mütter konnten in diesem Fall nicht arbeiten gehen und mussten sich stattdessen selbst um das Kind kümmern. Vielfach geschah dies, indem sie an den entsprechenden Tagen Urlaub nahmen. Da jedoch einer Arbeitnehmerin in den 1950er Jahren im Durchschnitt nur zwei Urlaubswochen zustanden – in den 1960er Jahren wurde der Urlaubsanspruch auf drei Wochen erhöht –, ging dies für die Mütter zu Lasten der Erholung. Alternativ mussten andere Familienmitglieder wie die Großmütter die Betreuung der erkrankten Kinder übernehmen, während die Mütter arbeiteten.[131] Diese Praxis änderte sich erst, als 1988 das Kinderkrankengeld eingeführt wurde und den Müttern erkrankter Kinder pro Jahr zehn Tage Krankengeld als Ersatz für den durch die Betreuung verursachten Entgeltausfall zustanden. Trotz dieser Einschränkung kann festgehalten werden, dass die Kinderbetreuungseinrichtungen den Konflikt zwischen Beruf und Familie entschärften.

Westdeutsche Mütter konnten vor allem dann Beruf und Familie miteinander vereinbaren, wenn sie in Teilzeit arbeiteten und parallel die Kinder halbtags in Kindergärten untergebracht waren.

In der westdeutschen Gesellschaft erschienen Kindergärten ab den 1970er Jahren aber noch aus einem anderen Grund in einem positiven Licht. Zusehends sprachen nämlich Sozial- und Erziehungswissenschaftler über die »Sozialisationsdefizite der Familie«.[132] Der *Zweite Familienbericht* der Bundesregierung von 1975 griff diese Diskussion auf und diskutierte die »Leistungen und Leistungsgrenzen der Familie hinsichtlich des Erziehungs- und Bildungsprozesses der jungen Generation«.[133] Die sozialliberale Bundesregierung argumentierte auf dieser Grundlage, dass gerade die Benachteiligung von Kindern aus sozial schlechter gestellten Familien über eine pädagogische Erziehung in Kindergärten oder Ganztagsschulen kompensiert werden könne. Diese Position lag allerdings konträr zur traditionellen Sichtweise, die die Kindererziehung als zentrales elterliches Recht definierte.[134] Infolgedessen entbrannte Mitte der 1970er Jahre eine heftige medial und politisch geführte Kontroverse um die Frage der Kindererziehung, nachdem der *Zweite Familienbericht*, der sich für die Erziehung in öffentlichen Einrichtungen stark machte, mit einer Auflagenstärke von 50.000 Exemplaren an Schulen, Universitäten und Bildungseinrichtungen für Erwachsene verteilt worden war. Die Sachverständigenkommission betonte in diesem Zusammenhang insbesondere, dass »Erziehung der Kinder [...] eine gesamtgesellschaftliche Aufgabe besonderer Art und Bedeutung« sei: »[D]ie Wahrnehmung dieser Aufgabe überträgt unsere Gesellschaft Familien und außerfamilialen pädagogischen Erziehungseinrichtungen.«[135]

Insbesondere an dieser Passage des Berichts entzündete sich massive Kritik vonseiten der Union, der Frauenvereinigung der Union und der Katholischen Kirche. 1976 warf zum Beispiel Kardinal Joseph Höffner der Bundesregierung vor, den Familien die »Erziehung der Kinder wegnehmen«[136] zu wollen. Der CDU-Politiker Albert Burger polemisierte in der Auseinandersetzung, die er als den »Kampf um das Kind«[137] bezeichnete. Zugleich wandte er sich gegen das 1974 vom Bundesfamilienministerium ins Leben gerufene Modellprojekt der »Tagesmütter«. Bei diesem alternativen Modell der Kleinkindbetreuung sollten Privatpersonen Kinder aus anderen Familien in ihrem eigenen Haushalt oder angemieteten Räumen betreuen. Dieses Vorhaben scheiterte zwar, doch zog es massiv die öffentliche Aufmerksamkeit auf sich, da es nicht mit den tradierten Familienvorstellungen vereinbar schien. Rita Süssmuth, Erziehungswissenschaftlerin und späteres CDU-Mitglied, sprach in den Sitzungen der Sachverständigenkommission des *Dritten Familienberichts* dann auch von einer »Vergesellschaftung von Erziehung«.[138] Sie spielte damit implizit auf die Kindererziehung in der DDR an, von der sich das bundesrepublikanische Leitbild distanzieren sollte. Zugleich machte sie aber auch die zentrale Bedeutung von Erziehungseinrichtungen für die kindliche Entwicklung deutlich.

Auf dem vom Zentralkomittee der deutschen Katholiken veranstalteten *Zweiten Kongress über aktuelle Fragen der Familie und der Familienpolitik* rekapitulierte Süssmuth im Oktober 1980 die vorangegangene Debatte und argumentierte, dass sich die ursprünglich artikulierten Extrempositionen nicht durchgesetzt hätten. Vielmehr schien nun ein Kompromiss den Konflikt um die Regelung der Kindererziehung lösen zu können: Die Familienerziehung und die Kindererziehung in pädagogischen Einrichtungen sollten sich ergänzen. Zudem sollten sich beide Elternteile um die Kindererziehung kümmern, wie unter anderem Sozialdemokraten und die Mitglieder der Frauen-Union forderten – selbst gegen den Widerstand einiger ihrer männlichen Kollegen wie Norbert Blüm.[139]

Rückblickend urteilen die Politikwissenschaftlerin Ursula Münch und der Soziologe Norbert F. Schneider, dass die CDU in den 1970er und 1980er Jahren den Frauen nur vermeintlich eine Wahl zwischen Beruf und Familie gelassen habe. In der Summe zielten die vorgeschlagenen familienpolitischen Maßnahmen jedoch darauf, dass Mütter zumindest temporär aus dem Berufsleben ausschieden, um sich der Kindererziehung zu widmen.[140] Dass diese Interpretation durchaus zutreffend war, verdeutlicht ein Konflikt, der 1989 zwischen der Familienministerin Ursula Lehr auf der einen und der Bundestagsfraktion der Union auf der anderen Seite ausgetragen wurde:

Als Lehr forderte, dass auch die Mütter von zweijährigen Kindern Anspruch auf einen Kindergartenplatz haben sollten, sprachen sich Unionspolitiker vehement dagegen aus, da dies zu einer Diskriminierung der Hausfrauen und Mütter führen würde. Bundeskanzler Helmut Kohl beendete den Konflikt, indem er Lehr nahelegte, sich von den Plänen zu distanzieren.[141]

Geschlechterdifferenzen beim Verdienst

Wie auch noch Anfang des 21. Jahrhunderts, galt in der gesamten Zeit der deutschen Teilung, dass Frauen im Durchschnitt weniger verdienen als Männer. Selbst in der DDR hielten sich ungeachtet aller politischer Bestrebungen nicht nur generelle Vorbehalte gegenüber der Berufsarbeit von Frauen, sondern es gab bis Ende der 1980er Jahre signifikante Lohnunterschiede. 1988 fielen gut 354.000 Frauen in die Einkommenskategorie unter 700 DDR-Mark pro Monat, während es bei den Männern mit 195.000 nur knapp halb so viele waren. In der Gruppe mit einem mittleren Verdienst von 700 bis 1.000 DDR-Mark gab es ebenfalls mehr Frauen als Männer, wobei der Frauenanteil mit steigendem Einkommen sukzessive abnahm. Bis zu einem Einkommen von 900 DDR-Mark lag der Frauenanteil noch bei circa 61 Prozent und fiel dann bis 1.000 DDR-Mark auf 45 Prozent ab. Dieser Trend setzte sich in den höheren Gehaltsgruppen fort: Bei einem monatlichen Einkommen von mehr als 1.500 DDR-Mark lag der Frauenanteil nur noch zwischen 15 und 17 Prozent.[142] Aufgrund dieser Zahlen bewertet die Soziologin Hildegard Maria Nickel die »vielzitierte Formel sozialistischer Gleichberechtigungspolitik«, wonach es »gleichen Lohn für gleiche Leistung« gebe, als eine »Floskel«. Erschwerend für die finanzielle Situation der Frauen kam hinzu, dass sie vor allem in Branchen und Berufen tätig waren, die von der Einkommensentwicklung abgehängt wurden.[143]

Auch in der Bundesrepublik gab es Einkommensunterschiede zwischen den Geschlechtern. Schon in Elisabeth Pfeils 1961 veröffentlichter Studie, die oben bereits zitiert wurde, kritisierten mehrere berufstätige Mütter die im Vergleich zu Männern schlechtere Bezahlung: So schilderte eine 41-jährige Korrespondentin, dass sie selbst nach jahrzehntelanger Betriebszugehörigkeit auf einem niedrigen Einkommensniveau verharrte; eine Sekretärin beklagte die fehlenden beruflichen Aufstiegschancen, die lediglich Männern offenständen; eine »junge Ingenieurin« wiederum beschwerte sich, dass Frauen im Beruf »nie für voll genommen« würden, keine Anerkennung erhielten und schlechter bezahlt würden.[144] Dass sich in diesem Bereich noch in den 1970er Jahren wenig geändert hatte, bestätigte Helge Pross in ihrer Arbeit zur *Gleichberechtigung im Beruf* von 1973.[145]

Die unterschiedliche Bezahlung von Männern und Frauen war in Ost- und Westdeutschland eine Konstante, die aber durchaus immer wieder zur Diskussion stand. Als es in der Bundesrepublik um 1950 zu einer öffentlichen Debatte über die Bezahlung berufstätiger Frauen kam, sprachen sich viele Arbeitgeber gegen eine Angleichung der Löhne aus, da dadurch zu hohe Belastungen auf die Wirtschaft zukommen würden. Bei einer Anhebung der Frauenlöhne auf 90 Prozent des Männerlohnes befürchtete man Mehrkosten für die Arbeitgeber in Höhe von 750 Millionen DM. Selbst Gewerkschaftsvertreter zeigten für diese Argumentation Verständnis und betonten, dass die deutsche Wirtschaft im internationalen Vergleich sonst nicht mehr wettbewerbsfähig sei. Damit akzeptierten sie faktisch die ungleiche Bezahlung von Männern und Frauen.[146]

Die Geschlechterdifferenz bei Löhnen und Gehältern hat eine lange Tradition, deren Ursprünge im 19. Jahrhundert liegen. Im Zuge der Industrialisierung hatten sich in den Unternehmen zwei Lohngruppen herausgebildet, die sich am jeweiligen Qualifizierungsniveau orientierten: Facharbeiter mit einer Lehrausbildung und einer abgelegten Prüfung wurden besser bezahlt als Hilfsarbeiter. Mit der Zeit entstand noch eine dritte, zwischen diesen beiden Lohnkategorien angesiedelte Kategorie: die Angelernten. Später wurden mit den qualifizierten angelernten Arbeitern und qualifizierten Facharbeitern weitere Kategorien eingeführt. Als Referenzwert für die Bezahlung diente in allen Gruppen der »Ecklohn«, das heißt der Lohn eines Facharbeiters mit einer abgeschlossenen Lehre, der älter als 21 Jahre war und in seinem Ausbildungsberuf arbeitete. Der Verdienst der anderen Lohngruppierungen staffelte sich in Relation zu diesem Ecklohn: Ein Hilfsarbeiter erhielt 75 Prozent, ein Angelernter 85 Prozent, der qualifizierte angelernte Arbeiter 95 Prozent und der qualifizierte Facharbeiter sogar 120 Prozent.[147]

Dass während der Industrialisierung zahlreiche Frauen vor allem als unqualifizierte Arbeitskraft beschäftigt wurden, während Männer im Durchschnitt höher qualifiziert waren, erklärt aber nur zum Teil die historisch gewachsene ungleiche Bezahlung. Darüber hinaus wurde nämlich auf der Basis des »männlichen« Ecklohns ein »Frauenlohn« errechnet, der mit einem »Frauenabschlag« versehen war. Vom Beginn der Industrialisierung bis 1914 entsprach in Deutschland der Lohn einer Arbeiterin zwischen 30 und 60 Prozent des Lohnes eines Arbeiters mit gleicher Qualifikation. In der Weimarer Republik näherten sich die Löhne an und Arbeiterinnen erzielten 60 bis 80 Prozent des Verdienstes eines Arbeiters; weibliche kaufmännische Angestellte kamen sogar auf 80 bis 90 Prozent.[148]

Diese Lohnregelungen hielten sich in Deutschland auch nach dem Ende des Zweiten Weltkriegs. In den frühen 1950er Jahren mussten Arbeiterinnen einen tariflich vereinbarten Lohnabschlag von fünf bis 30 Prozent gegenüber ihren männlichen Kollegen akzeptieren. Im Januar 1955 entschied dann allerdings das Bundesarbeitsgericht, dass aufgrund des Gleichberechtigungsgrundsatzes eine Lohngleichheit gelten müsse.[149] Als Reaktion auf diese Entscheidung hoben die Arbeitgeber die Differenzierung zwischen Frauen- und Männerlöhnen auf und schufen stattdessen »(Leicht-)Lohngruppen«: Als Unterscheidungsmerkmal firmierte nun die Art der Tätigkeit, also ob ein Arbeiter oder eine Arbeiterin »leichte« oder »schwere« Tätigkeiten erledigte. Die Gewerkschaften trugen diese Differenzierung mit, als die Tarifverträge auf die neuen Lohngruppen umgestellt wurden. Allerdings ordnete man bei der Umstellung insbesondere Frauen den »Leichtlohngruppen« zu, womit im Prinzip die bisherige Tradition der ungleichen Bezahlung lediglich sprachlich neu gefasst wurde.[150]

Die Allianz zwischen Arbeitgebern und Arbeitnehmervertretungen entstand insbesondere aus zwei Gründen. Die Unternehmen führten erneut die aus ihrer Sicht zu hohen finanziellen Belastungen an, die sich durch eine Anhebung der Frauenlöhne um 25 Prozent ergeben hätte. Die Gewerkschaften wiederum hatten kein Interesse daran, dass Betriebe in eine wirtschaftliche Schieflage gerieten, und sie maßen zwei anderen Zielen – der Einführung der 40-Stunden-Woche und der Verlängerung des Urlaubs – größere Bedeutung zu. Sie glaubten, dass sie mit diesen Forderungen nur Erfolg haben könnten, wenn sie sich in der Frage der finanziellen Gleichstellung von Arbeitnehmerinnen und Arbeitnehmern kompromissbereit zeigten.

Letztlich änderte sich der Verdienst für Frauen mit der Umstellung der Tarifverträge 1955/56 kaum. Vorher hatten in der Kategorie Hilfsarbeiter männliche »Laufburschen« einen Stundenlohn von 1,25 DM und Putzfrauen von 1,05 DM erhalten – die Lohndifferenz belief sich damit auf 16 Prozent. Nach der Änderung erzielten Laufburschen 1,35 DM und weibliche Hilfskräfte 1,15 DM – der Lohnabschlag für Frauen lag damit jetzt bei 15 Prozent.[151] Selbst wenn Arbeiterinnen und weibliche Angestellte in derselben Lohnkategorie wie ihre männlichen Kollegen eingruppiert waren, verdienten sie folglich deutlich weniger.

Die Lohnungleichheit wurde noch durch einen weiteren Effekt verstärkt: Wie schon im frühen 20. Jahrhundert waren Frauen überproportional häufig als (schlecht bezahlte) angelernte Arbeiter und Hilfskräfte beschäftigt. So fielen Anfang 1958 von allen in der westdeutschen Industrie beschäftigten Frauen nur neun Prozent in die Kategorie der Facharbeiter; demgegenüber waren 45 Prozent Angelernte und 46 Prozent Hilfsarbeiter. Bei den Männern befand sich hingegen die Hälfte in der Kategorie Facharbeiter, 35 Prozent waren Angelernte und nur 15 Prozent Hilfsarbeiter. Bis 1975 verstetigten sich diese Unterschiede: Nun waren innerhalb der männlichen Arbeiterschaft sogar 59 Prozent als Facharbeiter und 29 beziehungsweise zwölf Prozent als an- und ungelernte Arbeiter tätig. Bei den Frauen ging der Anteil der Facharbeiterinnen im gleichen Zeitraum auf sechs Prozent zurück, der Anteil der Angelernten verharrte auf 44 Prozent und der Anteil ungelernter Arbeiterinnern stieg sogar auf 50 Prozent an.[152] Aufgrund dieser Verteilung entsprach 1960 der

Leichte Arbeit? Eine Arbeiterin beim Wickeln von Spulen in einer Fabrik der westdeutschen Firma Telefunken, 1958.

Bruttostundenlohn der meist den »Leichtlohngruppen« zugeordneten Arbeiterinnen 60 Prozent des Verdienstes der Arbeiter. 1972 erreichte er immerhin 72 Prozent. Weibliche Angestellte in Industrie und Handel verdienten demgegenüber 56 Prozent (1960) beziehungsweise 61 Prozent (1972) des Lohnes der Männer.[153]

Die Bezahlung von Frauen blieb in Westdeutschland ein immer wieder öffentlich diskutiertes Thema. Der Deutsche Gewerkschaftsbund (DGB) griff es zum Beispiel auf, als er 1972 zum »Jahr der Arbeitnehmerin« proklamierte. Um die Gleichberechtigung und Chancengleichheit von Frauen im Erwerbsleben zu realisieren, sei es notwendig, so der DGB, die Vereinbarkeit von Beruf und Familie genauso zu fördern wie einen eigenständigen, vom Ehemann unabhängigen Rentenanspruch von Frauen zu etablieren. Zudem sollte das »Prinzip des gleichen Entgelts für gleichwertige Arbeit«[154] realisiert werden. Da Frauen für vergleichbare Tätigkeiten wie die in denselben Lohngruppen eingestuften Männer im Oktober 1971 noch immer zwischen 20 bis 25 Prozent weniger verdienten als ihre männlichen Kollegen, blieb dies ein wichtiges Anliegen.[155]

Da sich die ungleiche Bezahlung von Arbeiterinnen und weiblichen Angestellten auch in der Höhe der Rentenansprüche niederschlug, existierte eine deutliche Geschlechterdiskriminierung über den gesamten Lebensverlauf von Frauen. Diesen Aspekt griff 1974 der rheinland-pfälzische Sozialminister Heiner Geißler (CDU) in einer Studie auf, die zwei Jahre später in einer stark überarbeiteten Fassung unter dem Titel *Die Neue Soziale Frage* erschien. Diese Arbeit zählt, um mit den Worten des Historikers Martin H. Geyer zu sprechen, »wohl zu den wichtigsten Dokumenten der Sozialpolitik der 1970er Jahre«.[156] Geißler konstatierte bei seiner Analyse von Arbeitnehmerfamilien mit durchschnittlichem Einkommen und Rentnerhaushalten, dass der Zuwachs der Sozialleistungen niedriger ausfalle als die Inflationsrate und sich dadurch die soziale Lage verschlechtere. Er betonte, dass es eine »verdeckte Armut« gebe, die neben Kindern und kinderreichen Familien insbesondere Frauen betreffe. Damit war vonseiten der Union der »Geschlechterkonflikt« während der 1970er Jahre als ein zentrales gesellschaftliches Problem identifiziert worden, das aber auch im frühen 21. Jahrhundert noch nicht gelöst wurde.[157]

Die 1970er Jahre als »verlorenes Jahrzehnt«?

Zu einer grundlegenden Revision der ungleichen Bezahlung von Männern und Frauen kam es in den 1970er und 1980er Jahren nicht. Zugleich verschwanden in diesen beiden Jahrzehnten innerhalb der westdeutschen männlichen Arbeiterschaft, selbst bei qualifizierten Kräften, »stabile beziehungsweise erwartbare Karrieren oder Berufswege«.[158] Damit verlor der fordistische »Normallebenslauf« seine prägende Bedeutung, Arbeitsverhältnisse wurden unsicherer und die Arbeitslosenzahlen stiegen an. Zudem lösten sich im Lebensverlauf die Phasen der Beschäftigung und Nicht-Beschäftigung häufiger ab. Diese Veränderung betraf die männliche Industriearbeiterschaft. Der Lebensverlauf von Arbeiterinnen orientierte sich hingegen an den Markern Eheschließung, Geburt des ersten Kindes bzw. der Kinder und (temporäre oder permanente) Aufgabe des Berufs.

Lautstarker Protest: Frauenpolitische Forderungen auf einer vom DGB initiierten Demonstration in Mainz, 1978.

Insofern änderte sich für Industriearbeiterinnen in der Phase »nach dem Boom«[159] nur wenig, wie jüngst der Historiker Lutz Raphael gezeigt hat. Auch nach 1975 war nur eine Minderheit von weniger als einem Viertel aller Frauen dauerhaft erwerbstätig. Viele Frauen schieden mit der Geburt eines Kindes aus dem Erwerbsleben zumindest temporär aus. In dem vom Raphael untersuchten Sample von Industriearbeiterinnen bestimmte nicht der Beruf, sondern die Familie die individuelle Lebensplanung. Raphael spricht infolgedessen von »Haushaltskarrieren«, die für die untersuchten Fälle typisch gewesen seien. Das heißt nicht, dass die Arbeiterinnen eine Berufsarbeit im Anschluss an die Familiengründung grundsätzlich ausschlossen. Vielmehr tendierten sie dann zur Teilzeitarbeit – ein Verhaltensmuster, das sich bis ins frühe 21. Jahrhundert hielt.

Im Zuge der Expansion des Dienstleistungs-, Bildungs- und Gesundheitssektors, die ab den 1970er Jahren einsetzte, entstanden aber auch neue Karrieremöglichkeiten für Frauen, vor allem für hochqualifizierte Akademikerinnen. Diese Verschiebung wird bei einem Blick auf die Einordnung der weiblichen Berufstätigen deutlich: Während 1954 noch 42 Prozent der Frauen als Arbeiterinnen und 22 Prozent als Angestellte oder Beamtinnen beschäftigt gewesen waren, stieg der Anteil der Angestellten bis 1975 auf 49 Prozent. Nur noch 32 Prozent der berufstätigen Frauen waren Arbeiterinnen. Diese Verschiebung wird allerdings dadurch relativiert, dass sich neben der Gruppe der hochqualifizierten Dienstleistungsberufe auch die Gruppe der unteren Angestellten im Gesundheitswesen, in der Verwaltung und im Einzelhandel vergrößerte: Hier entstand ein Niedriglohnsektor, den insbesondere Frauen besetzten. Damit blieb die Geschlechterdifferenz bei der Bezahlung bestehen. Da viele dieser Frauen mit Arbeitern verheiratet waren, deren Berufskarrieren im Zuge der Deindustrialisierung unsicherer wurden, wuchs in diesen Familien die Bedeutung eines zweiten Einkommens in den 1970er und 1980er Jahren an.[160]

Die Barrieren für die berufliche Entwicklung westdeutscher Frauen blieben unabhängig vom Qualifizierungsniveau bestehen. So merkte die Enquete *Frau und Gesellschaft* 1977 an, »daß es bisher nicht gelungen ist, die Gleichberechtigung von Frauen und Männern in der Arbeitswelt zu verwirklichen. Gleichheit der beruflichen Entwicklungschancen für Frauen und Männer besteht nicht.«[161] Als Indikatoren für die ungleiche Behandlung führte der Bericht neben der gegenüber Männern um 30 Prozent niedrigeren Bezahlung für Arbeiterinnen, Angestellte und Führungskräfte auch die schlechteren beruflichen Aufstiegschancen und die höhere Arbeitslosenquote an.[162]

Obwohl sich in den 1970er Jahren ein ökonomischer Strukturwandel vollzog und eine Liberalisierung der familienpolitischen und familienrechtlichen Rahmenbedingungen einsetzte, markiert dieses Jahrzehnt nur eine schwache Zäsur in der Entwicklung des Lebensverlaufs westdeutscher berufstätiger Frauen und Mütter. Zwar wandelte sich die Art der Anstellungsverhältnisse, aber im Hinblick auf die Bezahlung und Berufskarrieren überwogen die Kontinuitäten, die bis über die Wende 1989/90 ihre Gültigkeit behielten.

4 FAZIT UND AUSBLICK

Das Spannungsverhältnis zwischen den drei Bereichen Mutterschaft, Haushaltsführung und Berufsarbeit prägte das Leben ost- und westdeutscher Frauen, überdauerte die deutsche Wiedervereinigung im Jahr 1990 und behielt seine zentrale Bedeutung für die Rollen der Frau auch unter veränderten gesellschaftlichen und politischen Rahmenbedingungen während des frühen 21. Jahrhunderts.

Als zentrale Kontinuitätslinien lassen sich dabei zunächst die Geschlechterrollen bei Haushaltsführung und Kindererziehung benennen. So übernahmen und übernehmen die meisten Ehefrauen und Mütter insbesondere die zeit- und arbeitsintensiven Hausarbeiten, wie Wäsche waschen, Putzen und Kochen – auch wenn sie in Voll- oder Teilzeit arbeiten. Die Ehemänner und Väter bringen sich hingegen vorrangig bei gelegentlich anfallenden Aufgaben ein, wie dem Einkauf oder häuslichen Reparaturen. Bei der Kindererziehung zeigte sich demgegenüber eine schwache Veränderung. So begannen sich Väter insbesondere ab den späten 1970er Jahren stärker zu engagieren, gerade wenn der Kinderwagen geschoben oder mit Kindern gespielt werden sollte. Aber auch hier fielen die zeitintensiven Tätigkeiten weiterhin in den Tätigkeitsbereich der Mütter, wenn zum Beispiel Säuglingen die Windeln gewechselt oder erkrankte Kinder versorgt werden mussten. Im Familienalltag der meisten Familien dominierte damit die Kontinuität.

Gleichzeitig muss berücksichtigt werden, dass kleine soziale Gruppen diese Praktiken immer wieder zur Disposition stellten. So wählten um 1980 insbesondere im Westen besser gebildete und jüngere Frauen das unverheiratete Zusammenleben, um ihren Partner zu einer stärkeren Partizipation bei der Haushaltsführung und der

Kindererziehung anzuhalten. Aber eine egalitär-gleichberechtigte Aufgabenverteilung setzte sich auch in diesen Konstellationen im Alltag nicht durch.

Wesentlich deutlicher zeigten sich Zäsuren sowohl beim Sprechen über Familie und Geschlechterrollen als auch bei den politischen und juristischen Rahmenbedingungen. Während zunächst in den 1950er Jahren nur die christlich-bürgerliche Kernfamilie als »Familie« gegolten hatte, änderte sich das in den beiden folgenden Jahrzehnten. Zusehends wurden in Ost- und Westdeutschland auch ledige Mütter und ihre Kinder als »Familie« bezeichnet. Zudem verbreitete sich für diese Lebensform sukzessive der Begriff »Ein-Eltern-Familien«. Damit entwickelte sich die Eltern-Kind-Beziehung zu einem konstitutiven Merkmal von »Familie«. Ab den 1980er Jahren und verstärkt dann nach der Wiedervereinigung wurden zusehends gesellschaftlich und politisch auch unverheiratete Paare und ihre Kinder – später auch gleichgeschlechtliche Paare und Kinder – als »Familie« verstanden.

Diese sprachlichen Veränderungen wurden flankiert von politischen und juristischen Einschnitten. Für die DDR sind hier das Familiengesetzbuch (1965/66) und die »Muttipolitik« unter Erich Honecker zu benennen. Im Westen wiederum setzten die Reformen des Nichtehelichenrechts (1969/70), des Ehe- und Familienrechts (1976/77) und des Sorgerechts (1979/80) die entscheidenden Veränderungen, die zunächst die Entwicklung in der Bundesrepublik der 1980er Jahre und nach 1990 auch im wiedervereinigten Deutschland prägten.

Über diese politischen und juristischen Debatten wurde auch immer der Konflikt zwischen Beruf und Familie diskutiert, der das Leben der Mehrzahl der Frauen in Deutschland prägte. Zugleich zeigte sich aber, dass sich die weiblichen Lebensentwürfe in der Bundesrepublik und der DDR ab den 1970er Jahren zu pluralisieren begannen und sich diese Entwicklungen auch über die Wiedervereinigung fortsetzte, wobei in manchen Bereichen Ost-West-Unterschiede bestehen blieben; in anderen glich sich das Leben ost- und westdeutscher Frauen hingegen an. Diese Entwicklungen lassen sich exemplarisch am durchschnittlichen Alter bei der Erstgeburt, an der Verbreitung von Ein-Eltern-Familien oder an den Veränderungen bei der Verbreitung von Hausfrauenehen und Berufsarbeit skizzieren.

Während in Westdeutschland das Alter der Mütter bei der Erstgeburt von 24 Jahren (1970) auf 27 Jahre (1990) anstieg, stagnierte das Alter ostdeutscher Frauen bis Mitte der 1980er Jahre bei ungefähr 24 Jahren. Erst nach 1990 erhöhte sich das Alter der Mütter in den neuen Bundesländern signifikant und bis 2001 verschwand der Ost-West-Unterschied beim Erstgeburtsalter. Nun bekamen Frauen in den östlichen und westlichen Bundesländern ihr erstes Kind im Schnitt mit 28,3 Jahren. Bis 2010 nahm das Alter weiter zu und lag bei etwa 30 Jahren. Dieser Trend hielt bis 2019, als das Alter bei der Erstgeburt 30,6 Jahre erreichte.[1]

Die Zahl der Ein-Eltern-Familien nahm ab den 1970er Jahren bis zur Wiedervereinigung und darüber hinaus zu. Um 1970 hatte der Anteil der nichtehelichen Erstgeburten in der Bundesrepublik bei sieben Prozent gelegen und erhöhte sich bis 1990 nur geringfügig. Demgegenüber stieg ihr Anteil in der DDR kontinuierlich von 13 Prozent (1970) auf 18 Prozent (1980) und schließlich 35 Prozent (1990) an. Auch im wiedervereinigten Deutschland nahm die Zahl der unehelichen Geburten weiter zu und ihr Anteil an allen Erstgeburten erreichte 2010 33 Prozent im gesamten Bundesgebiet. Ein markanter Unterschied zwischen Ost und West blieb dabei bestehen: In den östlichen Bundesländern lag die Nichtehelichenquote bei den Erstgeburten mit 61 Prozent deutlich höher als in den westlichen mit 27 Prozent.

Überdies ist zu beobachten, dass sich ab der zweiten Hälfte des 20. Jahrhunderts die Sozialstruktur der Ein-Eltern-Familien grundlegend verschob. Mit den 1960er und 1970er Jahren lösten die geschiedenen und getrenntlebenden Frauen die Witwen als dominante Gruppe ab. Der Anteil der geschiedenen und getrenntlebenden Frauen an allen Ein-Eltern-Familien lag 1991 bei 57 Prozent und hielt dieses ungefähre Niveau bis ins frühe 21. Jahrhundert. Dabei fällt ein Ost-West-Unterschied beim Verhältnis zwischen ledigen und geschiedenen Frauen auf. So waren in den östlichen Bundesländern die

Alleinerziehenden mit einem Verhältnis von 58 Prozent zu 39 Prozent häufiger ledig als geschieden. Demgegenüber verhielt es sich im Westen umgekehrt. Dort waren die Mütter in 35 Prozent der Fälle ledig und in 60 Prozent geschieden bzw. getrenntlebend.[2]

Als weitere deutliche Veränderung lässt sich die wachsende Bedeutung der Berufsarbeit im Leben von Frauen (auch von Müttern) festhalten. Während die Erwerbstätigenquote in der Bundesrepublik zwischen 1960 und 1970 noch bei gut 46 Prozent gelegen hatte, stieg sie bis 1991 auf 55 Prozent an. In der DDR waren zur Wiedervereinigung gut 80 Prozent der ostdeutschen Frauen berufstätig gewesen. Nach der Wiedervereinigung sank die Quote aufgrund der prekären wirtschaftlichen Lage 1991 auf 67 Prozent und 1995 auf 58 Prozent. Im frühen 21. Jahrhundert kehrte sich dieser Trend in den östlichen Bundesländern um. Auch im Westen stieg zu dieser Zeit die Erwerbstätigenquote an. In Deutschland wurde schließlich 2005 die 60 Prozent-Marke bei der Frauenerwerbstätigenquote überschritten. In den folgenden Jahren glich sich die Erwerbsquote von Frauen in den westlichen und östlichen Bundesländern weiter an und lag 2012 bei 68 beziehungsweise 69 Prozent. 2016 erreichte sie in Deutschland schließlich 71 Prozent.[3] Diese Entwicklung resultierte aus einer Gemengelage mehrerer Faktoren: der allgemeinen wirtschaftlichen Entwicklung, einem gestiegenen Bildungsniveau der Frauen, ökonomischen Zwängen und einem Wandel in der Einstellung vieler Mütter. Damit setzte sich in Deutschland nicht nur das Modell der Doppelverdienerhaushalte (»Zweiverdienermodell«), sondern auch das der ganztägigen Kinderbetreuung in Krippen und Kindergärten durch. Gleichzeitig muss betont werden, dass viele berufstätige Frauen in Teilzeit arbeiten und deutlich weniger als Männer verdienen, weshalb sie weiterhin überproportional von einer Altersarmut bedroht sind.

Trotz aller Veränderungen blieb folglich im wiedervereinigten Deutschland die Ungleichheit der Geschlechter bestehen: So übernahmen vor allem Mütter weiterhin die zeit- und arbeitsintensiven Tätigkeiten bei der Kindererziehung, Ehefrauen und Mütter waren auch nach 1990 weitgehend allein für die Haushaltsführung zuständig und schließlich gibt es auch im frühen 21. Jahrhundert bei der Bezahlung im Beruf noch eine deutliche Geschlechterdifferenz (»Gender Pay Gap«). Gerade im mittleren Altersabschnitt verstärken sich die Geschlechterunterschiede häufig noch, da Mütter meist nicht nur in Teilzeit arbeiteten, sondern überdies verstärkt im Niedriglohnsektor tätig waren oder einer geringfügigen Beschäftigung nachgingen. Im Vergleich mit den in Vollzeit angestellten Vätern verschlechterten sich damit sowohl ihr Verdienst als auch ihre Karrierechancen.

Überdies hält sich in vielen Familien eine traditionelle Aufgabenverteilung, die sich ebenfalls negativ auf die beruflichen Entfaltungsmöglichkeiten der Frauen auswirkt. Dass die Zahl der »Nur-Hausfrauen« zurückging, sollte über diesen Befund nicht hinwegtäuschen. Tatsächlich sank der Anteil der »Hausfrauenehen« in der Bundesrepublik bzw. den westlichen Bundesländern von 27 Prozent zu Beginn der 1980er Jahre auf zwölf Prozent um das Jahr 2010. In den östlichen Bundesländern lag er demgegenüber zur Wendezeit bereits bei nur zwölf Prozent und reduzierte sich bis 2010 auf vier Prozent.[4] Trotz dieses Trends blieb Hausarbeit aber ein integraler Bestandteil des weiblichen Lebens, da sich eine gleichberechtigte Aufgabenverteilung im Alltag der meisten Familien nicht durchgesetzt hat – selbst wenn sich der Ehemann oder Partner hierzu mündlich bekannte.

Bis ins frühe 21. Jahrhundert hinein hat sich damit für deutsche Frauen weder in der Familie noch im Berufsleben eine egalitär-gleichberechtigte Rolle verwirklicht. Der gesellschaftliche Wandlungsprozess hin zu Partnerschaft, Chancengleichheit und Emanzipation, wie er in den 1970er Jahren eingesetzt hatte, hat sein Ziel offenkundig noch nicht erreicht. Dazu bedarf es sowohl des politischen als auch des gesellschaftlichen Willens, andere Rahmenbedingungen zu setzen, zu denen sicherlich die ganztätige Kinderbetreuung in Kitas und Kindergärten, aber auch generell die Frage der Vereinbarkeit von Beruf und Familie gehört. Das lässt sich aber wohl nur dann realisieren, wenn es nicht nur durch politische Maßnahmen gefördert wird, sondern wenn zugleich Frauen – und auch ihre Männer – daran mitwirken.

ANMERKUNGEN

1 Einleitung

1 Jutta Allmendinger: Verschenkte Potenziale? Lebensläufe nicht erwerbstätiger Frauen. Unter Mitarbeit von Mareike Ebach, Marina Hennig und Stefan Stuth (= Schriftenreihe Bundeszentrale für politische Bildung, Bd. 1120), Bonn 2011, S. 9.

2 Ebd., S. 12.

3 Elisabeth Beck-Gernsheim: Vom »Dasein für andere« zum Anspruch auf ein Stück »eigenes Leben«: Individualisierungsprozesse im weiblichen Lebenszusammenhang, in: Soziale Welt 34 (1983), S. 307–341.

4 Vgl. exemplarisch hierzu Ursula Münch: Familien-, Jugend- und Altenpolitik, in: Michael Ruck/Marcel Boldorf (Hrsg.): Bundesrepublik Deutschland 1957–1966. Sozialpolitik im Zeichen des erreichten Wohlstandes (= Geschichte der Sozialpolitik in Deutschland seit 1945, Bd. 4), Baden-Baden 2007, S. 552–609, hier S. 646 ff.; Ursula Münch: Familien-, Jugend- und Altenpolitik, in: Hans G. Hockerts (Hrsg.): Bundesrepublik Deutschland 1966–1974. Eine Zeit vielfältigen Aufbruchs (= Geschichte der Sozialpolitik in Deutschland seit 1945, Bd. 5), Baden-Baden 2006, S. 636–707, hier S. 650–654; Eva-Maria Silies: Liebe, Lust und Last. Die Pille als weibliche Generationserfahrung in der Bundesrepublik 1960–1980 (= Göttinger Studien zur Generationsforschung, Bd. 4), Göttingen 2010; Ute Gerhard: Frauenbewegung und Feminismus. Eine Geschichte seit 1789 (= Beck'sche Reihe, Bd. 2463), München ^{2}2012, S. 205 f.; Christopher Neumaier: Familie im 20. Jahrhundert. Konflikte um Ideale, Politiken und Praktiken (= Wertewandel im 20. Jahrhundert, Bd. 6), Berlin, Boston 2019, S. 409–420.

5 Vgl. Nicole Kramer: Ikone des Wiederaufbaus. Die »Trümmerfrau« in der bundesdeutschen Erinnerungskultur, in: Jörg Arnold/Dietmar Süß/Malte Thießen (Hrsg.): Luftkrieg. Erinnerungen in Deutschland und Europa (= Beiträge zur Geschichte des 20. Jahrhunderts, Bd. 10), Göttingen 2009, S. 259–276; Nicole Kramer: Volksgenossinnen an der Heimatfront. Mobilisierung, Verhalten, Erinnerung (= Schriftenreihe der Historischen Kommission bei der Bayerischen Akademie der Wissenschaften, Bd. 82), Göttingen 2011, S. 320–335; Marita Krauss: Trümmerfrauen. Visuelles Konstrukt und Realität, in: Gerhard Paul (Hrsg.): Das Jahrhundert der Bilder. Bd. 1: Bildatlas 1900 bis 1949, Göttingen 2009, S. 738–745; Leonie Treber: Mythos Trümmerfrauen. Von der Trümmerbeseitigung in der Kriegs- und Nachkriegszeit und der Entstehung eines deutschen Erinnerungsortes, Essen 2014.

6 Vgl. Ute Frevert: Frauen-Geschichte. Zwischen Bürgerlicher Verbesserung und Neuer Weiblichkeit (= Neue historische Bibliothek, Bd. 284), Frankfurt am Main 1986, S. 246; Merith Niehuss: Familie, Frau und Gesellschaft. Studien zur Strukturgeschichte der Familie in Westdeutschland. 1945–1960 (= Schriftenreihe der Historischen Kommission bei der Bayerischen Akademie der Wissenschaften, Bd. 65), Göttingen 2001,

S. 12, 34; Anna Kaminsky: Frauen in der DDR, Berlin 2016, S. 68; Klaus-Jörg Ruhl: Verordnete Unterordnung. Berufstätige Frauen zwischen Wirtschaftswachstum und konservativer Ideologie in der Nachkriegszeit (1945–1963), München 1994, S. 11.

7 Vgl. Gunilla-Friederike Budde: Einleitung: Zwei Welten? Frauenerwerbsarbeit im deutsch-deutschen Vergleich, in: dies. (Hrsg.): Frauen arbeiten. Weibliche Erwerbstätigkeit in Ost- und Westdeutschland nach 1945, Göttingen 1997, S. 7–18, hier S. 9; Robert G. Moeller: Geschützte Mütter. Frauen und Familien in der westdeutschen Nachkriegspolitik. Aus dem Amerikanischen von Heidrun Homburg, München 1997, S. 12.

8 Vgl. Thomas Großbölting: Der verlorene Himmel. Glaube in Deutschland seit 1945, Göttingen 2013, S. 12 ff.; Christopher Neumaier: Ringen um Familienwerte. Die Reform des Ehescheidungsrechts in den 1960er/70er Jahren, in: Bernhard Dietz/Christopher Neumaier/Andreas Rödder (Hrsg.): Gab es den Wertewandel? Neue Forschungen zum gesellschaftlich-kulturellen Wandel seit den 1960er Jahren (= Wertewandel im 20. Jahrhundert, Bd. 1), München 2014, S. 201–225.

9 Vgl. Beck-Gernsheim: Dasein (wie Anm. 3), S. 311 ff.; Monika Mattes: Krisenverliererinnen? Frauen, Arbeit und das Ende des Booms, in: Knud Andresen/Ursula Bitzegeio/Jürgen Mittag (Hrsg.): Nach dem Strukturbruch? Kontinuität und Wandel von Arbeitswelten (= Schriftenreihe Bundeszentrale für politische Bildung, Bd. 1197), Bonn 2011, S. 127–140, hier S. 130; Hans Bertram/Renate Borrmann-Müller: Von der Hausfrau zur Berufsrau? Der Einfluß struktureller Wandlungen des Frauseins auf familiales Zusammenleben, in: Uta Gerhardt/Yvonne Schütze (Hrsg.): Frauensituationen. Veränderungen in den letzten zwanzig Jahren (= Suhrkamp Taschenbuch Wissenschaft, Bd. 726), Frankfurt am Main 1988, S. 251–272, hier S. 253; Rüdiger Peuckert: Familienformen im sozialen Wandel, Wiesbaden [8]2012, S. 406 f.

10 Vgl. Deutscher Bundestag. Presse- und Informationszentrum (Hrsg.): Frau und Gesellschaft. Zwischenbericht der Enquete-Kommission Deutscher Bundestag (= Zur Sache: Themen parlamentarischer Beratung, Bd. 77/1), Stuttgart 1977, S. 12.

11 Vgl. Gisela Helwig: Einleitung, in: Gisela Helwig/Hildegard M. Nickel (Hrsg.): Frauen in Deutschland 1945–1992 (= Schriftenreihe Studien zur Geschichte und Politik, Bd. 318), Bonn 1993, S. 9–21, hier S. 9.

12 Martin Kohli: Die Institutionalisierung des Lebenslaufs. Historische Befunde und theoretische Argumente, in: Kölner Zeitschrift für Soziologie und Sozialpsychologie 37 (1985), S. 1–29, hier S. 3.

13 Ebd.

14 Vgl. Karl U. Mayer: Whose Lives? How History, Societies, and Institutions Define and Shape Life Courses, in: Research in Human Development 1 (2004), S. 161–187, hier S. 170–173; Hannah Brückner/Karl U. Mayer: De-Standardization of the Life Course: What it Might Mean? And if it Means Anything, Whether it Actually Took Place?, in: Ross Macmillan (Hrsg.): The Structure of the Life Course: Standardized? Individualized? Differentiated? (= Advances in Life Course Research, Bd. 9), Amsterdam 2005, S. 27–53, hier S. 28–33; Andreas Wirsching: Erwerbsbiographien und Privatheitsformen: Die Entstandardisierung von Lebensläufen, in: Thomas Raithel/Andreas Rödder/Andreas Wirsching (Hrsg.): Auf dem Weg in eine neue Moderne?

Die Bundesrepublik Deutschland in den siebziger und achtziger Jahren (= Schriftenreihe der Vierteljahrshefte für Zeitgeschichte. Sondernummer), München 2009, S. 83–97, hier S. 85ff.

15 Vgl. Rene Lévy: Der Lebenslauf als Statusbiographie. Die weibliche Normalbiographie in makrosoziologischer Perspektive, Stuttgart 1977, S. 44.

16 Zur Definition vgl. Neumaier: Familie (wie Anm. 4), S. 17.

17 Vgl. Michael Mitterauer: Die Entwicklung zum modernen Familienzyklus, in: ders./ Reinhard Sieder: Vom Patriarchat zur Partnerschaft. Zum Strukturwandel der Familie. 2., neubearbeitete Aufl. (= Beck'sche Reihe Schwarze Reihe, Bd. 158). München 1980 [1977], S. 66–91, hier S. 66; Rosemarie Nave-Herz: Familie heute. Wandel der Familienstrukturen und Folgen für die Erziehung. 3., überarbeitete und ergänzte Aufl., Darmstadt 2007, S. 25–28.

18 Vgl. Kohli: Institutionalisierung (wie Anm. 12), S. 2; René Levy: Zur Institutionalisierung von Lebensläufen. Ein theoretischer Bezugsrahmen, in: Johann Behrens/ Wolfgang Voges (Hrsg.): Kritische Übergänge. Statuspassagen und sozialpolitische Institutionalisierung, Frankfurt am Main 1996, S. 73–113, hier S. 73; Levy: Lebenslauf wie Anm. 15).

19 Vgl. Wirsching: Erwerbsbiographien (wie Anm. 14), S. 86; Christiane Kuller: Familienpolitik im föderativen Sozialstaat. Die Formierung eines Politikfeldes in der Bundesrepublik 1949–1975 (= Studien zur Zeitgeschichte, Bd. 67), München 2004, S. 64f.; Karin Hausen: Frauenerwerbstätigkeit und erwerbstätige Frauen. Anmerkungen zur historischen Forschung, in: Gunilla-Friederike Budde (Hrsg.): Frauen arbeiten. Weibliche Erwerbstätigkeit in Ost- und Westdeutschland nach 1945, Göttingen 1997, S. 19–45.

20 Vgl. Peuckert: Familienformen 2012 (wie Anm. 9), S. 418.

21 Merith Niehuss: Kontinuität und Wandel der Familie in den 50er Jahren, in: Axel Schildt/Arnold Sywottek (Hrsg.): Modernisierung im Wiederaufbau. Die westdeutsche Gesellschaft der 50er Jahre, Bonn 1998, S. 316–334, hier S. 334.

22 Vgl. Jutta Gysi/Dagmar Meyer: Leitbild: berufstätige Mutter. DDR-Frauen in Familie, Partnerschaft und Ehe, in: Gisela Helwig/Hildegard M. Nickel (Hrsg.): Frauen in Deutschland 1945–1992 (= Schriftenreihe Studien zur Geschichte und Politik, Bd. 318), Bonn 1993, S. 139–165, hier S. 140.

2 Familie – Mutterschaft – Haushaltsführung

1 Vgl. Christopher Neumaier: Familie im 20. Jahrhundert. Konflikte um Ideale, Politiken und Praktiken (= Wertewandel im 20. Jahrhundert, Bd. 6), Berlin, Boston 2019, S. 298f.; Gunilla-Friederike Budde: Alles bleibt anders. Die Institution »Familie« zwischen 1945 und 1975 im deutsch-deutschen Vergleich, in: Maria Oppen/Dagmar Simon (Hrsg.): Verharrender Wandel. Institutionen und Geschlechterverhältnisse, Berlin 2004, S. 69–98, hier S. 92.

2 Gerhard Anschütz: Die Verfassung des Deutschen Reichs vom 11. August 1919, Bad Homburg 1960, S. 35.

3 Vgl. Verfassung der Deutschen Demokratischen Republik vom 7. Oktober 1949, in: 100(0) Schlüsseldokumente zur Deutschen Geschichte im 20. Jahrhundert, URL: https://www.1000dokumente.de/index.html?c=dokument_de&dokument=0232_ddr&object=context&l=de [letzter Zugriff: 02.07.2020]; Das Grundgesetz für die Bundesrepublik Deutschland vom 23. Mai 1949, in: 100(0) Schlüsseldokumente zur Deutschen Geschichte im 20. Jahrhundert, URL: https://www.1000dokumente.de/?c=dokument_de&dokument=0014_gru&object=tr [letzter Zugriff: 02.07.2020].

4 Vgl. Anna Kaminsky: Frauen in der DDR, Berlin 2016, S. 16, 66.

5 Vgl. Robert G. Moeller: Geschützte Mütter. Frauen und Familien in der westdeutschen Nachkriegspolitik. Aus dem Amerikanischen von Heidrun Homburg, München 1997, S. 82 ff.; Dieter Schwab: Gleichberechtigung und Familienrecht im 20. Jahrhundert, in: Ute Gerhard (Hrsg.): Frauen in der Geschichte des Rechts. Von der Frühen Neuzeit bis zur Gegenwart, München 1997, S. 790–827, hier S. 810 f.

6 Für eine Zusammenfassung dieser Argumentation vgl. Moeller: Mütter (wie Anm. 5), S. 119–122.

7 Schwab: Gleichberechtigung (wie Anm. 5), S. 791 [Hervorhebung des Originals entfernt; C.N.].

8 Vgl. Theresia Degener: Der Streit um Gleichheit und Differenz in der Bundesrepublik seit 1945, in: Ute Gerhard (Hrsg.): Frauen in der Geschichte des Rechts. Von der Frühen Neuzeit bis zur Gegenwart, München 1997, S. 871–899, hier S. 871 f., 882.

9 Vgl. Moeller: Mütter (wie Anm. 5), S. 118.

10 Vgl. Andreas Gestrich: Geschichte der Familie im 19. und 20. Jahrhundert. 3., um einen Nachtrag erweiterte Aufl. (= Enzyklopädie Deutscher Geschichte, Bd. 50), München 2013, S. 47, 50; Neumaier: Familie (wie Anm. 1), S. 17, 296 f.; Christiane Kuller: Familienpolitik im föderativen Sozialstaat. Die Formierung eines Politikfeldes in der Bundesrepublik 1949–1975 (= Studien zur Zeitgeschichte, Bd. 67), München 2004, S. 85–97.

11 Vgl. Astrid Joosten: Die Frau, das ›segenspendende Herz der Familie.‹ Familienpolitik als Frauenpolitik in der Ära Adenauer (= Forum Frauengeschichte, Bd. 6), Bamberg 1990; Moeller: Mütter (wie Anm. 5), S. 62.

12 Vgl. Kuller: Familienpolitik (wie Anm. 10), S. 15 ff., 86 f.; Klaus-Jörg Ruhl: Verordnete Unterordnung. Berufstätige Frauen zwischen Wirtschaftswachstum und konservativer Ideologie in der Nachkriegszeit (1945–1963), München 1994, S. 153 f.

13 Vgl. Monika Wienfort: Verliebt, verlobt, verheiratet. Eine Geschichte der Ehe seit der Romantik, München 2014, S. 165; Christine von Oertzen: Teilzeitarbeit und die Lust am Zuverdienen. Geschlechterpolitik und gesellschaftlicher Wandel in Westdeutschland 1948–1969 (= Kritische Studien zur Geschichtswissenschaft, Bd. 132), Göttingen 1999, S. 187–209.

14 Vgl. Gesine Obertreis: Familienpolitik in der DDR 1945–1980 (= Forschungstexte Wirtschafts- und Sozialwissenschaften, Bd. 17), Opladen 1986, S. 2 f.

15 Vgl. Kaminsky: Frauen (wie Anm. 4), S. 19, 66.

16 Vgl. Obertreis: Familienpolitik (wie Anm. 14), S. 51–62; Heike Trappe: Emanzipation oder Zwang? Frauen in der DDR zwischen Beruf, Familie und Sozialpolitik, Berlin 1995, S. 37 ff.; Neumaier: Familie (wie Anm. 1), S. 291.

17 Vgl. Wienfort: Verliebt (wie Anm. 13), S. 199 f.

18 Obertreis: Familienpolitik (wie Anm. 14), S. 145.

19 Vgl. ebd., S. 140–156; Gunilla-Friederike Budde: Frauen der Intelligenz. Akademikerinnen in der DDR 1945 bis 1975 (= Kritische Studien zur Geschichtswissenschaft, Bd. 162), Göttingen 2003, S. 51, 216.

20 Darüber sollte man sprechen, in: Frau von heute, H. 2, 1960, S. 6 zit. n. Obertreis: Familienpolitik (wie Anm. 14), S. 146.

21 Nach der Hochzeit weiterarbeiten?, in: Junge Welt, 7./8.6.1958 zit. n. Obertreis: Familienpolitik (wie Anm. 14), S. 147.

22 Vgl. Almut Rietzschel: Teilzeitarbeit in der Industrie: Ein »Störfaktor« auf dem Weg zur »Verwirklichung« der Gleichberechtigung, in: Peter Hübner/Klaus Tenfelde (Hrsg.): Arbeiter in der SBZ – DDR (= Veröffentlichungen des Instituts für soziale Bewegungen. Schriftenreihe A, Darstellungen, Bd. 10), Essen 1999, S. 169–184, hier S. 170; Obertreis: Familienpolitik (wie Anm. 14), S. 147–151.

23 Kaminsky: Frauen (wie Anm. 4), S. 13, 93.

24 Vgl. Obertreis: Familienpolitik (wie Anm. 14), S. 240.

25 Vgl. Ruhl: Unterordnung (wie Anm. 12), S. 230 f.

26 Erna Scheffler zit. n. Moeller: Mütter (wie Anm. 5), S. 296.

27 Vgl. ebd., S. 151 f., 294–299.

28 Ruhl: Unterordnung (wie Anm. 12), S. 244.

29 Vgl. ebd., S. 239–244.

30 Beide Zitate nach ebd., S. 253 f.

31 Vgl. ebd., S. 245–254.

32 Moeller: Mütter (wie Anm. 5), S. 298.

33 Vgl. Till v. Rahden: Demokratie und väterliche Autorität. Das Karlsruher »Stichentscheid«-Urteil von 1959 in der politischen Kultur der frühen Bundesrepublik, in: Zeithistorische Forschungen 2 (2005) S. 160–179, hier S. 160; Elisabeth Zellmer: Töchter der Revolte? Frauenbewegung und Feminismus der 1970er Jahre in München (= Quellen und Darstellungen zur Zeitgeschichte, Bd. 85), München 2011, S. 14 ff.

34 Vgl. Ruhl: Unterordnung (wie Anm. 12), S. 260 f.; Moeller: Mütter (wie Anm. 5), S. 330 f.

35 Vgl. Gerhard Baumert: Deutsche Familien nach dem Kriege. Unter Mitwirkung von Edith Hünniger (= Gemeindestudie des Instituts für Sozialwissenschaftliche Forschung, Darmstadt, Bd. 5), Darmstadt 1954, S. 153 f.; Rolf Fröhner/Maria von Stackelberg/Wolfgang Eser: Familie und Ehe. Probleme in den Deutschen Familien der Gegenwart, Bielefeld 1956, S. 165–171.

36 Baumert: Familien (wie Anm. 35), S. 127.

37 Vgl. Frank Bösch: Die Adenauer-CDU. Gründung, Aufstieg und Krise einer Erfolgspartei 1945–1969, Stuttgart 2001, S. 299 ff.

38 Zellmer: Töchter (wie Anm. 33), S. 27.

39 Vgl. Bösch: Adenauer-CDU (wie Anm. 37), S. 299 ff.; Zellmer: Töchter (wie Anm. 33), S. 27.

40 Familiengesetzbuch der Deutschen Demokratischen Republik vom 20. Dezember 1965, in: Kanzlei des Staatsrates der DDR (Hrsg.): Ein glückliches Familienle-

ben – Anliegen des Familiengesetzbuches der DDR. Familiengesetzbuch der DDR und Einführungsgesetz zum Familiengesetzbuch der DDR sowie Auszüge aus der Begründung und der Diskussion zum Familiengesetzbuch in der 17. Sitzung der Volkskammer der DDR vom 20. Dezember 1965 und der 22. Sitzung des Staatsrates der DDR vom 26. November 1965 (= Aus der Tätigkeit der Volkskammer und ihrer Ausschüsse, Bd. 7 (4. Wahlperiode)), Berlin (Ost) 1965, S. 113–169, hier S. 117.

41 Vgl. Anja Schröter: Ostdeutsche Ehen vor Gericht. Scheidungspraxis im Umbruch 1980–2000 (= Kommunismus und Gesellschaft, Bd. 6), Berlin 2018, S. 53 f., 69; Neumaier: Familie (wie Anm. 1), S. 357, 360, 367, 370.

42 Vgl. Ute Schneider: Hausväteridylle oder sozialistische Utopie? Die Familie im Recht der DDR (= Industrielle Welt. Schriftenreihe des Arbeitskreises für moderne Sozialgeschichte, Bd. 66), Köln, Weimar, Wien 2004, S. 348; Ute Schneider: Das Familienrecht als Instrument der Gesellschaftsgestaltung in der DDR, in: Michael Becker/Ruth Zimmerling (Hrsg.): Politik und Recht, Wiesbaden 2006, S. 601–620, hier S. 601 f.

43 Neumaier: Familie (wie Anm. 1), S. 370.

44 Vgl. ebd., S. 357, 381.

45 Vgl. ebd., S. 404–409.

46 Vgl. Hilde Benjamin: Die gesellschaftlichen Grundlagen und der Charakter des FGB-Entwurfs, in: Neue Justiz 19 (1965), S. 225–230, hier S. 228; Schneider: Hausväteridylle (wie Anm. 42), S. 60 f., 187 f. 194; Gisela Helwig: Familienpolitik, in: Christoph Kleßmann (Hrsg.): Deutsche Demokratische Republik 1961–1971. Politische Stabilisierung und wirtschaftliche Mobilisierung (= Geschichte der Sozialpolitik in Deutschland seit 1945, Bd. 9), Baden-Baden 2006, S. 496–522, hier S. 505 f.

47 Für die Begrifflichkeiten vgl. Rainer Geißler: Die Sozialstruktur Deutschlands. Zur gesellschaftlichen Entwicklung mit einer Bilanz zur Vereinigung. Mit einem Beitrag von Thomas Meyer. 5., durchgesehene Aufl., Wiesbaden 2008, hier S. 373 f.

48 Konrad H. Jarausch, Fürsorgediktatur, Version: 1.0, in: Docupedia-Zeitgeschichte, 11.02.2010 http://docupedia.de/zg/jarausch_fuersorgediktatur_v1_de_2010 [letzter Zugriff: 16.02.2022].

49 Vgl. Budde: Frauen (wie Anm. 19), S. 186 f., 311–317; Trappe: Emanzipation (wie Anm. 16), S. 83; Christopher Neumaier/Andreas Ludwig: Individualisierung der Lebenswelten. Konsum, Wohnkultur und Familienstrukturen in Ost- und Westdeutschland, in: Frank Bösch (Hrsg.): Geteilte Geschichte. Ost- und Westdeutschland 1970–2000, Göttingen 2015, S. 239–282, hier S. 279 f.

50 Familiengesetzbuch der DDR (wie Anm. 40), S. 122.

51 Ministerrat der Deutschen Demokratischen Republik, Ministerium der Justiz, Begründung des Entwurfs des Familiengesetzbuches, Berlin, 2. September 1964, Bl. 2, in: Stiftung Archiv der Parteien und Massenorganisationen der DDR im Bundesarchiv (SAPMO-BArch), DY 30/94794.

52 Vgl. Budde: Frauen (wie Anm. 19), S. 313, 317.

53 Eva Schmidt-Kolmer/Heinz H. Schmidt, Frauenarbeit und Familie, in: Einheit, 12/1962, S. 99 zit. n. Gisela Helwig: Einleitung, in: Gisela Helwig/Hildegard M. Nickel (Hrsg.): Frauen in Deutschland 1945–1992 (= Schriftenreihe Studien zur Geschichte und Politik, Bd. 318), Bonn 1993, S. 9–21, hier S. 11.

54 Irmgard Steiner, Zum Verhältnis der Frauen zur Berufstätigkeit, in: Wirtschaftswissenschaft, 7/1966, S. 1152 ff. zit. n. Helwig: Einleitung (wie Anm. 53), S. 12.

55 Siehe hierzu: Das Familienrecht der DDR. Lehrkommentar, Berlin (Ost) 1966, S. 55 f. zit. n. Helwig: Einleitung (wie Anm. 53), S. 12.

56 Vgl. ebd.

57 Anita Grandke: Zur Entwicklung von Ehe und Familie, in: Herta Kuhrig/Wulfram Speigner (Hrsg.): Zur gesellschaftlichen Stellung der Frau in der DDR. Sammelband, Leipzig 1978, S. 229–253, hier S. 233 f.

58 Vgl. Jutta Gysi/Dagmar Meyer: Leitbild: berufstätige Mutter. DDR-Frauen in Familie, Partnerschaft und Ehe, in: Gisela Helwig/Hildegard M. Nickel (Hrsg.): Frauen in Deutschland 1945–1992 (= Schriftenreihe Studien zur Geschichte und Politik, Bd. 318), Bonn 1993, S. 139–165, hier S. 140.

59 Evangelische Kirche in Deutschland. Kirchenkanzlei für die Gliedkirchen in der Deutschen Demokratischen Republik, Betr.: Beobachtung der Familiengesetzgebung in der DDR, Berlin, 27. April 1965, S. 3, in: Evangelisches Zentralarchiv (EZA), 102/396. Für das Memorandum vgl. Einschätzung der Umfrage über Probleme der Frau in unserer Gesellschaft, ohne Ort, [1970], S. 7–11, in: SAPMO-BArch, DY 30/96364.

60 Vgl. Obertreis: Familienpolitik (wie Anm. 14), S. 335; Neumaier: Familie (wie Anm. 1), S. 462 f.

61 So aber Susanne Diemer: Patriarchalismus in der DDR. Strukturelle, kulturelle und subjektive Dimensionen der Geschlechterpolarisierung, Opladen 1994, S. 110.

62 Kaminsky: Frauen (wie Anm. 4), S. 143.

63 Vgl. ebd.

64 Vgl. Obertreis: Familienpolitik (wie Anm. 14), S. 241–249; Eva Schäffler: Paarbeziehungen in Ostdeutschland. Auf dem Weg vom Real- zum Postsozialismus (= Studien zur Sozial- und Wirtschaftsgeschichte Ostmitteleuropas, Bd. 25), Wiesbaden 2017, S. 111 f.

65 Siehe hierzu Rüdiger Peuckert: Familienformen im sozialen Wandel, Wiesbaden [8]2012, S. 8.

66 Vgl. Gysi/Meyer: Leitbild (wie Anm. 58), S. 140.

67 Vgl. Budde: Alles bleibt anders (wie Anm. 1), S. 83 f.; Budde: Frauen (wie Anm. 19), S. 311–317; Gysi/Meyer: Leitbild (wie Anm. 58), S. 139, 146.

68 Vgl. Neumaier/Ludwig: Individualisierung (wie Anm. 49), S. 273; Gisela Helwig: Familienpolitik, in: Christoph Boyer/Klaus-Dietmar Henke/Peter Skyba (Hrsg.): Deutsche Demokratische Republik 1971–1989. Bewegung in der Sozialpolitik, Erstarrung und Niedergang (= Geschichte der Sozialpolitik in Deutschland seit 1945, Bd. 10), Baden-Baden 2008, S. 474–507, hier S. 490 f.; Kaminsky: Frauen (wie Anm. 4), S. 167. Zur Geschichte des Hausarbeitstages siehe Carola Sachse: Der Hausarbeitstag. Gerechtigkeit und Gleichberechtigung in Ost und West 1939–1994, Göttingen 2002.

69 Vgl. Helwig: Familienpolitik 1971–1989 (wie Anm. 68), S. 491 f., 494 f.; Dirk Konietzka/Michaela Kreyenfeld: Nichteheliche Mutterschaft und soziale Ungleichheit im familialistischen Wohlfahrtsstaat. Zur sozioökonomischen Differenzierung der Familienformen in Ost- und Westdeutschland, in: Kölner Zeitschrift für Soziologie

und Sozialpsychologie 57 (2005), S. 32–61, hier S. 33; Neumaier: Familie (wie Anm. 1), S. 371.

70 Vgl. Obertreis: Familienpolitik (wie Anm. 14), S. 240, 318, 335 f.

71 Vgl. Ursula Münch: Familien-, Jugend- und Altenpolitik, in: Hans G. Hockerts (Hrsg.): Bundesrepublik Deutschland 1966–1974. Eine Zeit vielfältigen Aufbruchs (= Geschichte der Sozialpolitik in Deutschland seit 1945, Bd. 5), Baden-Baden 2006, S. 636–707, hier S. 640 f., 661, 666 f.; Kuller: Familienpolitik (wie Anm. 10), S. 16–19, 87, 90 f.

72 Sozialdemokratische Partei Deutschlands: Leitsätze und Grundsätze, in: dies. (Hrsg.): Familienpolitik der SPD. Zweiter Entwurf vorgelegt vom Familienpolitischen Ausschuß der SPD, Bonn 1975, S. 5–6, hier S. 5; PSt-Rede vor der evangelischen Konferenz 1978, S. 6, in: Bundesarchiv (BArch) Koblenz, B 189/14826; Vermerk M[ax] Wingen, Probleme sozialwissenschaftlicher Familienpolitikberatung. 12 Thesen, Bonn-Bad Godesberg, 18. Juni 1975, S. 1 ff., in: BArch Koblenz, B 189/15785.

73 Vgl. Kuller: Familienpolitik (wie Anm. 10), S. 158 f., 195–222; Münch: Familien-, Jugend- und Altenpolitik 1966–1974 (wie Anm. 71), S. 640 ff., 646, 658–661.

74 Sozialdemokratische Partei Deutschlands: Leitsätze (wie Anm. 72), S. 5.

75 Vgl. Neumaier: Familie (wie Anm. 1), S. 373 f.

76 Bernhard Vogel: Eröffnung und Begrüßung (Kongress über aktuelle Fragen der Familie und Familienpolitik, 1.–2. Februar 1974 in Bonn-Bad Godesberg), in: Berichte und Dokumente (1974), H. 22, S. 8–14, hier S. 9 f.

77 Vgl. ebd.; Heinrich Bischof Tenhumberg: Grußwort (Kongress über aktuelle Fragen der Familie und Familienpolitik, 1.–2. Februar 1974 in Bonn-Bad Godesberg), in: Berichte und Dokumente (1974), H. 22, S. 14–17, hier S. 15; Franz Böckle: Das Unwandelbare im Wandel – theologisch-sozialethische Thesen zu Ehe und Familie in unserer Gesellschaft (Kongress über aktuelle Fragen der Familie und Familienpolitik, 1.–2. Februar 1974 in Bonn-Bad Godesberg), in: Berichte und Dokumente (1974), H. 22, S. 64–76, hier S. 65 ff.; Christopher Neumaier: Der Niedergang der christlichen Familien? Das Wechselspiel zwischen zeitgenössischen Wahrnehmungen und Praktiken der Lebensführung, in: Claudia Lepp/Harry Oelke/Detlef Pollack (Hrsg.): Religion und Lebensführung im Umbruch der langen 1960er Jahre (= Arbeiten zur kirchlichen Zeitgeschichte. Reihe B: Darstellungen, Bd. 65), Göttingen 2016, S. 213–236, hier S. 219 f., 225.

78 Vgl. Frank Bösch: Macht und Machtverlust. Die Geschichte der CDU, Stuttgart 2002, S. 38 f.

79 Grundsatzprogramm der Christlich Demokratischen Union Deutschlands. Verabschiedet auf dem 26. Bundesparteitag, Ludwigshafen, 23.–25. Oktober 1978 (Ludwigshafener Programm), http://www.kas.de/upload/ACDP/CDU/Programme_Beschluesse/1978_Grundsatzprogramm_Ludwigshafen.pdf [letzter Zugriff: 29.06.2020], S. 10. Die Familie als »Fundament der Gesellschaft« galt als die zentrale familienpolitische Leitlinie der CDU. Vgl. David Schumann: Bauarbeiten am Fundament der Gesellschaft. Christdemokratische Familienpolitik in der Ära Kohl (1973–1998) (= Schriftenreihe Studien zur Zeitgeschichte, Bd. 93), Hamburg 2014.

80 Sozialdemokratische Partei Deutschlands: Leitsätze (wie Anm. 72), S. 5.

81 Vgl. Neumaier: Familie (wie Anm. 1), S. 424 f.; Schumann: Bauarbeiten (wie Anm. 79), S. 49–54; Wiebke Kolbe: Elternschaft im Wohlfahrtsstaat. Schweden und die Bundesrepublik im Vergleich 1945–2000 (= Geschichte und Geschlechter, Bd. 38), Frankfurt am Main 2002, S. 163–199.

82 Vgl. Sybille Buske: Fräulein Mutter und ihr Bastard. Eine Geschichte der Unehelichkeit in Deutschland 1900–1970 (= Moderne Zeit. Neue Forschungen zur Gesellschafts- und Kulturgeschichte des 19. und 20. Jahrhunderts, Bd. 5), Göttingen 2004, S. 246–253, 323–328; Münch: Familien-, Jugend- und Altenpolitik 1966–1974 (wie Anm. 71), S. 682.

83 Vgl. Buske: Fräulein (wie Anm. 82), S. 328–343.

84 Vgl. Moeller: Mütter (wie Anm. 5), S. 61, 112 f., 116, 118 f., 130, 181, 203–207; Sybille Buske: Fräulein Mutter vor dem Richterstuhl. Der Wandel der öffentlichen Wahrnehmung und rechtlichen Stellung lediger Mütter in der Bundesrepublik 1948 bis 1970, in: WerkstattGeschichte 27 (2000), S. 48–67, hier S. 50.

85 Barbara Willenbacher: Paradigmen des Nichtehelichenrechts, in: Uta Gerhardt/Stefan Hradil/Doris Lucke/Bernhard Nauck (Hrsg.): Familie der Zukunft. Lebensbedingungen und Lebensformen (= Sozialstrukturanalyse, Bd. 6), Opladen 1995, S. 305–322, hier S. 306, 310–314; Buske: Fräulein (wie Anm. 82), S. 343 ff.

86 Neumaier: Familie (wie Anm. 1), S. 381.

87 Für die Reform des Scheidungsrechts vgl. Christopher Neumaier: Ringen um Familienwerte. Die Reform des Ehescheidungsrechts in den 1960er/70er Jahren, in: Bernhard Dietz/Christopher Neumaier/Andreas Rödder (Hrsg.): Gab es den Wertewandel? Neue Forschungen zum gesellschaftlich-kulturellen Wandel seit den 1960er Jahren (= Wertewandel im 20. Jahrhundert, Bd. 1), München 2014, S. 201–225; Christopher Neumaier: Jenseits eines Kompromisses? Kontroversen um das Familienrecht und die Ordnung der westdeutschen Gesellschaft (1975–1985), in: Martin Löhnig (Hrsg.): Scheidung ohne Schuld? Genese und Auswirkungen der Eherechtsreform 1977 (= Beiträge zur Rechtsgeschichte des 20. Jahrhunderts, Bd. 110), Tübingen 2019, S. 39–59; Münch: Familien-, Jugend- und Altenpolitik 1966–1974 (wie Anm. 71), S. 647 f.

88 Jürgen Schmude an Mitglieder der SPD-Bundestagsfraktion, Betr.: Reform des Ehe- und Familienrechts, Bonn, 1. Oktober 1973, Anlage: Vermerk Ehe- und Familienrechtsreform in Frage und Antwort, S. 1, in: Archiv der sozialen Demokratie (AdsD), Protokolle der SPD-Bundestagsfraktion, 7. WP 2/BTFG003509.

89 Vgl. Neumaier: Familie (wie Anm. 1), S. 456 f.

90 Vgl. ebd., S. 397 f.; Rosemarie Nave-Herz: Familie heute. Wandel der Familienstrukturen und Folgen für die Erziehung. 3., überarbeitete und ergänzte Aufl., Darmstadt 2007, S. 49 f.; Münch: Familien-, Jugend- und Altenpolitik 1966–1974 (wie Anm. 71), S. 650.

91 Vgl. Gysi/Meyer: Leitbild (wie Anm. 58), S. 141.

92 Vgl. Peuckert: Familienformen 2012 (wie Anm. 65), S. 412 f.; Rüdiger Peuckert: Familienformen im sozialen Wandel. 9., vollständig überarbeitete Aufl., Wiesbaden 2019, S. 366 ff., 405–411.

93 Vgl. Merith Niehuss: Familie, Frau und Gesellschaft. Studien zur Strukturgeschichte der Familie in Westdeutschland. 1945–1960 (= Schriftenreihe der Historischen Kom-

mission bei der Bayerischen Akademie der Wissenschaften, Bd. 65), Göttingen 2001, S. 334; Sibylle Meyer/Eva Schulze: Frauen in der Modernisierungsfalle. Wandel von Ehe, Familie und Partnerschaft in der Bundesrepublik Deutschland, in: Gisela Helwig/ Hildegard M. Nickel (Hrsg.): Frauen in Deutschland 1945–1992 (= Schriftenreihe Studien zur Geschichte und Politik, Bd. 318), Bonn 1993, S. 166–189, hier S. 170.

94 Vgl. Peuckert: Familienformen 2012 (wie Anm. 65), S. 210; Budde: Frauen (wie Anm. 19), S. 312 f.

95 Vgl. Laszlo A. Vaskovics/Marina Rupp: Partnerschaftskarrieren. Entwicklungspfade nichtehelicher Lebensgemeinschaften, Opladen 1995; Meyer/Schulze: Frauen (wie Anm. 93), S. 170.

96 Vgl. ebd.

97 Peuckert: Familienformen 2012 (wie Anm. 65), S. 241.

98 Zusammengefasst bei Neumaier: Familie (wie Anm. 1), S. 475.

99 Vgl. Kaminsky: Frauen (wie Anm. 4), S. 146 f.; Schäffler: Paarbeziehungen (wie Anm. 64), S. 127.

100 Vgl. Gysi/Meyer: Leitbild (wie Anm. 58), S. 143 f.

101 Vgl. ebd., S. 143 ff.; Schäffler: Paarbeziehungen (wie Anm. 64), S. 127 f.

102 Peuckert: Familienformen 2012 (wie Anm. 65), S. 42 [Hervorhebung des Originals entfernt; C.N.].

103 Peuckert: Familienformen 2019 (wie Anm. 92), S. 275.

104 Vgl. Nave-Herz: Familie (wie Anm. 90), S. 122 f.

105 Vgl. Peuckert: Familienformen 2019 (wie Anm. 92), S. 269–274.

106 Vgl. Neumaier: Kompromisses (wie Anm. 87).

107 Norbert F. Schneider: Pluralisierung der Lebensformen – Fakt oder Fiktion?, in: Zeitschrift für Familienforschung 13 (2001), S. 85–90, hier S. 88.

108 Michael Wagner: Entwicklung und Vielfalt der Lebensformen, in: Norbert F. Schneider (Hrsg.): Lehrbuch Moderne Familiensoziologie. Theorien, Methoden, empirische Befunde, Opladen 2008, S. 99–120, hier S. 108.

109 Zusammengefasst bei Neumaier: Familie (wie Anm. 1), S. 432–435, 488–491.

110 Vgl. Rüdiger Peuckert: Familienformen im sozialen Wandel. 7., vollständig überarbeitete Aufl., Wiesbaden 2008, S. 25; Günter Burkart: Familiensoziologie, Konstanz 2008, S. 29.

111 Quelle: Peuckert: Familienformen 2008 (wie Anm. 110), S. 25.

112 Vgl. Angela Vogel: Familie, in: Wolfgang Benz (Hrsg.): Die Geschichte der Bundesrepublik Deutschland. Bd. 3: Gesellschaft. Aktualisierte und erweiterte Neuaufl., Frankfurt am Main 1989, S. 35–86, hier S. 42; Lu Seegers: »Vati blieb im Krieg«. Vaterlosigkeit als generationelle Erfahrung im 20. Jahrhundert – Deutschland und Polen (= Göttinger Studien zur Generationsforschung, Bd. 13), Göttingen 2013, S. 10; Sibylle Meyer/Eva Schulze: Balancen des Glücks. Neue Lebensformen: Paare ohne Trauschein, Alleinerziehende und Singles, München 1989, S. 148; Meyer/Schulze: Frauen (wie Anm. 93), S. 174.

113 Vgl. A. Bericht der Kommission vom 29.8.1980, in: Deutscher Bundestag. Presse- und Informationszentrum (Hrsg.): Frau und Gesellschaft (II). Bericht 1980 der Enquete-Kommission und Aussprache 1981 im Plenum des Deutschen Bundestages (=

Zur Sache: Themen parlamentarischer Beratung, Bd. 81/1), Bonn 1981, S. 10–80, hier S. 75; Alfons Cramer: Zur Lage der Familie und der Familienpolitik in der Bundesrepublik Deutschland (= Forschungstexte Wirtschafts- und Sozialwissenschaften, Bd. 7), Opladen 1982, S. 85; Renate I. Mreschar, Alleinerziehende Väter und Mütter heute, in: Deutscher Forschungsdienst, df-digest Sonderausgabe 5/1988, Bl. 143–145, hier Bl. 143 f., in: Frauenforschungs-, -bildungs- und Informationszentrum (FFBIZ), A Rep. 400 BRD 5.

114 Vgl. Baumert: Familien (wie Anm. 35), S. 49.

115 Vgl. Neumaier: Niedergang (wie Anm. 77); Baumert: Familien (wie Anm. 35), S. 172, 174.

116 Für diese Bewertung vgl. Sibylle Meyer/Eva Schulze: Auswirkungen des II. Weltkriegs auf Familien. Zum Wandel der Familie in Deutschland (= Soziologische Forschungen, Bd. 18), Berlin 1989, S. 309.

117 Vgl. Anna Schnädelbach: Kriegerwitwen. Lebensbewältigung zwischen Arbeit und Familie in Westdeutschland nach 1945 (= Geschichte und Geschlechter, Bd. 59), Frankfurt am Main 2009, S. 168 f., 173, 175 f.; Elizabeth D. Heineman: What Difference Does a Husband Make? Women and Marital Status in Nazi and Postwar Germany, Berkeley 1999, S. 168.

118 Vgl. Gysi/Meyer: Leitbild (wie Anm. 58), S. 145 f.; Gunnar Winkler (Hrsg.): Frauenreport '90. Im Auftrag der Beauftragten des Ministerrats für die Gleichstellung von Frauen und Männern, Dr. Marina Beyer, Berlin 1990, S. 112 f.

119 Vgl. Olga Pötzsch: Geburtenfolge und Geburtenabstand – neue Daten und Befunde, in: Wirtschaft und Statistik (2012), H. 2, S. 89–102, hier S. 90; Johannes Huinink/Michael Wagner: Partnerschaft, Ehe und Familie in der DDR, in: Johannes Huinink/Karl U. Mayer/Martin Diewald/Heike Solga/Annemette Sørensen/Heike Trappe (Hrsg.): Kollektiv und Eigensinn. Lebensverläufe in der DDR und danach, Berlin 1995, S. 145–188, hier S. 168 f.

120 Vgl. Peuckert: Familienformen 2012 (wie Anm. 65), S. 101; Neumaier: Familie (wie Anm. 1), S. 493–505.

121 Renate Köcher: Einstellungen zu Ehe und Familie im Wandel der Zeit. Eine Repräsentativuntersuchung im Auftrag des Ministeriums für Arbeit, Gesundheit, Familie und Sozialordnung Baden-Württemberg, Stuttgart 1985, S. 134.

122 Vgl. Neumaier: Familie (wie Anm. 1), S. 430 f., 499; Sibylle Meyer/Eva Schulze: Nichteheliche Lebensgemeinschaften – Alternativen zur Ehe?, in: Kölner Zeitschrift für Soziologie und Sozialpsychologie 35 (1983), S. 735–754, hier S. 748 f.

123 Hier und im folgenden Absatz vgl. Hermann Korte: Bevölkerungsstruktur und -entwicklung, in: Wolfgang Benz (Hrsg.): Die Geschichte der Bundesrepublik Deutschland. Bd. 3: Gesellschaft. Aktualisierte und erweiterte Neuaufl., Frankfurt am Main 1989, S. 1–34, hier S. 19; Merith Niehuss: Die Familie in der Bundesrepublik Deutschland im Spiegel der Demographie 1945–1960, in: Archiv für Sozialgeschichte 35 (1995), S. 211–226, hier S. 225; Peuckert: Familienformen 2012 (wie Anm. 65), S. 165 f. Für die Kinderzahlen von 1961 vgl. Bericht der Bundesregierung über die Situation der Frauen in Beruf, Familie und Gesellschaft (= Drucksache Deutscher Bundestag, Bd. V/909), Bonn 1966, S. 7.

124 Vgl. Eva-Maria Silies: Liebe, Lust und Last. Die Pille als weibliche Generationserfahrung in der Bundesrepublik 1960–1980 (= Göttinger Studien zur Generationsforschung, Bd. 4), Göttingen 2010, S. 8–11, 15, 113 ff.; Axel Schildt: Die Sozialgeschichte der Bundesrepublik Deutschland bis 1989/90 (= Enzyklopädie Deutscher Geschichte, Bd. 80), München 2007, S. 36.

125 Für die Geburtenentwicklung vgl. Neumaier: Familie (wie Anm. 1), S. 336–348.

126 Vgl. Peuckert: Familienformen 2012 (wie Anm. 65), S. 217, 244.

127 Nave-Herz: Familie (wie Anm. 90), S. 35.

128 Siehe hierzu u. a. Franz-Xaver Kaufmann: Familie und Modernität, in: Kurt Lüscher/Franz Schultheis/Michael Wehrspaun (Hrsg.): Die »postmoderne« Familie. Familiale Strategien und Familienpolitik in einer Übergangszeit (= Konstanzer Beiträge zur sozialwissenschaftlichen Forschung, Bd. 3), Konstanz 1988, S. 391–415, hier S. 395; Franz-Xaver Kaufmann: Zur gesellschaftlichen Verfassung der Ehe – heute. Christlicher Glaube in moderner Gesellschaft. Teilbd. 7, Freiburg, Basel, Wien 1981, S. 53 ff.

129 Alois Herlth/Franz-Xaver Kaufmann: Zur Einführung: Familiale Probleme und sozialpolitische Intervention, in: Franz-Xaver Kaufmann (Hrsg.): Staatliche Sozialpolitik und Familie, München 1982, S. 1–22, hier S. 6.

130 Vgl. Neumaier: Familie (wie Anm. 1), S. 341 f.

131 Vgl. Peuckert: Familienformen 2012 (wie Anm. 65), S. 216–221.

132 Vgl. Friederike Maier: Zwischen Arbeitsmarkt und Familie – Frauenarbeit in den alten Bundesländern, in: Gisela Helwig/Hildegard M. Nickel (Hrsg.): Frauen in Deutschland 1945–1992 (= Schriftenreihe Studien zur Geschichte und Politik, Bd. 318), Bonn 1993, S. 257–279, hier S. 273 f.

133 Die Familie von heute und ihre Erziehungskraft. Der Bundesminister für Familien- und Jugendfragen vor der Westfälischen Direktorenkonferenz, in: Bulletin des Presse- und Informationsamtes der Bundesregierung, Nr. 127, 13. Juli 1961, 1238, in: Archiv für Christlich-Demokratische Politik (ACDP), 01-221-017.

134 Vgl. Julia Paulus: Familienrollen und Geschlechterverhältnisse im Wandel, in: Matthias Frese/Julia Paulus/Karl Teppe (Hrsg.): Demokratisierung und gesellschaftlicher Aufbruch. Die sechziger Jahre als Wendezeit der Bundesrepublik (= Forschungen zur Regionalgeschichte, Bd. 44), Paderborn 2003, S. 107–119, hier S. 112.

135 Godesberger Programm. Grundsatzprogramm der Sozialdemokratischen Partei Deutschlands von 1959, in: https://www.spd.de/fileadmin/Dokumente/Beschluesse/Grundsatzprogramme/godesberger_programm.pdf [letzter Zugriff: 18.05.2020].

136 Vgl. Zellmer: Töchter (wie Anm. 33), S. 17; Ursula Münch: Familien-, Jugend- und Altenpolitik, in: Michael Ruck/Marcel Boldorf (Hrsg.): Bundesrepublik Deutschland 1957–1966. Sozialpolitik im Zeichen des erreichten Wohlstandes (= Geschichte der Sozialpolitik in Deutschland seit 1945, Bd. 4), Baden-Baden 2007, S. 552–609, hier S. 560.

137 Richtlinien Sozialdemokratischer Familienpolitik, in: Pressemitteilungen und Informationen der SPD, Nr. 103/61, 11. April 1961, S. 5, in: AdsD, Protokolle der SPD-Bundestagsfraktion, 3. WP 141. Siehe auch Bericht der Bundesregierung: Frauen in Beruf, Familie (wie Anm. 123), S. 28 f.

138 Ebd., S. 9.

139 Charlotte Höhn: Erwerbstätigkeit und Rollenwandel der Frau, in: Zeitschrift für Bevölkerungswissenschaft 8 (1982), S. 297–317, hier S. 299.

140 Elisabeth Pitz-Savelsberg: Frauenfragen 1966, in: Frau und Politik 12 (1966), S. 11–12.

141 Ebd., S. 11.

142 Vgl. Neumaier: Familie (wie Anm. 1), S. 436 ff. Zur kritischen Auseinandersetzung mit Bowlby vgl. Claudia Moisel: Geschichte und Psychoanalyse. Zur Genese der Bindungstheorie von John Bowlby, in: Vierteljahrshefte für Zeitgeschichte 65 (2017), S. 51–74; Yvonne Schütze: Mütterliche Erwerbstätigkeit und wissenschaftliche Forschung, in: Uta Gerhardt/Yvonne Schütze (Hrsg.): Frauensituationen. Veränderungen in den letzten zwanzig Jahren (= Suhrkamp Taschenbuch Wissenschaft, Bd. 726), Frankfurt am Main 1988, S. 114–138, hier S. 124 f.

143 Vgl. Obertreis: Familienpolitik (wie Anm. 14), S. 139; Donna Harsch: Revenge of the Domestic. Women, the Family, and Communism in the German Democratic Republic, Princeton 2007, S. 213.

144 Vgl. Grandke: Entwicklung (wie Anm. 57), S. 235–238, 245; Hildegard M. Nickel: »Mitgestalterinnen des Sozialismus« – Frauenarbeit in der DDR, in: Gisela Helwig/Hildegard M. Nickel (Hrsg.): Frauen in Deutschland 1945–1992 (= Schriftenreihe Studien zur Geschichte und Politik, Bd. 318), Bonn 1993, S. 233–279, hier S. 245; Gysi/Meyer: Leitbild (wie Anm. 58), S. 160.

145 Vgl. Baumert: Familien (wie Anm. 35), S. 153–156, 164; Fröhner/Stackelberg/Eser: Familie (wie Anm. 35), S. 188.

146 Baumert: Familien (wie Anm. 35), S. 156.

147 Vgl. ebd., S. 123–126, 156 f.

148 Vgl. Friedhelm Neidhardt: Die Familie in Deutschland. Gesellschaftliche Stellung, Struktur und Funktionen, Opladen [3]1971, S. 50 f.

149 Vgl. Friedhelm Neidhardt: Strukturbedingungen und Probleme familialer Sozialisation, in: Günther Lüschen/Eugen Lupri (Hrsg.): Soziologie der Familie (= Kölner Zeitschrift für Soziologie und Sozialpsychologie. Sonderhefte, Bd. 14), Opladen 1970, S. 144–168, hier S. 161; Peuckert: Familienformen 2012 (wie Anm. 65), S. 285 ff.

150 Vgl. Trutz von Trotha: Zum Wandel der Familie, in: Kölner Zeitschrift für Soziologie und Sozialpsychologie 42 (1990), S. 452–473, hier S. 461.

151 Vgl. Sven Reichardt: Authentizität und Gemeinschaft. Linksalternatives Leben in den siebziger und frühen achtziger Jahren (= Suhrkamp Taschenbuch Wissenschaft, Bd. 2075), Berlin 2014, S. 743.

152 Hans-Dieter Schmidt zit. n.: Dietmar Sturzbecher/Klaus Kalb: Vergleichende Analyse elterlicher Erziehungsziele in der ehemaligen DDR und der alten Bundesrepublik, in: Psychologie in Erziehung und Unterricht 40 (1993), S. 143–147, hier S. 146.

153 Vgl. Peuckert: Familienformen 2012 (wie Anm. 65), S. 285 ff.

154 Quelle: Neidhardt: Strukturbedingungen (wie Anm. 149), S. 161; Neidhardt: Familie (wie Anm. 148), S. 51.

155 Vgl. exemplarisch Baumert: Familien (wie Anm. 35), S. 154 f.

156 Liselotte Funcke, Gedanken zum Strukturwandel im Leben der Frau, ohne Ort, 4. Februar 1970, Bl. 92–96, hier Bl. 96 f., in: Archiv des Liberalismus (ADL), NL Funcke N 73–45.

157 Vgl. Neumaier: Familie (wie Anm. 1), S. 458.

158 Bericht der Sachverständigenkommission, in: Bundesminister für Jugend, Familie und Gesundheit (Hrsg.): Zweiter Familienbericht. Familie und Sozialisation. Leistungen und Leistungsgrenzen der Familie hinsichtlich des Erziehungs- und Bildungsprozesses der jungen Generation. Erster Teil: Stellungnahme der Bundesregierung. Zweiter Teil: Bericht der Sachverständigenkommission (= Drucksache Deutscher Bundestag, Bd. 7/3502), Bonn 1975, S. 9–185, hier S. 39.

159 Vgl. Stellungnahme der Bundesregierung, in: Bundesminister für Jugend, Familie und Gesundheit (Hrsg.): Zweiter Familienbericht. Familie und Sozialisation. Leistungen und Leistungsgrenzen der Familie hinsichtlich des Erziehungs- und Bildungsprozesses der jungen Generation. Erster Teil: Stellungnahme der Bundesregierung. Zweiter Teil: Bericht der Sachverständigenkommission (= Drucksache Deutscher Bundestag, Bd. 7/3502), Bonn 1975, S. V–XXVII, hier S. VIII.

160 Gerhard Wurzbacher/Gudrun Cyprian: Sozialisationsmängel der Kleinfamilie unter besonderer Berücksichtigung der Bundesrepublik Deutschland, in: Probleme der Familie und der Familienpolitik in der BRD (= Schriftenreihe des Bundesministers für Jugend, Familie und Gesundheit, Bd. 7), Bonn-Bad Godesberg 1973, S. 9–64.

161 Helge Pross: Die Wirklichkeit der Hausfrau. Die erste repräsentative Untersuchung über nichterwerbstätige Ehefrauen: Wie leben sie? Wie denken sie? Wie sehen sie sich selbst?, Reinbek bei Hamburg 1976, S. 241.

162 Vgl. ebd., S. 65–68, 241 ff.

163 Vgl. Zellmer: Töchter (wie Anm. 33), S. 30, 33.

164 Vgl. Christopher Neumaier: Hohe Wertschätzung, geringe Verbreitung. Der ›neue Vater‹ in Westdeutschland während der 1970er und 1980er Jahre, in: Ariadne (2016), H. 70, S. 44–51, hier S. 46.

165 Vgl. ebd., S. 46. Zur Bedeutung des Stillens und der Flaschennahrung für Säuglinge und die damit assoziierten gesellschaftlichen Leitbilder vgl. Verena Limper: Flaschenkinder. Säuglingsernährung und Familienbeziehungen in Deutschland und Schweden im 20. Jahrhundert (= Kölner Historische Abhandlungen, Bd. 56), Wien 2021.

166 Pross: Wirklichkeit (wie Anm. 161), S. 238.

167 Helge Pross: Gleichberechtigung im Beruf? Eine Untersuchung mit 7000 Arbeitnehmerinnen in der EWG, Frankfurt am Main 1973, S. 93.

168 Vgl. Winkler (Hrsg.): Frauenreport (wie Anm. 118), S. 129 f.

169 Horst Nickel/Ursula Ehlert: Neue Väter. Ergebnisse und Perspektiven der Vaterforschung in der Bundesrepublik Deutschland, in: Die Frau in unserer Zeit (1988), H. 3/88, S. 2–7, hier S. 3.

170 Andreas Hoff/Joachim Scholz: Neue Männer in Beruf und Familie. Erstauswertung von 64 Intensivinterviews mit Teilzeitarbeitnehmern und Hausmännern zwischen 28 und 54 Jahren und ihren Partnerinnen. Zwischenbericht des Forschungsprojekts: »Konsequenzen einer eingeschränkten Erwerbsarbeit von Männern für die betroffenen Familien«, [Berlin 1985], S. 42.

171 Vgl. Neumaier: Familie (wie Anm. 1), S. 485 f.

172 Vgl. Kaminsky: Frauen (wie Anm. 4), S. 93 f.

173 Bericht der Bundesregierung: Frauen in Beruf, Familie (wie Anm. 123), S. 11.

174 Ebd.

175 Elisabeth Beck-Gernsheim: Vom »Dasein für andere« zum Anspruch auf ein Stück »eigenes Leben«: Individualisierungsprozesse im weiblichen Lebenszusammenhang, in: Soziale Welt 34 (1983), S. 307–341.

176 Ute Frevert: Frauen-Geschichte. Zwischen Bürgerlicher Verbesserung und Neuer Weiblichkeit (= Neue historische Bibliothek, Bd. 284), Frankfurt am Main 1986, S. 255.

177 Helmut Schelsky: Wandlungen der deutschen Familie in der Gegenwart. Darstellung und Deutung einer empirisch-soziologischen Tatbestandsaufnahme. Dritte, durch einen Anhang erweiterte Aufl., Stuttgart 1955 [1953], S. 290.

178 Vgl. ebd.; Neumaier: Familie (wie Anm. 1), S. 326. Zur Kritik vgl. Baumert: Familien (wie Anm. 35), S. 135–167; Meyer/Schulze: Auswirkungen (wie Anm. 116), S. 83–93, S. 284 ff.

179 Vgl. Baumert: Familien (wie Anm. 35), S. 151–154.

180 Vgl. Ellen Bartsch: Der Arbeitsaufwand im städtischen Haushalt, in: Hauswirtschaft und Wissenschaft 2 (1954), S. 18–23; Hans Bertram/Renate Borrmann-Müller: Von der Hausfrau zur Berufsfrau? Der Einfluß struktureller Wandlungen des Frauseins auf familiales Zusammenleben, in: Uta Gerhardt/Yvonne Schütze (Hrsg.): Frauensituationen. Veränderungen in den letzten zwanzig Jahren (= Suhrkamp Taschenbuch Wissenschaft, Bd. 726), Frankfurt am Main 1988, S. 251–272, hier S. 260 f.; Fröhner/Stackelberg/Eser: Familie (wie Anm. 35), S. 161.

181 Quelle: Andersen: Traum (wie Anm. 182), S. 108; Sophie Gerber: Küche, Kühlschrank, Kilowatt. Zur Geschichte des privaten Energiekonsums in Deutschland, Bielefeld 2015, S. 70–73.

182 Ulrike Lindner: Rationalisierungsdiskurse und Aushandlungsprozesse. Der moderne Haushalt und die traditionelle Hausfrauenrolle in den 1960er Jahren, in: Matthias Frese/Julia Paulus/Karl Teppe (Hrsg.): Demokratisierung und gesellschaftlicher Aufbruch. Die sechziger Jahre als Wendezeit der Bundesrepublik (= Forschungen zur Regionalgeschichte, Bd. 44), Paderborn 2003, S. 83–106, hier S. 94.

183 Vgl. Frevert: Frauen-Geschichte (wie Anm. 176), S. 255; Arne Andersen: Der Traum vom guten Leben. Alltags- und Konsumgeschichte vom Wirtschaftswunder bis heute, Frankfurt am Main 1997, S. 93–108; Kaminsky: Frauen (wie Anm. 4), S. 108–114; Hermann Schulz-Borck: Zum Arbeitszeitaufwand in privaten Haushalten, in: Hauswirtschaft und Wissenschaft (1980), H. 3, S. 117–128, hier S. 118 f. Für das Selbermachen aus historischer Perspektive und die damit verbundenen Geschlechterrollen siehe Reinhild Kreis: Selbermachen. Eine andere Geschichte des Konsumzeitalters, Frankfurt am Main 2020.

184 Lindner: Rationalisierungsdiskurse (wie Anm. 181), S. 88.

185 Vgl. ebd., S. 88 ff.; Martina Heßler: The Frankfurt Kitchen: The Model of Modernity and the »Madness« of Traditional Users, 1926 to 1933, in: Karin Zachmann/Ruth Oldenziel (Hrsg.): Cold War Kitchen: Americanization, Technology, and European Users, Cambridge 2009, S. 163–184; Gerber: Küche (wie Anm. 183), S. 70–73, 191 f.

186 Barbara Orland: Wäsche waschen. Technik- und Sozialgeschichte der häuslichen

Pflege (= Kulturgeschichte der Naturwissenschaften und der Technik), Reinbek bei Hamburg 1991, S. 241.

187 Vgl. Andersen: Traum (wie Anm. 182), S. 93–108; Karin Hausen: Große Wäsche. Technischer Fortschritt und sozialer Wandel in Deutschland vom 18. bis ins 20. Jahrhundert, in: dies.: Geschlechtergeschichte als Gesellschaftsgeschichte, Kritische Studien zur Geschichtswissenschaft (= Kritische Studien zur Geschichtswissenschaft, Bd. 202). Göttingen 2012, S. 131–160, hier S. 151 f.

188 Vgl. Obertreis: Familienpolitik (wie Anm. 14), S. 185.

189 Vgl. Lindner: Rationalisierungsdiskurse (wie Anm. 181), S. 94–97; Martina Heßler: Kulturgeschichte der Technik (= Historische Einführungen, Bd. 13), Frankfurt am Main 2012, S. 88 f.

190 Vgl. Kaminsky: Frauen (wie Anm. 4), S. 112 ff.

191 Vgl. Rosemarie von Schweitzer/Helge Pross (Hrsg.): Die Familienhaushalte im wirtschaftlichen und sozialen Wandel. Rationalverhalten, Technisierung, Funktionswandel der Privathaushalte und das Freizeitbudget der Frau (= Kommission für wirtschaftlichen und sozialen Wandel, Bd. 98), Göttingen 1976; Schulz-Borck: Arbeitsaufwand (wie Anm. 182), 1980, S. 118; Bertram/Borrmann-Müller: Hausfrau (wie Anm. 180), S. 262; Sigrid Metz-Göckel/Ursula Müller: Der Mann. Die BRIGITTE-Studie, Weinheim 1986, S. 49.

192 Peuckert: Familienformen 2012 (wie Anm. 65), S. 241.

193 Vgl. Die »Rolle des Mannes« und ihr Einfluß auf die Wahlmöglichkeiten der Frau. Eine empirische Untersuchung des Instituts für angewandte Sozialwissenschaft (infas), Bonn-Bad Godesberg, bearbeitet von Wolfgang Burkhardt und Heiner Meulemann (= Schriftenreihe des Bundesministers für Jugend, Familie und Gesundheit, Bd. 41), Stuttgart 1976, S. 41–62.

194 Pross: Wirklichkeit (wie Anm. 161), S. 80 [Hervorhebung des Originals entfernt; C.N.].

195 Vgl. ebd., S. 95–98; Edith Hinze: Lage und Leistung erwerbstätiger Mütter. Ergebnisse einer Untersuchung in Westberlin. Unter Mitarbeit von Elisabeth Knospe, Berlin, Köln 1960, S. 221–225; Niehuss: Familie (wie Anm. 93), S. 247 f.

196 Pross: Wirklichkeit (wie Anm. 161), S. 145 [Hervorhebung des Originals entfernt; C.N.].

197 Göckel/Müller: Mann (wie Anm. 191), S. 24.

198 Vgl. Helge Pross: Die Männer. Eine repräsentative Untersuchung über die Selbstbilder von Männern und ihre Bilder von der Frau, Reinbek bei Hamburg 1987 [1978].

199 Göckel/Müller: Mann (wie Anm. 191), S. 25.

200 Ebd.

201 Vgl. Nickel: Mitgestalterinnen (wie Anm. 144), S. 245; Kaminsky: Frauen (wie Anm. 4), S. 66, 93, 117 ff.

202 Vgl. Gysi/Meyer: Leitbild (wie Anm. 58), S. 159.

203 Vgl. Nickel: Mitgestalterinnen (wie Anm. 144), S. 245; Gysi/Meyer: Leitbild (wie Anm. 58), S. 157 ff.; Grandke: Entwicklung (wie Anm. 57), S. 244.

204 Vgl. Winkler (Hrsg.): Frauenreport (wie Anm. 118), S. 127 f.; Kaminsky: Frauen (wie Anm. 4), S. 117 f.

205 Vgl. Gysi/Meyer: Leitbild (wie Anm. 58), S. 160.

206 Auszüge aus Leserzuschriften an die Nationalzeitung zum FGB-Entwurf, Berlin, 14. Mai 1964, S. 3 f., in: Bundesarchiv (BArch) Berlin, DP 1/SE3791.

207 Vgl. Kaminsky: Frauen (wie Anm. 4), S. 127 ff., 137 f.; Ursula Hempel: Die ökonomischen Funktionen, in: Jutta Gysi (Hrsg.): Familienleben in der DDR. Zum Alltag von Familien mit Kindern, Berlin (Ost) 1989, S. 135–167, hier S. 165.

208 Vgl. Zentralinstitut für Jugendforschung, Forschungsbericht Zu Fragen der sozialistischen Persönlichkeitsentwicklung von Mädchen und jungen Frauen in der DDR (Frauenstudie), Leipzig, Juli 1975, S. 49 f., 53 f., in: BArch Berlin, DC 4/234.

209 Vgl. Abteilung Frauen, Einschätzung der Umfrage zur Rolle der Frau in Familie und Gesellschaft – September 1975, Berlin, 19. November 1975, Bl. 60, 67 f., in: SAPMO-BArch, DY 30/70531.

210 Vgl. Ergebnisse der Umfrage zur Stellung der Frau in Familie und Gesellschaft vom November 1970, S. 5, in: SAPMO-BArch, DY 30/96364; Kaminsky: Frauen (wie Anm. 4), S. 141.

211 Vgl. Pross: Wirklichkeit (wie Anm. 161); Pross: Gleichberechtigung (wie Anm. 167); Pross: Männer (wie Anm. 198); Zellmer: Töchter (wie Anm. 33), S. 224.

212 Vgl. Pross: Wirklichkeit (wie Anm. 161), S. 13; Pross: Gleichberechtigung (wie Anm. 167), S. 112–115.

213 Zum Arbeitsbegriff vgl. exemplarisch Gertraude Mikl-Horke: Arbeit, in: Hartmut Hirsch-Kreinsen/Heiner Minssen (Hrsg.): Lexikon der Arbeits- und Industriesoziologie, Zürich 2017, S. 24–28; Werner Dostal: Erwerbsarbeit, in: Hartmut Hirsch-Kreinsen/Heiner Minssen (Hrsg.): Lexikon der Arbeits- und Industriesoziologie, Zürich 2017, S. 122–125.

214 Pross: Wirklichkeit (wie Anm. 161), S. 14.

215 Ebd., S. 18 f. [Hervorhebung des Originals entfernt; C.N.].

216 Ebd., S. 55.

217 Vgl. ebd., S. 54–57, 202 ff.

218 Ebd., S. 143.

219 Pross: Männer (wie Anm. 198), S. 95.

220 Ebd.

221 Vgl. Pross: Wirklichkeit (wie Anm. 161), S. 145, 152, 159 f., 163–166; Pross: Männer (wie Anm. 198), S. 97 f.

222 Für die Zitate siehe Pross: Wirklichkeit (wie Anm. 161), S. 169 f.

223 Ebd., S. 174.

224 Vgl. ebd., S. 174–180; Pross: Männer (wie Anm. 198), S. 140 f.

225 Vgl. Pross: Wirklichkeit (wie Anm. 161), S. 63, 107, 145–151.

226 Bild-Zeitung zit. n.: Heile Welt, in: Der Spiegel (1974), H. 10, S. 122–124, hier S. 123.

227 Ebd., S. 124.

228 Rolle des Mannes (wie Anm. 193), S. 89.

229 Pross: Männer (wie Anm. 198), S. 139.

230 Vgl. Pross: Wirklichkeit (wie Anm. 161), S. 94.

231 Neumaier: Familie (wie Anm. 1), S. 499.

232 Vgl. Meyer/Schulze, Nichteheliche Lebensgemeinschaften – Alternativen, 1983,

S. 749; Emnid Institut/Psychologische Forschungsgruppe Schönhals: Teil I: Repräsentativerhebung und qualitative Studie, in: Nichteheliche Lebensgemeinschaften in der Bundesrepublik Deutschland (= Schriftenreihe des Bundesministers für Jugend, Familie und Gesundheit, Bd. 170), Stuttgart 1985, S. 9–92, hier S. 16, 60f.; Meyer/Schulze: Frauen (wie Anm. 93), S. 24, 27, 46–53, 69f.

233 Rolle des Mannes (wie Anm. 193), S. 54.

234 Vgl. Vaskovics/Rupp: Partnerschaftskarrieren (wie Anm. 95), S. 197; Annika Jabsen/Harald Rost/Marina Rupp: Die innerfamiliale Aufgabenteilung beim Wiedereinstieg von Müttern in den Beruf. Expertise für das Bundesministerium für Familie, Senioren, Frauen und Jugend, Berlin 2008, S. 4, 24–28; Pross: Männer (wie Anm. 198), S. 119–122.

235 Ebd., S. 96.

236 Ebd., S. 94.

237 Vgl. Neumaier: Familie (wie Anm. 1), S. 458–483; Bericht der Sachverständigenkommission: Zweiter Familienbericht (wie Anm. 158), S. 34f.

238 Vgl. Oertzen: Teilzeitarbeit, S. 90, 101.

239 Neumaier: Familie (wie Anm. 1), S. 465.

240 Jürgen Schmude an Mitglieder der SPD-Bundestagsfraktion, Betr.: Reform des Ehe- und Familienrechts, Bonn, 1. Oktober 1973, Anlage: Vermerk Ehe- und Familienrechtsreform in Frage und Antwort, 1, in: AdsD, Protokolle der SPD-Bundestagsfraktion, 7. WP 2/BTFG003509.

241 Sozialdemokratische Partei Deutschlands: Die Situation der Frau in der Familie, in: dies. (Hrsg.): Familienpolitik der SPD. Zweiter Entwurf vorgelegt vom Familienpolitischen Ausschuß der SPD, Bonn 1975, S. 7, hier S. 7.

242 Vgl. Sozialdemokratische Partei Deutschlands: Aufgaben sozialdemokratischer Familienpolitik, in: dies. (Hrsg.): Familienpolitik der SPD. Zweiter Entwurf vorgelegt vom Familienpolitischen Ausschuß der SPD, Bonn 1975, S. 10–24, hier S. 13ff.

243 Vgl. CDU Frauenvereinigung Landesvorstand, Diskussionsentwurf: Die Rolle der Frau, ohne Ort, [1973], S. 7, in: ACDP, 08-001-420/1; Leitsätze zur Familienpolitik, Bonn, 11. Mai 1976, S. 6f., in: ACDP, 07-001-8724; Grundsatzprogramm der CDU (wie Anm. 79), S. 10.

244 Vgl. Helga Wex: Thesen zur Familienpolitik, ohne Ort, ohne Datum, S. 4, in: ACDP, 04-003-089/2.

245 Grundsatzprogramm der CDU (wie Anm. 79), S. 41.

246 Vgl. Thomas Schlemmer: Befreiung oder Kolonialisierung? Frauenarbeit und Frauenerwerbstätigkeit am Ende der Industriemoderne, in: Anselm Doering-Manteuffel/Lutz Raphael/Thomas Schlemmer (Hrsg.): Vorgeschichte der Gegenwart. Dimensionen des Strukturbruchs nach dem Boom, Göttingen 2016, S. 79–108, hier S. 101.

247 Zellmer: Töchter (wie Anm. 33), S. 216.

248 Vgl. ebd.; Schlemmer: Befreiung (wie Anm. 246), S. 93ff.

249 Vgl. Nicole Kramer: Neue soziale Bewegungen, Sozialwissenschaften und die Erweiterung des Sozialstaats. Familien- und Altenpolitik in den 1970er und 1980er Jahren, in: Meik Woyke (Hrsg.): Wandel des Politischen: Die Bundesrepublik Deutschland während der 1980er Jahre, Bonn 2013, S. 215–234, hier S. 217f.; Ilse Lenz (Hrsg.):

Die neue Frauenbewegung in Deutschland. Abschied vom kleinen Unterschied. Eine Quellensammlung. 2., aktualisierte Aufl., Wiesbaden 2010, S. 147–150.

250 Alice Schwarzer zit. n. Zellmer: Töchter (wie Anm. 33), S. 219.

251 Vgl. ebd., S. 219 ff.; Schlemmer: Befreiung (wie Anm. 246), S. 96 f.

252 Vgl. Neumaier: Familie (wie Anm. 1), S. 376 f. Für die Zitate siehe Vermerk Die CDU und die Frauen! Zurück in die Küche!, ohne Ort, ohne Datum, in: AdsD, SPD-Parteivorstand ASF 7689.

253 Baby-Baisse: Staat im Schlafzimmer. Bevölkerungspolitik soll die westdeutsche Geburtenrate wieder in die Höhe treiben, in: Der Spiegel (1977), H. 13, S. 68–78, hier S. 76.

254 Vgl. Elisabeth Beck-Gernsheim: Männerrolle, Frauenrolle – Aber was steht dahinter? Soziologische Perspektiven zur Arbeitsteilung und Fähigkeitsdifferenzierung zwischen den Geschlechtern, in: Roland Eckert (Hrsg.): Geschlechterrolle und Arbeitsteilung. Mann und Frau in soziologischer Sicht, München 1979, S. 165–202, hier S. 172–177; Ilona Ostner: Beruf und Hausarbeit. Die Arbeit der Frau in unserer Gesellschaft (= Arbeiten aus dem Sonderforschungsbereich 101), Frankfurt am Main [3]1982 [1978].

255 Vgl. Kaminsky: Frauen (wie Anm. 4), S. 17, 100; Neumaier/Ludwig: Individualisierung (wie Anm. 49), S. 277. Generell siehe hierzu Sachse: Hausarbeitstag (wie Anm. 68).

3 Westdeutsche Berufstätige – ostdeutsche Werktätige

1 Gertraude Mikl-Horke: Arbeit, in: Hartmut Hirsch-Kreinsen/Heiner Minssen (Hrsg.): Lexikon der Arbeits- und Industriesoziologie, Zürich 2017, S. 24–28, hier S. 24.

2 Vgl. ebd.

3 Vgl. Jürgen Kocka: Thesen zur Geschichte und Zukunft der Arbeit, in: Aus Politik und Zeitgeschichte (2001), H. B 21, S. 8–13, hier S. 9; Knud Andresen/Ursula Bitzegeio/Jürgen Mittag: Arbeitsbeziehungen und Arbeitswelt(en) im Wandel: Problemfelder und Fragestellung, in: dies. (Hrsg.): Nach dem Strukturbruch? Kontinuität und Wandel von Arbeitswelten (= Schriftenreihe Bundeszentrale für politische Bildung, Bd. 1197), Bonn 2011, S. 7–23, hier S. 14.

4 Monika Mattes: Ambivalente Aufbrüche. Frauen, Familie und Arbeitsmarkt zwischen Konjunktur und Krise, in: Konrad H. Jarausch (Hrsg.): Das Ende der Zuversicht? Die siebziger Jahre als Geschichte, Göttingen 2008, S. 215–228, hier S. 219.

5 Arbeitsförderungsgesetz (AFG) vom 25. Juni 1969, in: Bundesgesetzblatt, Jg. 1969, Teil I, S. 582–632.

6 Vgl. Christopher Neumaier: Familie im 20. Jahrhundert. Konflikte um Ideale, Politiken und Praktiken (= Wertewandel im 20. Jahrhundert, Bd. 6), Berlin, Boston 2019, S. 298; Monika Mattes: Krisenverliererinnen? Frauen, Arbeit und das Ende des Booms, in: Knud Andresen/Ursula Bitzegeio/Jürgen Mittag (Hrsg.): Nach dem Strukturbruch? Kontinuität und Wandel von Arbeitswelten (= Schriftenreihe Bundeszentrale für politische Bildung, Bd. 1197), Bonn 2011, S. 127–140.

7 Vgl. Gesine Obertreis: Familienpolitik in der DDR 1945–1980 (= Forschungstexte Wirtschafts- und Sozialwissenschaften, Bd. 17), Opladen 1986, S. 119; Anna Kaminsky: Frauen in der DDR, Berlin 2016, S. 94f.; Verfassung der Deutschen Demokratischen Republik vom 7. Oktober 1949, in: 100(0) Schlüsseldokumente zur Deutschen Geschichte im 20. Jahrhundert, URL: https://www.1000dokumente.de/index.html?c=dokument_de&dokument=0232_ddr&object=context&l=de [letzter Zugriff: 02.07.2020].

8 Vgl. Jutta Gysi/Dagmar Meyer: Leitbild: berufstätige Mutter. DDR-Frauen in Familie, Partnerschaft und Ehe, in: Gisela Helwig/Hildegard M. Nickel (Hrsg.): Frauen in Deutschland 1945–1992 (= Schriftenreihe Studien zur Geschichte und Politik, Bd. 318), Bonn 1993, S. 139–165, hier S. 152f.

9 Vgl. Obertreis: Familienpolitik (wie Anm. 7), S. 118f., 155; Christopher Neumaier: Jenseits eines Kompromisses? Kontroversen um das Familienrecht und die Ordnung der westdeutschen Gesellschaft (1975–1985), in: Martin Löhnig (Hrsg.): Scheidung ohne Schuld? Genese und Auswirkungen der Eherechtsreform 1977 (= Beiträge zur Rechtsgeschichte des 20. Jahrhunderts, Bd. 110), Tübingen 2019, S. 39–59, hier S. 43.

10 Robert G. Moeller: Unbenannt und allgegenwärtig. Die Familie in der deutschen Zeitgeschichtsschreibung, in: Karen Hagemann/Jean H. Quataert (Hrsg.): Geschichte und Geschlechter. Revisionen der neueren deutschen Geschichte (= Geschichte und Geschlechter, Bd. 57), Frankfurt am Main 2008, S. 317–346, hier S. 325.

11 Vgl. Ina Merkel: Leitbilder und Lebensweisen von Frauen in der DDR, in: Hartmut Kaelble/Jürgen Kocka/Hartmut Zwahr (Hrsg.): Sozialgeschichte der DDR, Stuttgart 1994, S. 359–382, hier S. 376f.

12 Vgl. Gunilla-Friederike Budde: How Long Did »Women's Finest Hour« Last? German Women's Situation and Experiences between 1945 and 1995, in: Sue Bridger (Hrsg.): Women and Political Change. Perspectives from East-Central Europe. Selected Papers from the Fifth World Congress of Central and East European Studies, Warsaw 1995, Basingstoke, Hampshire 1999, S. 43–59, hier S. 54; Donna Harsch: Revenge of the Domestic. Women, the Family, and Communism in the German Democratic Republic, Princeton 2007, S. 88f.; Christopher Neumaier: Der Niedergang der christlichen Familien? Das Wechselspiel zwischen zeitgenössischen Wahrnehmungen und Praktiken der Lebensführung, in: Claudia Lepp/Harry Oelke/Detlef Pollack (Hrsg.): Religion und Lebensführung im Umbruch der langen 1960er Jahre (= Arbeiten zur kirchlichen Zeitgeschichte. Reihe B: Darstellungen, Bd. 65), Göttingen 2016, S. 213–236, hier S. 214–219.

13 Vgl. Heike Trappe: Emanzipation oder Zwang? Frauen in der DDR zwischen Beruf, Familie und Sozialpolitik, Berlin 1995, S. 52f., 113 [Zitat]; Hildegard M. Nickel: »Mitgestalterinnen des Sozialismus« – Frauenarbeit in der DDR, in: Gisela Helwig/Hildegard M. Nickel (Hrsg.): Frauen in Deutschland 1945–1992 (= Schriftenreihe Studien zur Geschichte und Politik, Bd. 318), Bonn 1993, S. 233–279, hier S. 237.

14 Vgl. Gysi/Meyer: Leitbild (wie Anm. 8), S. 154; Gunnar Winkler (Hrsg.): Frauenreport '90. Im Auftrag der Beauftragten des Ministerrats für die Gleichstellung von Frauen und Männern, Dr. Marina Beyer, Berlin 1990, S. 118.

15 Vgl. Rüdiger Peuckert: Familienformen im sozialen Wandel. 9., vollständig über-

arbeitete Aufl., Wiesbaden 2019, S. 362; Friederike Maier: Zwischen Arbeitsmarkt und Familie – Frauenarbeit in den alten Bundesländern, in: Gisela Helwig/Hildegard M. Nickel (Hrsg.): Frauen in Deutschland 1945–1992 (= Schriftenreihe Studien zur Geschichte und Politik, Bd. 318), Bonn 1993, S. 257–279, hier S. 259.

16 Nickel: Mitgestalterinnen (wie Anm. 13), S. 237.

17 Vgl. Peuckert: Familienformen 2019 (wie Anm. 15), S. 361 f.

18 Vgl. ebd., S. 362.

19 Vgl. Peuckert: Familienformen 2019 (wie Anm. 15), S. 363 f.

20 Vgl. Harsch: Revenge (wie Anm. 12), S. 91; Winkler (Hrsg.): Frauenreport (wie Anm. 14), S. 81; Obertreis: Familienpolitik (wie Anm. 7), S. 293.

21 Vgl. Analyse über die Lage der Familien mit Kindern, Berlin, 22. April 1964, S. 3 f., in: SAPMO-BArch, DY 30/96432.

22 Vgl. Merith Niehuss: Familie, Frau und Gesellschaft. Studien zur Strukturgeschichte der Familie in Westdeutschland. 1945–1960 (= Schriftenreihe der Historischen Kommission bei der Bayerischen Akademie der Wissenschaften, Bd. 65), Göttingen 2001, S. 93; Maier: Arbeitsmarkt (wie Anm. 15), S. 269.

23 Vgl. Christiane Kuller: Familienpolitik im föderativen Sozialstaat. Die Formierung eines Politikfeldes in der Bundesrepublik 1949–1975 (= Studien zur Zeitgeschichte, Bd. 67), München 2004, S. 60 f.; Alfons Cramer: Zur Lage der Familie und der Familienpolitik in der Bundesrepublik Deutschland (= Forschungstexte Wirtschafts- und Sozialwissenschaften, Bd. 7), Opladen 1982, S. 85; Ingrid N. Sommerkorn/Katharina Liebsch: Erwerbstätige Mütter zwischen Beruf und Familie: Mehr Kontinuität im Wandel, in: Rosemarie Nave-Herz (Hrsg.): Kontinuität und Wandel der Familie in Deutschland. Eine zeitgeschichtliche Analyse (= Der Mensch als soziales und personales Wesen, Bd. 19), Stuttgart 2002, S. 99–130, hier S. 101; Thomas Schlemmer: Befreiung oder Kolonialisierung? Frauenarbeit und Frauenerwerbstätigkeit am Ende der Industriemoderne, in: Anselm Doering-Manteuffel/Lutz Raphael/Thomas Schlemmer (Hrsg.): Vorgeschichte der Gegenwart. Dimensionen des Strukturbruchs nach dem Boom, Göttingen 2016, S. 79–108, hier S. 84 f.

24 Quelle: Charlotte Höhn: Erwerbstätigkeit und Rollenwandel der Frau, in: Zeitschrift für Bevölkerungswissenschaft 8 (1982), S. 297–317, hier S. 310.

25 Vgl. Niehuss: Familie (wie Anm. 22), S. 226 f.; Ute Frevert: Frauen-Geschichte. Zwischen Bürgerlicher Verbesserung und Neuer Weiblichkeit (= Neue historische Bibliothek, Bd. 284), Frankfurt am Main 1986, S. 258. Für die zeitgenössische Erhebung vgl. Bericht der Bundesregierung über die Situation der Frauen in Beruf, Familie und Gesellschaft (= Drucksache Deutscher Bundestag, Bd. V/909), Bonn 1966, S. 64; Helge Pross: Gleichberechtigung im Beruf? Eine Untersuchung mit 7000 Arbeitnehmerinnen in der EWG, Frankfurt am Main 1973, S. 104–109. Für das Modell vgl. Alva Myrdal/Viola Klein: Die Doppelrolle der Frau in Familie und Beruf. 3. überarbeitete und erweiterte Aufl. Köln 1971, S. 19, 54 ff., 72.

26 Quelle: Sommerkorn/Liebsch: Mütter (wie Anm. 23), S. 123.

27 Pross: Gleichberechtigung (wie Anm. 25), S. 111.

28 Vgl. ebd., S. 110 f.

29 Quelle: Maier: Arbeitsmarkt (wie Anm. 15), S. 270.

30 Vgl. Sommerkorn/Liebsch: Mütter (wie Anm. 23), S. 101, 123; Norbert F. Schneider: Familie und private Lebensführung in West- und Ostdeutschland. Eine vergleichende Analyse des Familienlebens 1970–1992 (= Soziologische Gegenwartsfragen. Neue Folge, Bd. 55), Stuttgart 1994, S. 81.

31 Vgl. ebd., S. 102; Angela Vogel: Frauen und Frauenbewegung, in: Wolfgang Benz (Hrsg.): Die Geschichte der Bundesrepublik Deutschland. Bd. 3: Gesellschaft. Aktualisierte und erweiterte Neuaufl., Frankfurt am Main 1989, S. 162–206, hier S. 172 f.; Maier: Arbeitsmarkt (wie Anm. 15), S. 266 ff.

32 Vgl. Obertreis: Familienpolitik (wie Anm. 7), S. 66, 73 f., 84, 186; Eva Schäffler: Paarbeziehungen in Ostdeutschland. Auf dem Weg vom Real- zum Postsozialismus (= Studien zur Sozial- und Wirtschaftsgeschichte Ostmitteleuropas, Bd. 25), Wiesbaden 2017, S. 279 f.

33 Vgl. Kaminsky: Frauen (wie Anm. 7), S. 71, 77.

34 Vgl. Obertreis: Familienpolitik (wie Anm. 7), S. 148 f.

35 Vgl. Kaminsky: Frauen (wie Anm. 7), S. 76.

36 Vgl. Obertreis: Familienpolitik (wie Anm. 7), S. 85 f.; Kaminsky: Frauen (wie Anm. 7), S. 81.

37 Vgl. Obertreis: Familienpolitik (wie Anm. 7), S. 162–166; Susanne Diemer: Patriarchalismus in der DDR. Strukturelle, kulturelle und subjektive Dimensionen der Geschlechterpolarisierung, Opladen 1994, S. 46; Gunilla-Friederike Budde: Frauen der Intelligenz. Akademikerinnen in der DDR 1945 bis 1975 (= Kritische Studien zur Geschichtswissenschaft, Bd. 162), Göttingen 2003, S. 58.

38 Vgl. Kaminsky: Frauen (wie Anm. 7), S. 77.

39 Vgl. Budde: Frauen (wie Anm. 37), S. 58 f.

40 Die Frauen – der Frieden und der Sozialismus. Kommuniqué des Politbüros des ZK der SED. Berlin 1961, in: Neues Deutschland vom 23.12.1961, S. 1–2, hier S. 1 [Hervorhebung des Originals entfernt; C.N.].

41 Ebd., S. 1.

42 Vgl. Obertreis: Familienpolitik (wie Anm. 7), S. 168; Kaminsky: Frauen (wie Anm. 7), S. 84.

43 Zum folgenden: Budde: Frauen (wie Anm. 37), S. 56 f.

44 Vgl. ebd., S. 56 f., 65.

45 Ebd., S. 65–68.

46 Vgl. Obertreis: Familienpolitik (wie Anm. 7), S. 182.

47 Vgl. Kaminsky: Frauen (wie Anm. 7), S. 78 f.; Winkler (Hrsg.): Frauenreport (wie Anm. 14), S. 51 f.

48 Vgl. Kaminsky: Frauen (wie Anm. 7), S. 77 f.

49 Vgl. Gunilla-Friederike Budde: Paradefrauen. Akademikerinnen in Ost- und Westdeutschland, in: ders. (Hrsg.): Frauen arbeiten. Weibliche Erwerbstätigkeit in Ost- und Westdeutschland nach 1945, Göttingen 1997, S. 183–211, hier S. 193; Schlemmer: Befreiung (wie Anm. 23), S. 87.

50 Vgl. Budde: Paradefrauen (wie Anm. 49), S. 193; Budde: Frauen (wie Anm. 37), S. 123.

51 Vgl. Karin Zachmann: Vom Industrie- zum Staatsangestellten: Die Ingenieure in der SBZ/DDR 1945–1989, in: Walter Kaiser/Wolfgang König (Hrsg.): Geschichte

des Ingenieurs. Ein Beruf in sechs Jahrtausenden, München 2006, S. 269–307, hier S. 269, 271, 281.

52 Vgl. Budde: Frauen (wie Anm. 37), S. 196, 199; Kaminsky: Frauen (wie Anm. 7), S. 78ff.

53 Vgl. Nickel: Mitgestalterinnen (wie Anm. 13), S. 241 f.

54 Vgl. Anita Grandke: Zur Entwicklung von Ehe und Familie, in: Herta Kuhrig/Wulfram Speigner (Hrsg.): Zur gesellschaftlichen Stellung der Frau in der DDR. Sammelband, Leipzig 1978, S. 229–253, hier S. 243.

55 Franz-Josef Wuermeling zit. n. Waltraud Cornelissen: Traditionelle Rollenmuster. Frauen- und Männerbilder in den westdeutschen Medien, in: Gisela Helwig/Hildegard M. Nickel (Hrsg.): Frauen in Deutschland 1945–1992 (= Schriftenreihe Studien zur Geschichte und Politik, Bd. 318), Bonn 1993, S. 53–69, hier S. 53.

56 Vgl. Elisabeth Pfeil: Die Berufstätigkeit von Müttern. Eine empirisch-soziologische Erhebung an 900 Müttern aus vollständigen Familien, Tübingen 1961, S. 35; Astrid Joosten: Die Frau, das ›segenspendende Herz der Familie.‹ Familienpolitik als Frauenpolitik in der Ära Adenauer (= Forum Frauengeschichte, Bd. 6), Bamberg 1990, S. 44f.; Lukas Rölli-Alkemper: Familie im Wiederaufbau. Katholizismus und bürgerliches Familienideal in der Bundesrepublik Deutschland 1945–1965 (= Veröffentlichung der Kommission für Zeitgeschichte. Reihe B: Forschungen, Bd. 89), Paderborn 2000, S. 109, 129ff.

57 Vgl. Klaus-Jörg Ruhl: Verordnete Unterordnung. Berufstätige Frauen zwischen Wirtschaftswachstum und konservativer Ideologie in der Nachkriegszeit (1945–1963), München 1994, S. 128f., 178f., 181.

58 Helmut Schelsky: Wandlungen der deutschen Familie in der Gegenwart. Darstellung und Deutung einer empirisch-soziologischen Tatbestandsaufnahme. Dritte, durch einen Anhang erweiterte Aufl., Stuttgart 1955 [1953], S. 308.

59 Ebd.

60 Für diese Position siehe ebd., S. 312.

61 Vgl. Robert G. Moeller: Geschützte Mütter. Frauen und Familien in der westdeutschen Nachkriegspolitik. Aus dem Amerikanischen von Heidrun Homburg, München 1997, S. 189–194; Neumaier: Familie (wie Anm. 6), S. 307.

62 Vgl. Pfeil: Berufstätigkeit (wie Anm. 56), S. 38; Christine von Oertzen: Teilzeitarbeit und die Lust am Zuverdienen. Geschlechterpolitik und gesellschaftlicher Wandel in Westdeutschland 1948–1969 (= Kritische Studien zur Geschichtswissenschaft, Bd. 132), Göttingen 1999, S. 72.

63 Ergebnisprotokoll über die Sitzung des wissenschaftlichen Beirats für Familienfragen am 27./28.4.1961 in Bonn, ohne Ort, 8. Mai 1961, 2, in: BArch Koblenz, B 195/27.

64 Vgl. Kuller: Familienpolitik (wie Anm. 23), S. 99f., 237f.

65 Die sozialpolitische Glosse: Kindergärten oder Bewahrungsanstalten?, ohne Ort, [2.5.1960], S. 5, in: AdsD, Protokolle der SPD-Bundestagsfraktion, 3. WP 140.

66 Vgl. Neumaier: Familie (wie Anm. 6), S. 304, 436; Pfeil: Berufstätigkeit (wie Anm. 56), S. 35f.

67 Vgl. Kuller: Familienpolitik (wie Anm. 23), S. 68–71; Niehuss: Familie (wie Anm. 22), S. 256–259.

68 Vgl. Claudia Born: Das Ei vor Kolumbus. Frauen und Beruf in der Bundesrepublik

Deutschland, in: Gunilla-Friederike Budde (Hrsg.): Frauen arbeiten. Weibliche Erwerbstätigkeit in Ost- und Westdeutschland nach 1945, Göttingen 1997, S. 46–61, hier S. 46 f.

69 Vgl. Ruhl: Unterordnung (wie Anm. 57), S. 198 f.

70 Vgl. Born: Ei (wie Anm. 68), S. 48 f., 56.

71 Vgl. ebd., S. 57 ff.

72 Vgl. Elisabeth Zellmer: Töchter der Revolte? Frauenbewegung und Feminismus der 1970er Jahre in München (= Quellen und Darstellungen zur Zeitgeschichte, Bd. 85), München 2011, S. 38; Maier: Arbeitsmarkt (wie Anm. 15), S. 263, 267; Nickel: Mitgestalterinnen (wie Anm. 13), S. 239 ff.

73 Vgl. Born: Ei (wie Anm. 68), S. 50 f.

74 Vgl. ebd., S. 51 f.

75 Vgl. ebd., S. 52 f.

76 Vgl. ebd., S. 53 ff.

77 Die »Rolle des Mannes« und ihr Einfluß auf die Wahlmöglichkeiten der Frau. Eine empirische Untersuchung des Instituts für angewandte Sozialwissenschaft (infas), Bonn-Bad Godesberg, bearbeitet von Wolfgang Burkhardt und Heiner Meulemann (= Schriftenreihe des Bundesministers für Jugend, Familie und Gesundheit, Bd. 41), Stuttgart 1976, S. 89.

78 Vgl. dazu Oertzen: Teilzeitarbeit (wie Anm. 62), S. 342; Bericht der Bundesregierung: Frauen in Beruf, Familie (wie Anm. 25), S. 78.

79 Oertzen: Teilzeitarbeit (wie Anm. 62), S. 342.

80 Vgl. Neumaier: Familie (wie Anm. 6), S. 307 f.; Edith Hinze: Lage und Leistung erwerbstätiger Mütter. Ergebnisse einer Untersuchung in Westberlin. Unter Mitarbeit von Elisabeth Knospe, Berlin 1960, S. 32.

81 Vgl. Oertzen: Teilzeitarbeit (wie Anm. 62), S. 34. Zur Zugehörigkeit westdeutscher Wissenschaftler in der »Deutschen Akademie für Bevölkerungswissenschaft« im Nationalsozialismus vgl. Kuller: Familienpolitik (wie Anm. 23), S. 101 f.

82 Vgl. Oertzen: Teilzeitarbeit (wie Anm. 62), S. 344 f.; Katharina Liebsch: Elisabeth Pfeil – Empirische Forschung familialer Umwelten, in: Rosemarie Nave-Herz (Hrsg.): Die Geschichte der Familiensoziologie in Portraits (= Familie und Gesellschaft, Bd. 25), Würzburg 2010, S. 197–216, hier S. 209, 211; Pfeil: Berufstätigkeit (wie Anm. 56), S. VII.

83 Ruhl: Unterordnung (wie Anm. 57), S. 11.

84 Vgl. Pfeil: Berufstätigkeit (wie Anm. 56), S. 77, 84; Pross: Gleichberechtigung (wie Anm. 25), S. 58 f.

85 Vgl. Pfeil: Berufstätigkeit (wie Anm. 56), S. 76–122, 180, 197; Gerhard Schmidtchen: Die Situation der Frau. Trendbeobachtungen über Rollen- und Bewußtseinsänderungen der Frauen in der Bundesrepublik Deutschland (= Soziale Orientierung, Bd. 3), Berlin 1984, S. 17–22; Bericht der Bundesregierung: Frauen in Beruf, Familie (wie Anm. 25), S. 78; Pross: Gleichberechtigung (wie Anm. 25), S. 59 f.; Frevert: Frauen-Geschichte (wie Anm. 25), S. 259; Niehuss: Familie (wie Anm. 22), S. 251–255.

86 Pfeil: Berufstätigkeit (wie Anm. 56), S. 191.

87 Ebd.

88 Ebd., S. 266.
89 Vgl. ebd., S. 251–271.
90 Vgl. ebd., S. 163–168, 185–191.
91 Für die beiden Zitate siehe ebd., S. 234.
92 Vgl. ebd., S. 234–241, 369–375.
93 Süddeutsche Zeitung zit. n. Zellmer: Töchter (wie Anm. 72), S. 37.
94 Rüdiger Peuckert: Familienformen im sozialen Wandel, Wiesbaden [3]2012, S. 241.
95 Vgl. Pross: Gleichberechtigung (wie Anm. 25), S. 101.
96 Vgl. Hinze: Lage (wie Anm. 80), S. 207, 224; Niehuss: Familie (wie Anm. 22), S. 246 f.
97 Oertzen: Teilzeitarbeit (wie Anm. 62), S. 85.
98 Vgl. Pross: Gleichberechtigung (wie Anm. 25), S. 45 f.; Maier: Arbeitsmarkt (wie Anm. 15), S. 269.
99 Kuller: Familienpolitik (wie Anm. 23), S. 75 [Hervorhebung im Original; C.N.].
100 Vgl. ebd., S. 76.
101 Ebd.
102 Oertzen: Teilzeitarbeit (wie Anm. 62).
103 Bericht der Bundesregierung: Frauen in Beruf, Familie (wie Anm. 25), S. 85.
104 Vgl. Oertzen: Teilzeitarbeit (wie Anm. 62), S. 85–89, 99–119; Niehuss: Familie (wie Anm. 22), S. 245.
105 Vgl. Deutscher Bundestag. Presse- und Informationszentrum (Hrsg.): Frau und Gesellschaft. Zwischenbericht der Enquete-Kommission Deutscher Bundestag (= Zur Sache: Themen parlamentarischer Beratung, Bd. 77/1), Stuttgart 1977, S. 25, 79; Schmidtchen: Situation (wie Anm. 85), S. 12–15.
106 Vgl. Oertzen: Teilzeitarbeit (wie Anm. 62), S. 123–209; Kuller: Familienpolitik (wie Anm. 23), S. 74–77; Zellmer: Töchter (wie Anm. 72), S. 43.
107 Vgl. Oertzen: Teilzeitarbeit (wie Anm. 62), S. 90 ff.
108 Vgl. Pross: Gleichberechtigung (wie Anm. 25), S. 101.
109 Vgl. Neumaier: Familie (wie Anm. 6), S. 309.
110 Helge Pross: Die Männer. Eine repräsentative Untersuchung über die Selbstbilder von Männern und ihre Bilder von der Frau, Reinbek bei Hamburg 1987 [1978], S. 167.
111 Vgl. Pross: Männer (wie Anm. 110), S. 167–179.
112 Vgl. Almut Rietzschel: Teilzeitarbeit in der Industrie: Ein »Störfaktor« auf dem Weg zur »Verwirklichung« der Gleichberechtigung, in: Peter Hübner/Klaus Tenfelde (Hrsg.): Arbeiter in der SBZ – DDR (= Veröffentlichungen des Instituts für soziale Bewegungen. Schriftenreihe A, Darstellungen, Bd. 10), Essen 1999, S. 169–184, hier S. 170; Winkler (Hrsg.): Frauenreport (wie Anm. 14), S. 83; Obertreis: Familienpolitik (wie Anm. 7), S. 141; Analyse über die Lage der Familien mit Kindern, Berlin, 22. April 1964, S. 3 f., in: SAPMO-BArch, DY 30/96432; Einschätzung der Umfrage über Probleme der Frau in unserer Gesellschaft, ohne Ort, 1970, S. 5, in: SAPMO-BArch, DY 30/96364.
113 Vgl. Materialien zur Situation der Familie und zum Familienrecht in der DDR, in: Grüner Dienst, Nr. 24/65, Bethel/Bielefeld, 31. Mai 1965, S. 5, in: EZA, 2/4365; Material zu einigen Fragen der Familie in der DDR, ohne Ort, 4. Februar 1965, Bl. 71, in: SAPMO-BArch, DY 30/94794.

114 Vgl. Ergebnisse der Umfrage zur Stellung der Frau in Familie und Gesellschaft vom November 1970, S. 1 f., in: SAPMO-BArch, DY 30/96364; Einschätzung der Umfrage zur Rolle der Frau in Familie und Gesellschaft – September 1975, S. 62 f., in: SAPMO BArch, DY 30/70531.

115 Zentralinstitut für Jugendforschung, Forschungsbericht Zu Fragen der sozialistischen Persönlichkeitsentwicklung von Mädchen und jungen Frauen in der DDR (Frauenstudie), Leipzig, Juli 1975, S. 53, in: BArch Berlin, DC 4/234.

116 Budde: Frauen (wie Anm. 37), S. 317.

117 Hier und für die folgenden Absätze vgl. Einschätzung der Umfrage zur Rolle der Frau in Familie und Gesellschaft – September 1975, S. 66 f., in: SAPMO BArch, DY 30/70531; Kaminsky: Frauen (wie Anm. 7), S. 97, 102 f.

118 Vgl. Winkler (Hrsg.): Frauenreport (wie Anm. 14), S. 83.

119 Quelle: Einschätzung der Umfrage zur Rolle der Frau in Familie und Gesellschaft – September 1975, S. 66 f., in: SAPMO BArch, DY 30/70531.

120 Oertzen: Teilzeitarbeit (wie Anm. 62), S. 347.

121 Vgl. ebd., S. 346–363; Christine von Oertzen/Almut Rietzschel: Das »Kuckucksei« Teilzeitarbeit. Die Politik der Gewerkschaften im deutsch-deutschen Vergleich, in: Gunilla-Friederike Budde (Hrsg.): Frauen arbeiten. Weibliche Erwerbstätigkeit in Ost- und Westdeutschland nach 1945, Göttingen 1997, S. 212–251.

122 Obertreis: Familienpolitik (wie Anm. 7), S. 214.

123 Vgl. ebd., S. 99–108, 199–214.

124 Analyse über die Lage der Familien mit Kindern, Berlin, 22. April 1964, S. 9, in: SAPMO-BArch, DY 30/96432.

125 Vgl. Dorothee Wierling: Geboren im Jahr Eins. Der Jahrgang 1949 in der DDR. Versuch einer Kollektivbiographie, Berlin 2002, S. 73; Gisela Helwig: Familienpolitik, in: Dierk Hoffmann/Michael Schwartz (Hrsg.): Deutsche Demokratische Republik 1949–1961. Im Zeichen des Aufbaus des Sozialismus (= Geschichte der Sozialpolitik in Deutschland seit 1945, Bd. 8), Baden-Baden 2004, S. 498–521, hier S. 510 f.

126 Vgl. Wierling: Geboren (wie Anm. 125), S. 390; Schneider: Familie (wie Anm. 28), S. 163 f.

127 Vgl. Schneider: Familie (wie Anm. 28), S. 164 f.; Christopher Neumaier/Andreas Ludwig: Individualisierung der Lebenswelten. Konsum, Wohnkultur und Familienstrukturen in Ost- und Westdeutschland, in: Frank Bösch (Hrsg.): Geteilte Geschichte. Ost- und Westdeutschland 1970–2000, Göttingen 2015, S. 239–282, hier S. 276.

128 Quelle: Schneider: Familie (wie Anm. 28), S. 164.

129 Vgl. Wierling: Geboren (wie Anm. 125), S. 393; Budde: Frauen (wie Anm. 37), S. 318, 321 f.; Margot Krecker/Gerda Niebsch/Walter Günther: Gesellschaftliche Kindereinrichtungen – eine Voraussetzung für die Vereinbarkeit von Berufstätigkeit und Mutterschaft, in: Herta Kuhrig/Wulfram Speigner (Hrsg.): Zur gesellschaftlichen Stellung der Frau in der DDR. Sammelband, Leipzig 1978, S. 254–308, hier S. 255, 264, 269.

130 Monika Müller-Riger, »Wenn Mutti früh zur Arbeit geht …«. Zur Geschichte des Kindergartens in der DDR, Berlin 1997, S. 14 zit. n. Kaminsky: Frauen (wie Anm. 7), S. 106.

131 Vgl. Niehuss: Familie (wie Anm. 22), S. 260.

132 Neumaier: Familie (wie Anm. 6), S. 445.

133 Bericht der Sachverständigenkommission, in: Bundesminister für Jugend, Familie und Gesundheit (Hrsg.): Zweiter Familienbericht. Familie und Sozialisation. Leistungen und Leistungsgrenzen der Familie hinsichtlich des Erziehungs- und Bildungsprozesses der jungen Generation. Erster Teil: Stellungnahme der Bundesregierung. Zweiter Teil: Bericht der Sachverständigenkommission (= Drucksache Deutscher Bundestag, Bd. 7/3502), Bonn 1975, S. 9–185, hier S. 11.

134 Vgl. Bundesminister für Jugend, Familie und Gesundheit (Hrsg.): Zweiter Familienbericht. Familie und Sozialisation. Leistungen und Leistungsgrenzen der Familie hinsichtlich des Erziehungs- und Bildungsprozesses der jungen Generation. Erster Teil: Stellungnahme der Bundesregierung. Zweiter Teil: Bericht der Sachverständigenkommission (= Drucksache Deutscher Bundestag, Bd. 7/3502), Bonn 1975; Neumaier: Familie (wie Anm. 6), S. 445–453.

135 Bericht der Sachverständigenkommission (wie Anm. 133), S. 120.

136 Familienpolitik kritisiert. Kardinal Höffner: Bonn will Erziehung der Kinder wegnehmen, in: Rheinische Post, 19. Januar 1976, in: BArch Koblenz, B 189/15744.

137 Albert Burger, Betr.: Weiterentwicklung des Familienlastenausgleichs, ohne Ort, ohne Datum, in: ACDP, 08-005-128/1.

138 Protokoll der zweiten Sitzung der Sachverständigenkommission für den Dritten Familienbericht der Bundesregierung am 25. und 26. März 1976 in Heidelberg, München, Mai 1976, S. 13, in: BArch Koblenz, B 189/15754.

139 Vgl. Das Modellprojekt »Tagesmütter« – Abschlußbericht der wissenschaftlichen Begleitung. I. Das Modellprojekt »Tagesmütter« – Chance oder Risiko für die Entwicklung von Kleinkindern? II. Vergleichende Untersuchungen zum Modellprojekt »Tagesmütter« – Tagesbetreuung für Kleinkinder in den Einrichtungen der Jugendhilfe (= Schriftenreihe des Bundesministers für Jugend, Familie und Gesundheit, Bd. 85), Stuttgart 1980; Rita Süssmuth: Was bleiben Staat und Gesellschaft der Familie schuldig? (Zweiter Kongress über aktuelle Fragen der Familie und der Familienpolitik, 23.–25. Oktober 1980 in Bonn-Bad Godesberg), in: Berichte und Dokumente (1980), H. 42, S. 21–44; Neumaier: Familie (wie Anm. 6), S. 446 ff., 453 ff.

140 Vgl. Ursula Münch: Familienpolitik in der Bundesrepublik Deutschland. Maßnahmen, Defizite, Organisation familienpolitischer Staatstätigkeit, Freiburg im Breisgau 1990, S. 172–175; Schneider: Familie (wie Anm. 28), S. 64 f.

141 Vgl. Andreas Wirsching: Abschied vom Provisorium 1982–1990 (= Geschichte der Bundesrepublik Deutschland, Bd. 6), München 2006, S. 345 ff.

142 Vgl. Winkler (Hrsg.): Frauenreport (wie Anm. 14), S. 88; Kaminsky: Frauen (wie Anm. 7), S. 81.

143 Vgl. Nickel: Mitgestalterinnen (wie Anm. 13), S. 243 f.

144 Vgl. Pfeil: Berufstätigkeit (wie Anm. 56), S. 202.

145 Vgl. Pross: Gleichberechtigung (wie Anm. 25), S. 102.

146 Vgl. Ruhl: Unterordnung (wie Anm. 57), S. 263 f.

147 Vgl. ebd., S. 264 ff.

148 Vgl. ebd., S. 266 f.

149 Vgl. ebd., S. 272, 276.

150 Vgl. ebd., S. 277; Vogel: Frauen (wie Anm. 30), S. 171.

151 Vgl. Ruhl: Unterordnung (wie Anm. 57), S. 277.

152 Vgl. ebd., S. 310; Frau und Gesellschaft. Zwischenbericht 1977 (wie Anm. 105), S. 76.

153 Vgl. Zellmer: Töchter (wie Anm. 72), S. 41; Frevert: Frauen-Geschichte (wie Anm. 25), S. 265 f.

154 Marianne Weber: Programmatische Forderungen des DGB im Jahr der Arbeitnehmerin, in: Gewerkschaftliche Monatshefte (1972), H. 11, S. 673–687, hier S. 680 [Hervorhebung des Originals entfernt; C.N.].

155 Vgl. ebd.; Zellmer: Töchter (wie Anm. 72), S. 41.

156 Martin H. Geyer: Rahmenbedingungen: Unsicherheit als Normalität, in: ders. (Hrsg.): Bundesrepublik Deutschland 1974–1982. Neue Herausforderungen, wachsende Unsicherheiten (= Geschichte der Sozialpolitik in Deutschland seit 1945, Bd. 6), Baden-Baden 2008, S. 1–109, hier S. 33.

157 Vgl. ebd., S. 31 ff.

158 Lutz Raphael: Arbeitsbiografien und Strukturwandel »nach dem Boom«. Lebensläufe und Berufserfahrungen britischer, französischer und westdeutscher Industriearbeiter und -arbeiterinnen von 1970 bis 2000, in: Geschichte und Gesellschaft 43 (2017), S. 32–67, hier S. 38.

159 Anselm Doering-Manteuffel/Lutz Raphael, Nach dem Boom. Perspektiven auf die Zeitgeschichte seit 1970, Göttingen 2008.

160 Hier und im vorangegangenen Absatz vgl. ebd., S. 61 f., 65; Lutz Raphael: Jenseits von Kohle und Stahl. Eine Gesellschaftsgeschichte Westeuropas nach dem Boom, Berlin 2019, S. 86 f.; Maier: Arbeitsmarkt (wie Anm. 15), S. 273; Mattes: Krisenverliererinnen (wie Anm. 6), S. 134; Frau und Gesellschaft. Zwischenbericht 1977 (wie Anm. 105), S. 19.

161 Ebd., S. 23.

162 Vgl. ebd., S. 23 ff.

4 Fazit und Ausblick

1 Vgl. Bundesinstitut für Bevölkerungsforschung: Durchschnittliches Alter der Mütter bei Geburt des 1. Kindes in der bestehenden Ehe in Deutschland, West- und Ostdeutschland (1960–2019), https://www.bib.bund.de/DE/Fakten/Fakt/F20-Alter-Muetter-bei-Erstgeburt-Deutschland-West-Ost-ab-1960.html [letzter Zugriff: 02.09.2020].

2 Vgl. Rüdiger Peuckert: Familienformen im sozialen Wandel. 9., vollständig überarbeitete Aufl., Wiesbaden 2019, S. 303 f.

3 Vgl. ebd., S. 360 ff.

4 Vgl. ebd., S. 367; Es muss hierbei berücksichtigt werden, dass der Anteil der Einverdiener-Haushalte bei Familien mit minderjährigen Kindern und bei Familien mit Migrationshintergrund überproportional häufig vertreten war.

AUSWAHLBIBLIOGRAPHIE

Born, Claudia: Das Ei vor Kolumbus. Frauen und Beruf in der Bundesrepublik Deutschland, in: Gunilla-Friederike Budde (Hrsg.): Frauen arbeiten. Weibliche Erwerbstätigkeit in Ost- und Westdeutschland nach 1945, Göttingen 1997, S. 46–61.

Budde, Gunilla-Friederike (Hrsg.): Frauen arbeiten. Weibliche Erwerbstätigkeit in Ost- und Westdeutschland nach 1945, Göttingen 1997.

Budde, Gunilla-Friederike: Alles bleibt anders. Die Institution »Familie« zwischen 1945 und 1975 im deutsch-deutschen Vergleich, in: Maria Oppen/Dagmar Simon (Hrsg.): Verharrender Wandel. Institutionen und Geschlechterverhältnisse, Berlin 2004, S. 69–98.

Budde, Gunilla-Friederike: Einleitung: Zwei Welten? Frauenerwerbsarbeit im deutsch-deutschen Vergleich, in: ders. (Hrsg.): Frauen arbeiten. Weibliche Erwerbstätigkeit in Ost- und Westdeutschland nach 1945, Göttingen 1997, S. 7–18.

Budde, Gunilla-Friederike: Frauen der Intelligenz. Akademikerinnen in der DDR 1945 bis 1975 (= Kritische Studien zur Geschichtswissenschaft, Bd. 162), Göttingen 2003.

Budde, Gunilla-Friederike: Paradefrauen. Akademikerinnen in Ost- und Westdeutschland, in: ders. (Hrsg.): Frauen arbeiten. Weibliche Erwerbstätigkeit in Ost- und Westdeutschland nach 1945, Göttingen 1997, S. 183–211.

Burkart, Günter: Familiensoziologie, Konstanz 2008.

Buske, Sybille Fräulein Mutter und ihr Bastard. Eine Geschichte der Unehelichkeit in Deutschland 1900–1970 (= Moderne Zeit. Neue Forschungen zur Gesellschafts- und Kulturgeschichte des 19. und 20. Jahrhunderts, Bd. 5), Göttingen 2004.

Cornelissen, Waltraud: Traditionelle Rollenmuster. Frauen- und Männerbilder in den westdeutschen Medien, in: Gisela Helwig/Hildegard Maria Nickel (Hrsg.): Frauen in Deutschland 1945–1992 (= Schriftenreihe Studien zur Geschichte und Politik, Bd. 318), Bonn 1993, S. 53–69.

Diemer, Susanne: Patriarchalismus in der DDR. Strukturelle, kulturelle und subjektive Dimensionen der Geschlechterpolarisierung, Opladen 1994.

Frevert, Ute: Frauen-Geschichte. Zwischen Bürgerlicher Verbesserung und Neuer Weiblichkeit (= Neue historische Bibliothek, Bd. 284), Frankfurt am Main 1986.

Frevert, Ute. Umbruch der Geschlechterverhältnisse? Die 60er Jahre als geschlechterpolitischer Experimentierraum, in: Axel Schildt/Detlef Siegfried/Karl Christian Lammers (Hrsg.): Dynamische Zeiten. Die 60er Jahre in den beiden deutschen Gesellschaften, Bd. 37 (= Hamburger Beiträge zur Sozial- und Zeitgeschichte, Bd. 37), Hamburg 2000, S. 642–660.

Gerhard, Ute (Hrsg.): Frauen in der Geschichte des Rechts. Von der Frühen Neuzeit bis zur Gegenwart, München 1997.

Gerhard, Ute: Frauenbewegung und Feminismus. Eine Geschichte seit 1789 (= Beck‹sche Reihe, Bd. 2463).

Gestrich, Andreas: Geschichte der Familie im 19. und 20. Jahrhundert. 3., um einen Nachtrag erweiterte Auflage (= Enzyklopädie Deutscher Geschichte, Bd. 50), München 2013.

Großbölting, Thomas: Der verlorene Himmel. Glaube in Deutschland seit 1945, Göttingen 2013.

Gysi, Jutta/Dagmar Meyer, Leitbild: berufstätige Mutter. DDR-Frauen in Familie, Partnerschaft und Ehe, in: Gisela Helwig/Hildegard Maria Nickel (Hrsg.): Frauen in Deutschland 1945–1992 (= Schriftenreihe Studien zur Geschichte und Politik, Bd. 318), Bonn 1993, S. 139–165.

Harsch, Donna: Revenge of the Domestic. Women, the Family, and Communism in the German Democratic Republic, Princeton 2007.

Hausen, Karin: Frauenerwerbstätigkeit und erwerbstätige Frauen. Anmerkungen zur historischen Forschung, in: Gunilla-Friederike Budde (Hrsg.): Frauen arbeiten. Weibliche Erwerbstätigkeit in Ost- und Westdeutschland nach 1945, Göttingen 1997, S. 19–45.

Heineman, Elizabeth D.: What Difference Does a Husband Make? Women and Marital Status in Nazi and Postwar Germany, Berkeley 1999.

Helwig, Gisela/Hildegard Maria Nickel (Hrsg.): Frauen in Deutschland 1945–1992 (= Schriftenreihe Studien zur Geschichte und Politik, Bd. 318), Bonn 1993.

Helwig, Gisela: Familienpolitik, in: Christoph Boyer/Klaus-Dietmar Henke/Peter Skyba (Hrsg.): Deutsche Demokratische Republik 1971–1989. Bewegung in der Sozialpolitik, Erstarrung und Niedergang (= Geschichte der Sozialpolitik in Deutschland seit 1945, Bd. 10), Baden-Baden 2008, S. 474–507.

Helwig, Gisela: Familienpolitik, in: Christoph Kleßmann (Hrsg.): Deutsche Demokratische Republik 1961–1971. Politische Stabilisierung und wirtschaftliche Mobilisierung (= Geschichte der Sozialpolitik in Deutschland seit 1945, Bd. 9), Baden-Baden 2006, S. 496–522.

Helwig, Gisela: Familienpolitik, in: Dierk Hoffmann/Michael Schwartz (Hrsg.): Deutsche Demokratische Republik 1949–1961. Im Zeichen des Aufbaus des Sozialismus (= Geschichte der Sozialpolitik in Deutschland seit 1945, Bd. 8), Baden-Baden 2004, S. 498–521.

Heßler, Martina: The Frankfurt Kitchen: The Model of Modernity and the »Madness« of Traditional Users, 1926 to 1933, in: Karin Zachmann/Ruth Oldenziel (Hrsg.): Cold War Kitchen: Americanization, Technology, and European Users, Cambridge, Mass. 2009, S. 163–184.

Kaminsky, Anna: Frauen in der DDR, Berlin 2016.

Kolbe, Wiebke: Elternschaft im Wohlfahrtsstaat. Schweden und die Bundesrepublik im Vergleich 1945–2000 (= Geschichte und Geschlechter, Bd. 38), Frankfurt am Main 2002.

Kramer, Nicole: Volksgenossinnen an der Heimatfront. Mobilisierung, Verhalten, Erinnerung (= Schriftenreihe der Historischen Kommission bei der Bayerischen Akademie der Wissenschaften, Bd. 82), Göttingen 2011.

Kreis, Reinhild: Selbermachen. Eine andere Geschichte des Konsumzeitalters, Frankfurt am Main 2020.

Kuller, Christiane: Familienpolitik im föderativen Sozialstaat. Die Formierung eines Politikfeldes in der Bundesrepublik 1949–1975 (= Studien zur Zeitgeschichte, Bd. 67), München 2004.

Limper, Verena: Flaschenkinder. Säuglingsernährung und Familienbeziehungen in

Deutschland und Schweden im 20. Jahrhundert (= Kölner Historische Abhandlungen, Bd. 56), Wien 2021.
Lindner, Ulrike: Rationalisierungsdiskurse und Aushandlungsprozesse. Der moderne Haushalt und die traditionelle Hausfrauenrolle in den 1960er Jahren, in: Matthias Frese/Julia Paulus/Karl Teppe (Hrsg.): Demokratisierung und gesellschaftlicher Aufbruch. Die sechziger Jahre als Wendezeit der Bundesrepublik (= Forschungen zur Regionalgeschichte, Bd. 44), Paderborn 2003.
Lukas Rölli-Alkemper, Familie im Wiederaufbau. Katholizismus und bürgerliches Familienideal in der Bundesrepublik Deutschland 1945–1965 (= Veröffentlichung der Kommission für Zeitgeschichte. Reihe B: Forschungen, Bd. 89), Paderborn 2000.
Maier, Friederike: Zwischen Arbeitsmarkt und Familie – Frauenarbeit in den alten Bundesländern, in: Gisela Helwig/Hildegard Maria Nickel (Hrsg.): Frauen in Deutschland 1945–1992 (= Schriftenreihe Studien zur Geschichte und Politik, Bd. 318), Bonn 1993, S. 257–279.
Mattes, Monika: Krisenverliererinnen? Frauen, Arbeit und das Ende des Booms, in: Knud Andresen/ Ursula Bitzegeio/ Jürgen Mittag (Hrsg.): Nach dem Strukturbruch? Kontinuität und Wandel von Arbeitswelten (= Schriftenreihe Bundeszentrale für politische Bildung, Bd. 1197), Bonn 2011, S. 127–140.
Merkel, Ina: Leitbilder und Lebensweisen von Frauen in der DDR, in: Hartmut Kaelble/ Jürgen Kocka/Hartmut Zwahr (Hrsg.): Sozialgeschichte der DDR, Stuttgart 1994, S. 359–382.
Meyer, Sibylle/Eva Schulze: Auswirkungen des II. Weltkriegs auf Familien. Zum Wandel der Familie in Deutschland (= Soziologische Forschungen, Bd. 18), Berlin 1989.
Meyer, Sibylle/Eva Schulze: Balancen des Glücks. Neue Lebensformen: Paare ohne Trauschein, Alleinerziehende und Singles, München 1989.
Meyer, Sibylle/Eva Schulze: Frauen in der Modernisierungsfalle. Wandel von Ehe, Familie und Partnerschaft in der Bundesrepublik Deutschland, in: Gisela Helwig/Hildegard Maria Nickel (Hrsg.): Frauen in Deutschland 1945–1992 (= Schriftenreihe Studien zur Geschichte und Politik, Bd. 318), Bonn 1993, S. 166–189.
Meyer, Sibylle/Eva Schulze: Nichteheliche Lebensgemeinschaften – Alternativen zur Ehe?, in: Kölner Zeitschrift für Soziologie und Sozialpsychologie 35 (1983), S. 735–754.
Mitterauer, Michael/Reinhard Sieder: Vom Patriarchat zur Partnerschaft. Zum Strukturwandel der Familie. 2., neubearbeitete Aufl. (= Beck‹sche Reihe Schwarze Reihe, Bd. 158), München 1980 [1977].
Moeller, Robert G.: Geschützte Mütter. Frauen und Familien in der westdeutschen Nachkriegspolitik. Aus dem Amerikanischen von Heidrun Homburg, München 1997.
Moeller, Robert G.: Unbenannt und allgegenwärtig. Die Familie in der deutschen Zeitgeschichtsschreibung, in: Karen Hagemann/Jean H. Quataert (Hrsg.): Geschichte und Geschlechter. Revisionen der neueren deutschen Geschichte (= Geschichte und Geschlechter, Bd. 57), Frankfurt am Main 2008.
Münch, Ursula: Familien-, Jugend- und Altenpolitik, in: Hans Günter Hockerts (Hrsg.): Bundesrepublik Deutschland 1966–1974. Eine Zeit vielfältigen Aufbruchs (= Geschichte der Sozialpolitik in Deutschland seit 1945, Bd. 5), Baden-Baden 2006, S. 636–707.
Münch, Ursula: Familien-, Jugend- und Altenpolitik, in: Michael Ruck/Marcel Boldorf

(Hrsg.): Bundesrepublik Deutschland 1957–1966. Sozialpolitik im Zeichen des erreichten Wohlstandes (= Geschichte der Sozialpolitik in Deutschland seit 1945, Bd. 4), Baden-Baden 2007, S. 552–609.

Neumaier, Christopher: Familie im 20. Jahrhundert. Konflikte um Ideale, Politiken und Praktiken (= Wertewandel im 20. Jahrhundert, Bd. 6), Berlin, Boston 2019.

Nickel, Hildegard Maria: »Mitgestalterinnen des Sozialismus« – Frauenarbeit in der DDR, in: Gisela Helwig/Hildegard Maria Nickel (Hrsg.): Frauen in Deutschland 1945–1992 (= Schriftenreihe Studien zur Geschichte und Politik, Bd. 318), Bonn 1993, S. 233–279.

Niehuss, Merith: Familie, Frau und Gesellschaft. Studien zur Strukturgeschichte der Familie in Westdeutschland. 1945–1960 (= Schriftenreihe der Historischen Kommission bei der Bayerischen Akademie der Wissenschaften, Bd. 65), Göttingen 2001.

Niehuss, Merith: Kontinuität und Wandel der Familie in den 50er Jahren, in: Axel Schildt/Arnold Sywottek (Hrsg.): Modernisierung im Wiederaufbau. Die westdeutsche Gesellschaft der 50er Jahre, Bonn 1998, S. 316–334.

Oertzen, Christine von/Almut Rietzschel: Das »Kuckucksei« Teilzeitarbeit. Die Politik der Gewerkschaften im deutsch-deutschen Vergleich, in: Gunilla-Friederike Budde (Hrsg.): Frauen arbeiten. Weibliche Erwerbstätigkeit in Ost- und Westdeutschland nach 1945, Göttingen 1997, S. 212–251.

Oertzen, Christine von: Teilzeitarbeit und die Lust am Zuverdienen. Geschlechterpolitik und gesellschaftlicher Wandel in Westdeutschland 1948–1969 (= Kritische Studien zur Geschichtswissenschaft, Bd. 132), Göttingen 1999.

Orland, Barbara: Wäsche waschen. Technik- und Sozialgeschichte der häuslichen Pflege (= Kulturgeschichte der Naturwissenschaften und der Technik), Reinbek bei Hamburg 1991.

Paulus, Julia: Familienrollen und Geschlechterverhältnisse im Wandel, in: Matthias Frese/Julia Paulus/Karl Teppe (Hrsg.): Demokratisierung und gesellschaftlicher Aufbruch. Die sechziger Jahre als Wendezeit der Bundesrepublik (= Forschungen zur Regionalgeschichte, Bd. 44), Paderborn 2003, S. 107–119.

Peuckert, Rüdiger: Familienformen im sozialen Wandel. 9., vollständig überarbeitete Aufl., Wiesbaden 2019.

Rahden, Till van: Demokratie und väterliche Autorität. Das Karlsruher »Stichentscheid«-Urteil von 1959 in der politischen Kultur der frühen Bundesrepublik, in: Zeithistorische Forschungen 2 (2005), S. 160–179.

Raphael, Lutz: Arbeitsbiografien und Strukturwandel »nach dem Boom«. Lebensläufe und Berufserfahrungen britischer, französischer und westdeutscher Industriearbeiter und -arbeiterinnen von 1970 bis 2000, in: Geschichte und Gesellschaft 43 (2017), S. 32–67.

Reichardt, Sven: Authentizität und Gemeinschaft. Linksalternatives Leben in den siebziger und frühen achtziger Jahren (= Suhrkamp Taschenbuch Wissenschaft, Bd. 2075), Berlin 2014.

Rietzschel, Almut: Teilzeitarbeit in der Industrie: Ein »Störfaktor« auf dem Weg zur »Verwirklichung« der Gleichberechtigung, in: Peter Hübner/Klaus Tenfelde (Hrsg.): Arbeiter in der SBZ – DDR (= Veröffentlichungen des Instituts für soziale Bewegungen. Schriftenreihe A, Darstellungen, Bd. 10), Essen 1999, S. 169–184.

Ruhl, Klaus-Jörg: Verordnete Unterordnung. Berufstätige Frauen zwischen Wirtschaftswachstum und konservativer Ideologie in der Nachkriegszeit (1945–1963), München 1994.

Sachse, Carola: Der Hausarbeitstag. Gerechtigkeit und Gleichberechtigung in Ost und West 1939–1994, Göttingen 2002.

Schäffler, Eva: Paarbeziehungen in Ostdeutschland. Auf dem Weg vom Real- zum Postsozialismus (= Studien zur Sozial- und Wirtschaftsgeschichte Ostmitteleuropas, Bd. 25), Wiesbaden 2017.

Schildt, Axel: Die Sozialgeschichte der Bundesrepublik Deutschland bis 1989/90 (= Enzyklopädie Deutscher Geschichte, Bd. 80), München 2007.

Schlemmer, Thomas: Befreiung oder Kolonialisierung? Frauenarbeit und Frauenerwerbstätigkeit am Ende der Industriemoderne, in: Anselm Doering-Manteuffel/Lutz Raphael/Thomas Schlemmer (Hrsg.): Vorgeschichte der Gegenwart. Dimensionen des Strukturbruchs nach dem Boom, Göttingen 2016, S. 79–108.

Schnädelbach, Anna: Kriegerwitwen. Lebensbewältigung zwischen Arbeit und Familie in Westdeutschland nach 1945 (= Geschichte und Geschlechter, Bd. 59), Frankfurt am Main/New York 2009.

Schneider, Norbert F. (Hrsg.): Lehrbuch Moderne Familiensoziologie. Theorien, Methoden, empirische Befunde, Opladen/Farmington Hills 2008.

Schneider, Ute: Hausväteridylle oder sozialistische Utopie? Die Familie im Recht der DDR (= Industrielle Welt. Schriftenreihe des Arbeitskreises für moderne Sozialgeschichte, Bd. 66), Köln/Weimar/Wien 2004.

Schröter, Anja: Ostdeutsche Ehen vor Gericht. Scheidungspraxis im Umbruch 1980–2000 (= Kommunismus und Gesellschaft, Bd. 6), Berlin 2018.

Seegers, Lu: »Vati blieb im Krieg«. Vaterlosigkeit als generationelle Erfahrung im 20. Jahrhundert – Deutschland und Polen (= Göttinger Studien zur Generationsforschung, Bd. 13), Göttingen 2013.

Silies, Eva-Maria: Liebe, Lust und Last. Die Pille als weibliche Generationserfahrung in der Bundesrepublik 1960–1980 (= Göttinger Studien zur Generationsforschung, Bd. 4), Göttingen 2010.

Trappe, Heike: Emanzipation oder Zwang? Frauen in der DDR zwischen Beruf, Familie und Sozialpolitik, Berlin 1995.

Treber, Leonie: Mythos Trümmerfrauen. Von der Trümmerbeseitigung in der Kriegs- und Nachkriegszeit und der Entstehung eines deutschen Erinnerungsortes, Essen 2014.

Vogel, Angela: Familie, in: Wolfgang Benz (Hrsg.): Die Geschichte der Bundesrepublik Deutschland. Bd. 3: Gesellschaft. Aktualisierte und erweiterte Neuaufl., Frankfurt am Main 1989, S. 35–86.

Vogel, Angela: Frauen und Frauenbewegung, in: Wolfgang Benz (Hrsg.): Die Geschichte der Bundesrepublik Deutschland. Bd. 3: Gesellschaft. Aktualisierte und erweiterte Neuaufl., Frankfurt am Main 1989, S. 162–206.

Wienfort, Monika: Verliebt, verlobt, verheiratet. Eine Geschichte der Ehe seit der Romantik, München 2014.

Wierling, Dorothee: Geboren im Jahr Eins. Der Jahrgang 1949 in der DDR. Versuch einer Kollektivbiographie, Berlin 2002.

Wirsching, Andreas: Abschied vom Provisorium 1982–1990 (= Geschichte der Bundesrepublik Deutschland, Bd. 6), München 2006.

Wirsching, Andreas: Erwerbsbiographien und Privatheitsformen: Die Entstandardisierung von Lebensläufen, in: Thomas Raithel/Andreas Röder/Andreas Wirsching (Hrsg.): Auf dem Weg in eine neue Moderne? Die Bundesrepublik Deutschland in den siebziger und achtziger Jahren (= Schriftenreihe der Vierteljahrshefte für Zeitgeschichte. Sondernummer), München 2009, S. 83–97.

Zachmann, Karin: Vom Industrie- zum Staatsangestellten: Die Ingenieure in der SBZ/DDR 1945–1989, in: Walter Kaiser/Wolfgang König (Hrsg.): Geschichte des Ingenieurs. Ein Beruf in sechs Jahrtausenden, München 2006, S. 269–307.

Zellmer, Elisabeth: Töchter der Revolte? Frauenbewegung und Feminismus der 1970er Jahre in München (= Quellen und Darstellungen zur Zeitgeschichte, Bd. 85), München 2011.

ABBILDUNGSNACHWEIS

akg-images: S. 11 (Foto: Walter Schulze), 119, 123
akg-images / Dodenhoff: S. 153
akg-images / ddrbildarchiv.de: S. 67
akg-images / ddrbildarchiv.de / Burkhard Lange: S. 105
akg-images / ddrbildarchiv.de / Heinz Schönfeld: S. 33, 61
akg-images / ddrbildarchiv.de / Siegfried Bonitz: S. 21
akg-images / Gardi: S. 24, 81, 126
akg-images / Interfoto: S. 99
akg-images / Interfoto / TV-Yesterday: S. 36, 75
akg-images / Oscar Poss: S. 13, 57
akg-images / picture-alliance / dpa: S. 27, 38 (Foto: Roland Witschel), 41 (Foto: Egon Steiner), 51
akg-images / picture-alliance / Egon Steiner: S. 91
akg-images / picture alliance / United Archives: S. 85
akg-images / Sammlung Berliner Verlag / Archiv: S. 113
akg-images / Thomas Kläber: S. 46
ullstein bild / Klaus Rose: S. 155

PERSONEN- UND ORTSRERGISTER

ABKÜRZUNGSVERZEICHNIS

AFG	Arbeitsförderungsgesetz
BGB	Bürgerliches Gesetzbuch
CDA	Christlich-Demokratische Arbeitnehmerschaft
CDU	Christlich Demokratische Union Deutschlands
CSU	Christlich-Soziale Union in Bayern
DDR	Deutsche Demokratische Republik
DFD	Demokratischer Frauenbund Deutschlands
DGB	Deutscher Gewerkschaftsbund
DM	Deutsche Mark
EKD	Evangelische Kirche in Deutschland
EMNID	Erforschung der öffentlichen Meinung, Marktforschung, Nachrichten, Informationen und Dienstleistungen
FDJ	Freie Deutsche Jugend
FGB	Familiengesetzbuch
FDP	Freie Demokratische Partei
LPG	Landwirtschaftliche Produktionsgenossenschaften
RKW	Rationalisierungskuratorium der Deutschen Wirtschaft
SED	Sozialistische Einheitspartei Deutschlands
SPD	Sozialdemokratische Partei Deutschlands
USA	United States of America
VVB	Vereinigung Volkseigener Betriebe
ZdK	Zentralkomitee der deutschen Katholiken
ZK	Zentralkomitee

DANK

Ich danke den Herausgebern der Reihe sowie meinen Kolleginnen und Kollegen an der Helmut-Schmidt-Universität und dem Leibniz-Zentrum für Zeithistorische Forschung Potsdam für ihre konstruktiven Kommentare zum Manuskript. Gedankt sei auch Robert Zagolla vom be.bra verlag für die gute Zusammenarbeit.

DER AUTOR

Christopher Neumaier, geboren 1978, studierte Neuere und Neueste Geschichte, Sozial- und Wirtschaftsgeschichte sowie Soziologie in München und European Studies in Cambridge. Nach Promotion an der Technischen Universität München und Habilitation an der Universität Potsdam vertrat er Professuren in München und Hamburg. Seit 2012 ist er wissenschaftlicher Mitarbeiter am Leibniz-Zentrum für Zeithistorische Forschung Potsdam (ZZF).

DIE GETEILTE NATION

DEUTSCH-DEUTSCHE GESCHICHTE 1945–1990

Herausgegeben von Stefan Creuzberger, Dominik Geppert und Dierk Hoffmann

Christoph Lorke
An den Rändern der Gesellschaft
Armut und soziale Ausgrenzung im geteilten Deutschland
ISBN 978-3-89809-195-4

Thomas Brechenmacher
Im Sog der Säkularisierung
Die deutschen Kirchen in Politik und Gesellschaft (1949–1989/90)
ISBN 978-3-89809-196-1

Henning Türk
Treibstoff der Systeme
Kohle, Erdöl und Atomkraft im geteilten Deutschland
ISBN 978-3-89809-197-8

Christopher Neumaier
Hausfrau, Berufstätige, Mutter?
Frauen im geteilten Deutschland
ISBN 978-3-89809-202-9